中国慈善透明报告

Zhongguo Cishan Touming Baogao

（2009—2014）

主　编　彭建梅

企业管理出版社
ENTERPRISE MANAGEMENT PUBLISHING HOUSE

图书在版编目（CIP）数据

中国慈善透明报告：2009—2014 / 彭建梅主编. -- 北京：企业管理出版社，2014.9

ISBN 978-7-5164-0939-8

Ⅰ. ①中… Ⅱ. ①彭… Ⅲ. ①慈善事业—组织机构—研究报告—中国—2009—2014

Ⅳ. ①D632.1

中国版本图书馆CIP数据核字(2014)第212509号

书　　名：中国慈善透明报告（2009—2014）

作　　者：彭建梅

责任编辑：涂依

书　　号：ISBN 978-7-5164-0939-8

出版发行：企业管理出版社

地　　址：北京市海淀区紫竹院南路 17 号　　　　邮编：100048

网　　址：http://www.emph.cn

电　　话：总编室（010）68701719　发行部（010）68701816

编辑部（010）68414643

电子信箱：80147@sina.com

印　　刷：北京天正元印务有限公司

经　　销：新华书店

规　　格：170 毫米 × 240 毫米　　16 开本　22.5 印张　330 千字

版　　次：2014 年 9 月　第 1 版　　2014 年 9 月　第 1 次印刷

定　　价：68.00 元

《中国慈善透明报告（2009–2014）》

编委会

图一　2009年8月13日中民慈善捐助信息中心发布了中国第一份《全国性慈善组织信息披露监测报告》，并在此后每年定期发布该类报告，以进一步推动我国慈善信息透明，促进慈善事业规范、高效发展。

图二　2010年4月22日慈善公开透明规范（标准）研讨会

图三　《2010年度中国慈善透明报告》新闻发布会

图四　《2011年度中国慈善透明报告》

图五 《2012年度中国慈善透明报告》新闻发布会

图六　《2013年度中国慈善透明报告》发布会

图七　2013年度“慈善透明榜样”纪念牌

目录

上篇：2014年度中国慈善透明报告

下篇：中国慈善透明报告2009–2013

上　篇
2014年度中国慈善透明报告[①]

① 撰稿：刘凯茜、高静华、孙叶竹、靳世花、审稿：刘佑平

第一章　年度透明组织

2014年度透明慈善组织

（按拼音首字母排序）

组织名称	省份	地域	类型
卓越组织（共81家）			
爱德基金会	江苏	东部	公募基金会
爱佑慈善基金会	全国	全国	非公募基金会
安利公益基金会	全国	全国	非公募基金会
北京桂馨慈善基金会	北京	东部	非公募基金会
北京交通大学教育基金会	全国	全国	非公募基金会
北京市残疾人福利基金会	北京	东部	公募基金会
北京市企业家环保基金会	北京	东部	非公募基金会
北京万通公益基金会	北京	东部	非公募基金会
长沙慈善会	湖南	中部	慈善会
陈香梅公益基金会	全国	全国	非公募基金会
成都市慈善总会	四川	西部	慈善会
成都市大熊猫繁育研究基金会	四川	西部	公募基金会
慈济慈善事业基金会	全国	全国	非公募基金会
大连慈善基金会	辽宁	东部	公募基金会
大连市慈善总会	辽宁	东部	慈善会
福州市慈善总会	福建	东部	慈善会
广东省妇女儿童基金会	广东	东部	公募基金会
贵州文化薪火乡村发展基金会	贵州	西部	非公募基金会

续表

组织名称	省份	地域	类型
国家电网公益基金会	全国	全国	非公募基金会
海安县慈善基金会	江苏	东部	公募基金会
河南省慈善总会	河南	中部	慈善会
湖南省青少年发展基金会	湖南	中部	公募基金会
华民慈善基金会	全国	全国	非公募基金会
江阴慈善总会	江苏	东部	慈善会
昆山市慈善基金会	江苏	东部	公募基金会
老牛基金会	内蒙古	西部	非公募基金会
林州市慈善总会	河南	中部	慈善会
南都公益基金会	全国	全国	非公募基金会
南京市慈善总会	江苏	东部	慈善会
南通市慈善总会	江苏	东部	慈善会
南通市通州区慈善基金会	江苏	东部	公募基金会
宁波鄞州银行公益基金会	浙江	东部	非公募基金会
如皋市慈善基金会	江苏	东部	公募基金会
陕西省慈善协会	陕西	中部	慈善会
上海民生公益基金会	上海	东部	非公募基金会
上海市慈善基金会	上海	东部	公募基金会
上海宋庆龄基金会	上海	东部	公募基金会
上海同济大学教育发展基金会	上海	东部	非公募基金会
上海真爱梦想公益基金会	上海	东部	非公募基金会
深圳壹基金公益基金会	广东	东部	公募基金会
神华公益基金会	全国	全国	非公募基金会
苏州市慈善基金会	江苏	东部	公募基金会
桃源居公益事业发展基金会	广东	东部	非公募基金会
腾讯公益慈善基金会	全国	全国	非公募基金会
万科公益基金会	全国	全国	非公募基金会
无锡市慈善总会	江苏	东部	慈善会
西北农林科技大学教育发展基金会	全国	全国	非公募基金会
新疆妇女儿童发展基金会	新疆	西部	公募基金会

续表

组织名称	省份	地域	类型
新沂市慈善基金会	江苏	东部	公募基金会
扬州市慈善总会	江苏	东部	慈善会
亿利公益基金会	全国	全国	非公募基金会
荥阳慈善总会	河南	中部	慈善会
瀛公益基金会	全国	全国	非公募基金会
友成企业家扶贫基金会	全国	全国	非公募基金会
张家港市慈善基金会	江苏	东部	公募基金会
浙江大学教育基金会	全国	全国	非公募基金会
浙江省慈善总会	浙江	东部	慈善会
郑州慈善总会	河南	中部	慈善会
中国癌症基金会	全国	全国	公募基金会
中国残疾人福利基金会	全国	全国	公募基金会
中国儿童少年基金会	全国	全国	公募基金会
中国扶贫基金会	全国	全国	公募基金会
中国妇女发展基金会	全国	全国	公募基金会
中国光华科技基金会	全国	全国	公募基金会
中国国际民间组织合作促进会	全国	全国	社会团体
中国航天基金会	全国	全国	公募基金会
中国红十字基金会	全国	全国	公募基金会
中国华侨公益基金会	全国	全国	公募基金会
中国绿化基金会	全国	全国	公募基金会
中国绿色碳汇基金会	全国	全国	公募基金会
中国青少年发展基金会	全国	全国	公募基金会
中国人口福利基金会	全国	全国	公募基金会
中国社会福利基金会	全国	全国	公募基金会
中国西部人才开发基金会	全国	全国	公募基金会
中国移动慈善基金会	全国	全国	非公募基金会
中华慈善总会	全国	全国	慈善会
中华环境保护基金会	全国	全国	公募基金会

续表

组织名称	省份	地域	类型
中华少年儿童慈善救助基金会	全国	全国	公募基金会
中华社会救助基金会	全国	全国	公募基金会
中华思源工程扶贫基金会	全国	全国	公募基金会
中远慈善基金会	全国	全国	非公募基金会
优秀组织（共55家）			
阿里巴巴公益基金会	全国	全国	非公募基金会
北京大学教育基金会	全国	全国	非公募基金会
北京市慈善协会	北京	东部	慈善会
成都高新区益众社区发展中心	四川	西部	民办非企业
大连市青少年发展基金会	辽宁	东部	公募基金会
顶新公益基金会	全国	全国	非公募基金会
广东省华南理工大学教育发展基金会	广东	东部	非公募基金会
广东省肇庆学院教育发展基金会	广东	东部	非公募基金会
河南省中原文化建设发展基金会	河南	中部	公募基金会
湖北省青少年发展基金会	湖北	中部	公募基金会
湖南省龙阳助学基金会	湖南	中部	非公募基金会
湖州市慈善总会	浙江	东部	慈善会
连云港市慈善总会	江苏	东部	慈善会
南通开发区慈善会	江苏	东部	慈善会
宁波市慈善总会	浙江	东部	慈善会
青海格桑花教育救助会	青海	西部	社会团体
清华大学教育基金会	全国	全国	非公募基金会
人保慈善基金会	全国	全国	非公募基金会
山东大学教育基金会	山东	东部	非公募基金会
山西省慈善总会	山西	中部	慈善会
上海复旦大学教育发展基金会	上海	东部	非公募基金会
上海交通大学教育发展基金会	上海	东部	非公募基金会
上海民建扶帮公益基金会	上海	东部	非公募基金会
上海浦东新区社会发展基金会	上海	东部	公募基金会

续表

组织名称	省份	地域	类型
上海市儿童健康基金会	上海	东部	公募基金会
上海市华东师范大学教育发展基金会	上海	东部	非公募基金会
上海市老年基金会	上海	东部	公募基金会
上海市民帮困互助基金会	上海	东部	公募基金会
上海市青少年发展基金会	上海	东部	公募基金会
上海唐君远教育基金会	上海	东部	非公募基金会
上海文化发展基金会	上海	东部	公募基金会
绍兴市慈善总会	浙江	东部	慈善会
顺德慈善会	广东	东部	慈善会
四川大学教育基金会	全国	全国	非公募基金会
天津大学北洋教育发展基金会	天津	东部	非公募基金会
天津市慈善协会	天津	东部	慈善会
威盛信望爱公益基金会	全国	全国	非公募基金会
武汉理工大学教育发展基金会	湖北	中部	非公募基金会
西宁市慈善总会	青海	西部	慈善会
香江社会救助基金会	全国	全国	非公募基金会
心平公益基金会	全国	全国	非公募基金会
徐州市铜山县慈善会	江苏	东部	慈善会
银川市穆斯林孤儿院	宁夏	西部	民办非企业
云南省绿色环境发展基金会	云南	西部	公募基金会
浙江省青年创业就业基金会	浙江	东部	公募基金会
浙江省青少年发展基金会	浙江	东部	公募基金会
中国初级卫生保健基金会	全国	全国	公募基金会
中国古生物化石保护基金会	全国	全国	公募基金会
中国海油海洋生态与环境保护公益基金会	全国	全国	非公募基金会
中国华夏文化遗产基金会	全国	全国	公募基金会
中国检察官教育基金会	全国	全国	公募基金会
中国金融教育发展基金会	全国	全国	公募基金会
中国社会工作协会	全国	全国	社会团体

续表

组织名称	省份	地域	类型
中国预防性病艾滋病基金会	全国	全国	公募基金会
中华全国体育基金会	全国	全国	公募基金会
进取组织（共97家）			
安徽省仁众教育基金会	安徽	中部	非公募基金会
宝钢教育基金会	上海	东部	非公募基金会
北京成龙慈善基金会	北京	东部	非公募基金会
北京京华公益事业基金会	北京	东部	公募基金会
北京市刘鸿儒金融教育基金会	北京	东部	非公募基金会
北京血友之家罕见病关爱中心	北京	东部	民办非企业
比亚迪慈善基金会	全国	全国	非公募基金会
重庆儿童救助基金会	重庆	西部	公募基金会
重庆市教育发展基金会	重庆	西部	公募基金会
重庆市青少年发展基金会	重庆	西部	公募基金会
登封市慈善总会	河南	中部	慈善会
泛海公益基金会	北京	东部	非公募基金会
福建省慈善总会	福建	东部	慈善会
灌南县慈善总会	江苏	东部	慈善会
广东公益恤孤促进会	广东	东部	社会团体
广东省慈善总会	广东	东部	慈善会
广东省扶贫基金会	广东	东部	公募基金会
广东省汉达康福协会	广东	东部	社会团体
广州市残疾人福利基金会	广东	东部	公募基金会
哈尔滨工业大学教育发展基金会	黑龙江	中部	非公募基金会
海门市慈善基金会	江苏	东部	公募基金会
河北省慈善总会	河北	东部	慈善会
河北省青少年发展基金会	河北	东部	公募基金会
河仁慈善基金会	全国	全国	非公募基金会
亨通慈善基金会	江苏	东部	非公募基金会
湖北大学教育发展基金会	湖北	中部	非公募基金会

续表

组织名称	省份	地域	类型
湖北省兴发之星教师奖励基金会	湖北	中部	非公募基金会
湖南省教育基金会	湖南	中部	公募基金会
湖南省湘潭大学教育基金会	湖南	中部	非公募基金会
华中农业大学教育发展基金会	湖北	中部	非公募基金会
淮安区慈善会	江苏	东部	慈善会
黄奕聪慈善基金会	全国	全国	非公募基金会
济仁慈善基金会	全国	全国	非公募基金会
江苏昌明教育基金会	江苏	东部	非公募基金会
江苏省儿童少年福利基金会	江苏	东部	公募基金会
江苏省连云港市海州区慈善会	江苏	东部	慈善会
江苏远东慈善基金会	江苏	东部	非公募基金会
江西省青少年发展基金会	江西	中部	公募基金会
凯风公益基金会	北京	东部	非公募基金会
兰州慧灵智障人士服务中心	甘肃	西部	民办非企业
丽水市慈善总会	浙江	东部	慈善会
临沂市慈善总会	山东	东部	慈善会
罗定市泷州教育基金会	广东	东部	非公募基金会
南航“十分”关爱基金会	广东	东部	非公募基金会
南京审计学院教育发展基金会	江苏	东部	非公募基金会
南宁市慈善总会	广西	西部	慈善会
宁夏慈善总会	宁夏	西部	慈善会
宁夏青少年发展基金会	宁夏	西部	公募基金会
邳州市慈善基金会	江苏	东部	公募基金会
青海省慈善总会	青海	西部	慈善会
上海慈源爱心基金会	上海	东部	非公募基金会
上海工商界爱国建设特种基金会	上海	东部	非公募基金会
上海科普教育发展基金会	上海	东部	公募基金会
上海浦发公益基金会	上海	东部	非公募基金会
上海汽车工业科技发展基金会	上海	东部	非公募基金会

续表

组织名称	省份	地域	类型
上海市安济医疗救助基金会	上海	东部	非公募基金会
上海市残疾人福利基金会	上海	东部	公募基金会
上海市发展交响乐事业基金会	上海	东部	公募基金会
上海市红十字会	上海	东部	红十字会
上海市华侨事业发展基金会	上海	东部	公募基金会
上海市嘉定区教育奖励基金会	上海	东部	公募基金会
上海市建国社会公益基金会	上海	东部	非公募基金会
上海市教育发展基金会	上海	东部	公募基金会
上海市体育发展基金会	上海	东部	公募基金会
上海特殊关爱基金会	上海	东部	非公募基金会
上海吴孟超医学科技基金会	上海	东部	非公募基金会
上海兴华教育扶贫基金会	上海	东部	非公募基金会
深圳市残友社工服务社	广东	东部	民办非企业
深圳市警察基金会	广东	东部	公募基金会
四川省慈善总会	四川	西部	慈善会
苏州大学教育发展基金会	江苏	东部	非公募基金会
宿迁市慈善总会	江苏	东部	慈善会
孙冶方经济科学基金会	全国	全国	非公募基金会
韬奋基金会	全国	全国	非公募基金会
天津市鹤童老年公益基金会	天津	东部	非公募基金会
王振滔慈善基金会	全国	全国	非公募基金会
吴阶平医学基金会	全国	全国	非公募基金会
西北工业大学教育基金会	陕西	西部	非公募基金会
厦门市同安区同心慈善会	福建	东部	慈善会
新奥公益慈善基金会	河北	东部	非公募基金会
徐州市慈善总会	江苏	东部	慈善会
云南大益爱心基金会	云南	西部	非公募基金会
云南省青少年发展基金会	云南	西部	公募基金会
增爱公益基金会	江苏	东部	非公募基金会

续表

组织名称	省份	地域	类型
浙江省阳光教育基金会	浙江	东部	非公募基金会
中国光彩事业促进会	全国	全国	社会团体
中国光彩事业基金会	全国	全国	公募基金会
中国红十字会总会	全国	全国	红十字会
中国老龄事业发展基金会	全国	全国	公募基金会
中国盲人协会	全国	全国	社会团体
中国农业大学教育基金会	浙江	东部	非公募基金会
中国青年创业就业基金会	全国	全国	公募基金会
中国石油大学教育基金会	北京	东部	非公募基金会
中国牙病防治基金会	全国	全国	公募基金会
中国友好和平发展基金会	全国	全国	公募基金会
中华健康快车基金会	全国	全国	公募基金会
中卫市公益慈善基金会	宁夏	西部	非公募基金会

第二章　主要发现

2013年11月十八届三中全会通过的《中共中央关于全面深化改革若干重大问题的决定》对公益慈善行业释放出诸多利好信号。慈善组织如何参与社会治理、在社会转型中发挥关键作用，是2014年公益慈善行业关注的焦点。这是自2011年以来，慈善透明首次不是行业关键词，而行业透明化的脚步却没有就此停下。慈善信息化几年的内功已在2014年展露成效，慈善组织透明度继续提升，社会公众对慈善的参与了解日益深入。

一、年度透明指数提升　组织间差距缩小

“2014年度中国慈善透明指数”的结果显示，1000家监测样本组织的透明指数平均值为44.10，比2013年提高了2.3%。虽然增幅并不明显，但整个行业的透明化仍有明显进步。表现在两极化差距缩小，透明度极低的组织数量大幅减少。

在监测样本中，基金会整体的透明度都明显高于其他类型的组织，慈善会整体的透明度与2013年比有大幅提升。

全国性组织的透明指数均值仍明显高于地方性组织，中部组织透明指数提升较大，今年与东部组织均值接近。

二、公众满意度提升　参与带来信任

社会公众对公益慈善组织信息披露的满意度在2014年继续提升，近八成公众认为慈善组织信息公开工作有进步。其中，公众对自身有捐款或提供志愿服务的组织的信息披露情况更加满意。善款的来源和使用情况一直是公众持续关注的重点，同时，对组织主要负责人的背景信息的关注度有

明显增加。

三、社会组织透明之路　漫漫修远

2011年“郭××事件”对公益慈善行业公信力带来的阴霾尚未散去，从2013年年末到2014年，通过新浪微博对慈善组织展开的质疑又开始此起彼伏：先是周筱赟以长微博的形式质疑李亚鹏通过北京书院中国文化发展基金会、嫣然天使基金以及嫣然天使儿童医院等公益项目的不规范操作为个人敛财，后有“四月网”和吴法天指责深圳壹基金公益基金会涉嫌贪污善款、利益输送、中饱私囊。网络爆料引起了众多网民的关注，使得慈善组织的信息透明问题再次成为舆论关注的焦点。面对一系列的慈善透明风波和公众质疑，与前两年的慌乱相比，虽然慈善组织的处理结果仍不尽如人意，但今年问责事件当事人的应对处理更有条理。与往年的事件相比，“嫣然事件”与“壹基金风波”向慈善行业提出了新的挑战。

首先，谁有责任透明？透明到什么程度？在理念上，行业内已经对慈善透明的主体和应披露的信息有一定共识。而在实践中，不同机构使用的透明评估虽然对象有差异，但评估标准基本都高于现有的法规条例。即使邓国胜教授提出“透明应有边界”，他带头开发的针对草根民间组织的民间公益透明指数（GTI），也超过了法规对民办非企业或社会团体的要求。

而对那些在各个评估体系中都遥遥领先的慈善组织而言，他们面对的问题更为艰巨。信息公布了，然后呢？以透明著称的组织也受到猛烈的公众质疑，这向慈善行业表明，信息披露只是透明的起点而不是终点。公众对信息的解读会引发更多疑问，如何回应这些疑问，则是慈善组织亟待学习的功课。

四、行业自律意识增强　多渠道多维度披露信息

如何做好信息透明工作、构建具有公信力的慈善事业，是公益慈善界一直关注的命题。作为第三方评估机构，中民慈善捐助信息中心以行业自

律为目标，由其开发的“中国慈善组织透明度评估体系”成为业界公认的标准，以此为评估标准的“年度慈善透明报告”也在行业内引起强烈反响，在推动慈善组织公信力标准的制定、引导建立第三方评估体系和行业自律机制方面，发挥了重要作用。

在此基础上，其他组织也纷纷推出针对不同组织类型的透明评估体系。2013年9月21日，由南都公益基金会、中国公益2.0以及中山大学中国公益慈善研究院共同发起中国民间公益组织基础数据库（NGODB）发布会在深圳举行，邀请社会组织填写信息，旨在为草根民间组织提供技术传播、资金募集等多方面的支持。2014年4月，基于该数据库入驻的3000家民间组织信息的数据分析报告问世，勾勒出当今民间组织在组织建设、项目运行、资金规模、组织成熟度等方面的发展状况全貌。

同样在2013年9月21日的深圳慈展会上，基金会中心网发起的中国基金会透明度（FTI）发展研究报告蓝皮书发布会以及USDO自律吧中国民间公益透明指数（GTI）发布会也先后举行。这些指数的评估指标各有千秋、各有侧重，但都是基于数据的公开透明来向公众争取信任。

五、政府管理细化　配套措施到位

最近几年，各级政府愈加重视慈善信息透明，采取不同的举措鼓励社会组织加大对信息的公开。自民政部2011年发布了《公益慈善捐助信息公开指引》后，2014年4月上海市民政局和社会团体管理局发布了首个指导社会组织开展信息公开的地方性文件《上海市社会组织信息公开指引》，从公开内容、方式、监督管理等方面对社会组织的信息公开提出相关要求。该文件除了对不同类型组织的不同信息进行了明确区分和要求，还将信息公开与社会组织诚信和政府购买挂钩；在规范社会组织信息公开活动的同时，注重保护社会组织的权益，作为地方政府指导社会组织开展信息公开的文件，具有一定的突破性和创新性。虽然作为指引，该文件并非强制性法条，但其中奖惩结合的意味仍是令人期许。

广州市民政局开始推动的慈善组织募捐透明度评价工作，更是将募捐与透明紧密相联，激发社会组织信息公开的主动性。2014年5月，广州市民政局发布了《关于开展广州市慈善组织募捐透明度评价工作的通知》，决定制定广州市慈善组织募捐透明度评价指标(试行)，定期开展慈善组织募捐透明度评价工作。这种运用政府的权威敦促社会组织填报透明信息的方式，有利于提高慈善组织信息公开的效率，保证评价的客观性和专业性。

此外，有些地方政府虽然没有对社会组织的信息公开出台专门文件，但在关于公益慈善事业的文件中，相关条文对社会组织的信息公开有所涉及。如2014年1月1日起施行的《北京市促进慈善事业若干规定》和尚在修订阶段的《深圳经济特区慈善事业促进条例（草案）》中，都对公益慈善类社会组织的信息公开提出了相应规定。

民政部也从具体执行层面，对社会组织的信息公开进行指导。2013年12月民政部下发的《关于推广使用中国慈善信息平台的通知》，表明了管理部门对慈善行业的透明工作不仅是以政策引导，更是在实操层面为慈善组织提供了信息化基础建设。作为透明化的基础，信息平台的推广使用在提升慈善行业公信力，促进慈善供求信息对接方面迈出了坚实一步。

六、慈善信息化进程加快

慈善事业的发展依赖于慈善机构的透明度和公信力，而透明度和公信力的背后其实就是信息化程度。我们身处大数据时代，数据是一种文化，慈善数据应该成为慈善文化的一部分。中国慈善信息平台是中民慈善捐助信息中心在民政部的指导和支持下建设的、对全国慈善行业信息进行采集、监测、发布与传播的信息管理系统。根据2013年12月民政部下发的《关于推广使用中国慈善信息平台的通知》的要求，各地加快了开展慈善信息化建设步伐。

截至2014年2月，江苏、宁夏、郑州、长沙、成都等地的慈善信息平台建设工作已经展开，全国共有2253家慈善组织入驻信息平台，累计收录各类公益慈善项目2510个，各类慈善动态1626条，收支信息22602条，涉及收支金额超过100亿元。

中国慈善信息平台建设项目组已与全国大部分省市建立联系，各地积极配合工作，推进慈善信息平台建设。除上述两省三市的工作推进外，青海省、浙江省、广州市、深圳市等地已启动前期筹备工作；天津市、北京市、辽宁省、黑龙江省、安徽省、河南省、云南省、甘肃省等地已将启动该项工作纳入下一步工作重点；山东省、山西省、陕西省、广西省、内蒙古自治区等地，也加快推进，积极与项目组对接，探讨开展建设工作事宜。

2014年，根据民政部文件精神和项目整体建设规划，“中国慈善信息平台”项目将在全国范围内实现50%以上省份的覆盖率，到“十二五”末将有80%以上的省份加入中国慈善信息平台。目前，在各省市的积极配合下，中国慈善信息平台推进工作进展顺利，有望提前完成中国慈善信息平台的年度推进任务。

各地政府在鼓励社会组织入驻中国慈善信息平台的同时，也积极筹建有地方特色的社会组织管理和信息公开系统。2014年2月，北京市社会组织公共服务平台正式上线，实行社会组织信息全部网上公开。

第三章　指数详解

一、2014年度慈善透明指数：44.10

1. 年度透明指数总体分布层次明显

在本报告所研究的1000家公益慈善组织中，透明指数最高为99.76①，最低为1.39，平均值为44.10，中位值为41.63，标准差为22.23。

整体而言，1000家组织样本的差距较大，最高值与最低值之间相差为98.37，同时数据的离散程度较大。经检验，1000家组织样本的透明度指数值不符合正态分布，偏度约为0.459，呈正偏态。

表1　2013-2014年度透明指数总体情况

	平均值	中位数	最小值	最大值	标准差	偏度	峰度	数量
2013	43.11	40.29	1.39	99.76	26.12	0.423	–0.730	1000
2014	44.10	41.63	1.39	99.76	22.23	0.459	–0.039	1000

表2　2013、2014年度透明指数分布情况对比

		2013年度		2014年度	
透明水平	指数区间	组织数量	所占比例	组织数量	所占比例
卓越	[90，100]	70	7.0%	81	8.1%
优秀	[80，90]	64	6.4%	55	5.5%
进取	[70，80]	53	5.3%	37	3.7%
	[60，70]	72	7.2%	60	6.0%

① 本文中的“透明指数”均为百分制换算后的得分。

以来都是各维度中最弱的一环。2014年，我国慈善组织的信息公开工作在完整性和易得性两个维度上的表现依旧好于及时性维度。根据监测结果，1000个样本的透明完整性得分率①为46.1%，易得性得分率为46.7%，而及时性则为37.2%。

表4 各维度透明指数情况

	完整性	易得性	及时性
透明指数	17.45	17.69	9.18
得分率	46.1%	46.7%	37.2%

与2013年相比，2014年透明指数三个维度的得分率都有所上升，其中完整性上升了1.20%，及时性上升了4.10%，易得性上升了1.20%，及时性上升幅度最大。

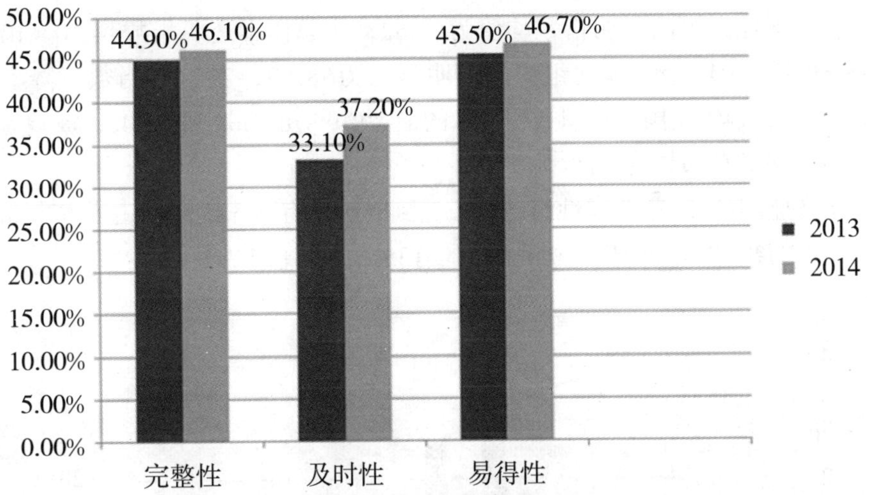

图2 透明指数不同维度的得分率

二、地域比较：全国性组织透明度大幅领先于地方组织

按样本中社会组织的注册地，可以将其分为全国性组织与地方性组织

① 本报告中的“得分率”指该项平均值除以该项满分所得值。

两大类，地方性组织又可以分为东部、中部、西部三个部分。全国性组织共136家，透明指数为65.62；地方性组织864家，透明指数为40.92，远低于全国性组织的分数。

表5　不同地域组织透明情况

地域	透明指数	样本数量
全国性组织	65.62	136
地方性组织	40.92	864
东部组织	41.94	542
西部组织	37.91	185
中部组织	40.90	137

1. 全国性组织透明指数：65.62

全国性组织的透明指数均值为65.62，比总样本透明指数44.10高出48.80%。2013年全国性组织的透明指数为68.53，2014年指数下降了4.25%。2014年全国性组织透明指数的最大值99.76，最小值26.42，极差为73.34，分数分布较为分散。

在监测的136家全国性组织中，达到卓越的有39家组织，占样本中此类组织的28.68%；处于优秀和进取的有35家，占比25.74%。

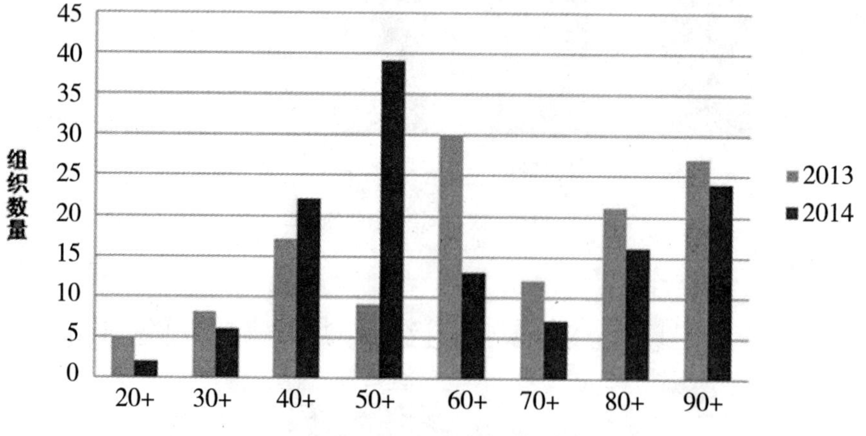

图3　全国性组织透明指数情况

在监测样本中，全国性的组织数量最多的是基金会，其中公募基金会有69个，透明指数平均值为65.94；非公募基金会有51个，透明指数平均值为70.92。全国性的慈善会和红十字会分别只有一家，故其平均值不能反映同类型组织的透明情况。总的来说，全国性基金会的透明水平比较高。在全国性组织中，卓越组织和优秀组织共57家，占全国性组织的41.91%。其中，除了一家慈善会和两家社会团体外，均为基金会，包括公募基金会26家，非公募基金28家。

表6　全国性各类组织透明指数情况

组织类型	透明指数平均值	组织数量
公募基金会	65.94	69
非公募基金会	70.92	51
慈善会	96.50	1
红十字会	78.14	1
民办非企业	38.63	2
社会团体	48.51	12

表7　监测样本内全国性透明卓越组织与优秀组织

组织名称	类型
阿里巴巴公益基金会	非公募基金会
爱佑慈善基金会	非公募基金会
安利公益基金会	非公募基金会
北京大学教育基金会	非公募基金会
北京交通大学教育基金会	非公募基金会
陈香梅公益基金会	非公募基金会
慈济慈善事业基金会	非公募基金会
顶新公益基金会	非公募基金会
国家电网公益基金会	非公募基金会
华民慈善基金会	非公募基金会
南都公益基金会	非公募基金会续表
清华大学教育基金会	非公募基金会
人保慈善基金会	非公募基金会

组织名称	类型
神华公益基金会	非公募基金会
四川大学教育基金会	非公募基金会
腾讯公益慈善基金会	非公募基金会
万科公益基金会	非公募基金会
威盛信望爱公益基金	非公募基金会
西北农林科技大学教育发展基金会	非公募基金会
香江社会救助基金会	非公募基金会
心平公益基金会	非公募基金会
亿利公益基金会	非公募基金会
瀛公益基金会	非公募基金会
友成企业家扶贫基金会	非公募基金会
浙江大学教育基金会	非公募基金会
中国癌症基金会	公募基金会
中国残疾人福利基金会	公募基金会
中国初级卫生保健基金会	公募基金会
中国儿童少年基金会	公募基金会
中国扶贫基金会	公募基金会
中国妇女发展基金会	公募基金会
中国古生物化石保护基金会	公募基金会
中国光华科技基金会	公募基金会
中国国际民间组织合作促进会	社会团休
中国海油海洋生态与环境保护公益基金会	非公募基金会
中国航天基金会	公募基金会
中国红十字基金会	公募基金会
中国华侨公益基金会	公募基金会
中国华夏文化遗产基金会	公募基金会
中国检察官教育基金会	公募基金会
中国金融教育发展基金会	公募基金会
中国绿化基金会	公募基金会

续表

组织名称	类型
中国绿色碳汇基金会	公募基金会
中国青少年发展基金会	公募基金会
中国人口福利基金会	公募基金会
中国社会福利基金会	公募基金会
中国社会工作协会	社会团体
中国西部人才开发基金会	公募基金会
中国移动慈善基金会	非公募基金会
中国预防性病艾滋病基金会	公募基金会
中华慈善总会	慈善会
中华环境保护基金会	公募基金会
中华全国体育基金会	公募基金会
中华少年儿童慈善救助基金会	公募基金会
中华社会救助基金会	公募基金会
中华思源工程扶贫基金会	公募基金会
中远慈善基金会	非公募基金会

2. 地方性组织透明指数：40.92

样本中864家地方性组织透明指数为40.92，比总样本透明指数低7.21%。2013年这一项指数为39.35，2014年比去年上升了3.99%。在864个地方性监测样本中，透明指数达到卓越水平的共42家组织，处于优秀水平的共37家组织，处于进取水平的共80家组织。东部和中部组织透明指数均值接近，前者为41.94，后者为40.90；西部组织透明指数则偏低，为37.91分。地方性组织的完整性得分为16.27，及时性为8.35，易得性为16.49，均比2013年有所增长。

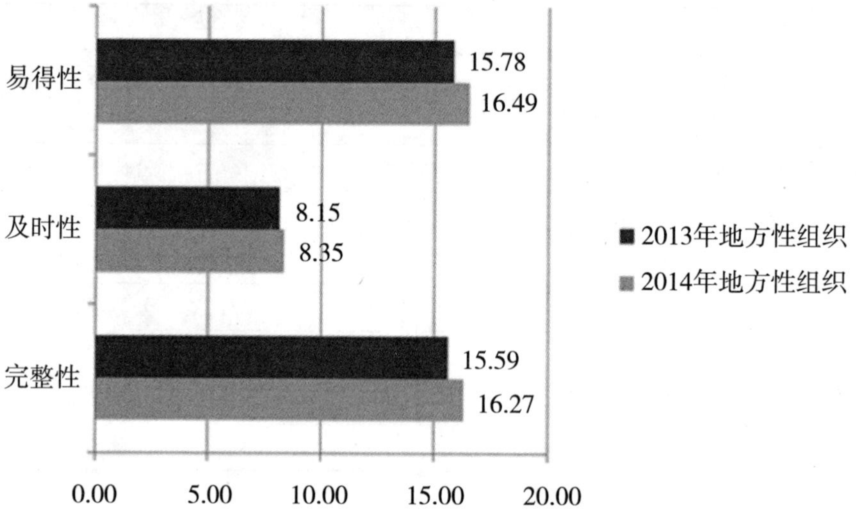

图4　2013、2014年地方性组织各维度得分比较

（1）东部组织透明情况

在监测的542家东部组织中，透明指数最大值为99.76，最小值为1.39，极差为98.61，平均值为41.94，标准偏差为21.01，大致呈正态分布。

表8　东部组织透明指数

组织类型	平均值	中位数	最大值	最小值	极差	标准偏差	组织数量
东部组织	41.94	39.40	99.76	1.39	98.37	21.01	542

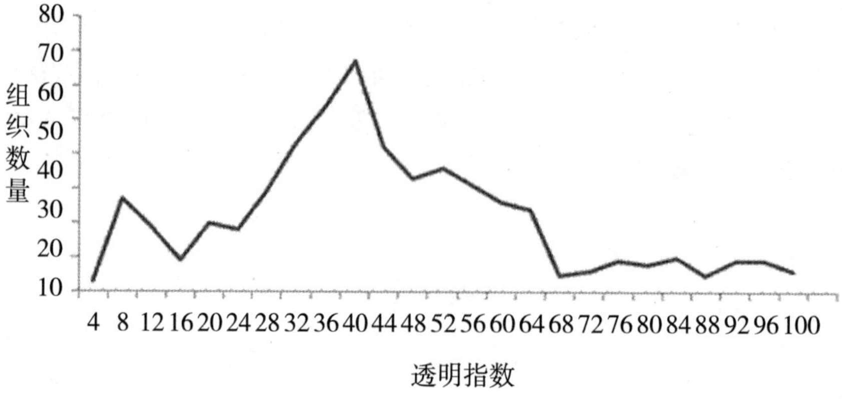

图5　东部组织透明指数分布情况

与2013年相比，2014年东部组织在完整性、及时性、易得性这三个维度的分值上都与2013年非常相近，透明指数比2013年高1.01分。2014年透明指数在30—50分范围内的东部组织比2013年明显增长，达到卓越、优秀的组织则大幅减少。

表9 2013、2014年东部组织各维度得分

	完整性	及时性	易得性	透明指数
2013年东部组织	16.15	8.60	16.36	40.93
2014年东部组织	16.65	8.60	16.89	41.94

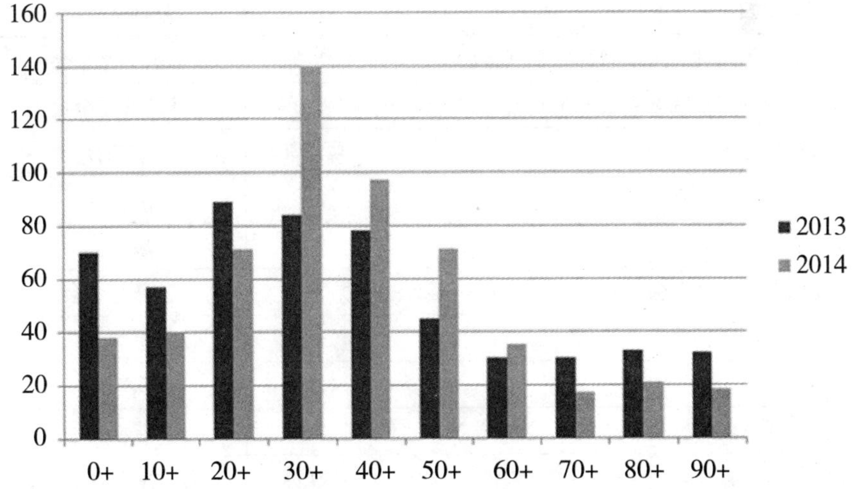

图6 东部组织透明指数情况

东部组织中，透明指数达到卓越水平的有30家，处于优秀水平的有27家，两者共占东部样本比例约为10.52%；透明指数处于进取水平的组织有58家，占东部样本比例约为10.70%。在达到卓越和优秀的57家东部组织中，有非公募基金会17家、公募基金会23家以及慈善会17家；其中，来自江苏省和上海市的组织各有16家。

表10 监测样本内东部透明卓越组织与优秀组织

组织名称	省份	类型
爱德基金会	江苏	公募基金会
北京桂馨慈善基金会	北京	非公募基金会

续表

组织名称	省份	类型
北京市残疾人福利基金会	北京	公募基金会
北京市慈善协会	北京	慈善会
北京市企业家环保基金会	北京	非公募基金会
北京万通公益基金会	北京	非公募基金会
大连慈善基金会	辽宁	公募基金会
大连市慈善总会	辽宁	慈善会
大连市青少年发展基金会	辽宁	公募基金会
福州市慈善总会	福建	慈善会
广东省妇女儿童基金会	广东	公募基金会
广东省华南理工大学教育发展基金会	广东	非公募基金会
广东省肇庆学院教育发展基金会	广东	非公募基金会
海安县慈善基金会	江苏	公募基金会
湖州市慈善总会	浙江	慈善会
江阴慈善总会	江苏	慈善会
昆山市慈善基金会	江苏	公募基金会
连云港市慈善总会	江苏	慈善会
南京市慈善总会	江苏	慈善会
南通开发区慈善会	江苏	慈善会
南通市慈善总会	江苏	慈善会
南通市通州区慈善基金会	江苏	公募基金会
宁波市慈善总会	浙江	慈善会
宁波鄞州银行公益基金会	浙江	非公募基金会
如皋市慈善基金会	江苏	公募基金会
山东大学教育基金会	山东	非公募基金会
上海复旦大学教育发展基金会	上海	非公募基金会
上海交通大学教育发展基金会	上海	非公募基金会
上海民建扶帮公益基金会	上海	非公募基金会
上海民生公益基金会	上海	非公募基金会
上海浦东新区社会发展基金会	上海	公募基金会

续表

组织名称	省份	类型
上海市慈善基金会	上海	公募基金会
上海市儿童健康基金会	上海	公募基金会
上海市华东师范大学教育发展基金会	上海	非公募基金会
上海市老年基金会	上海	公募基金会
上海市民帮困互助基金会	上海	公募基金会
上海市青少年发展基金会	上海	公募基金会
上海宋庆龄基金会	上海	公募基金会
上海唐君远教育基金会	上海	非公募基金会
上海同济大学教育发展基金会	上海	非公募基金会
上海文化发展基金会	上海	公募基金会
上海真爱梦想公益基金会	上海	非公募基金会
绍兴市慈善总会	浙江	慈善会
深圳壹基金公益基金会	广东	公募基金会
顺德慈善会	广东	慈善会
苏州市慈善基金会	江苏	公募基金会
桃源居公益事业发展基金会	广东	非公募基金会
天津大学北洋教育发展基金会	天津	非公募基金会
天津市慈善协会	天津	慈善会
无锡市慈善总会	江苏	慈善会
新沂市慈善基金会	江苏	公募基金会
徐州市铜山县慈善会	江苏	慈善会
扬州市慈善总会	江苏	慈善会
张家港市慈善基金会	江苏	公募基金会
浙江省慈善总会	浙江	慈善会
浙江省青年创业就业基金会	浙江	公募基金会
浙江省青少年发展基金会	浙江	公募基金会

（2）中部组织透明情况

根据监测结果，样本中共有中部组织137家，其透明指数为40.90，最大值为99.58，最小值为5.32，大致呈正态分布。其中，30—60分范围内，中部组织分布密集。

表11　中部组织透明指数

组织类型	平均值	中位数	最大值	最小值	极差	标准偏差	组织数量
中部组织	40.90	39.69	99.58	5.32	94.26	19.60	137

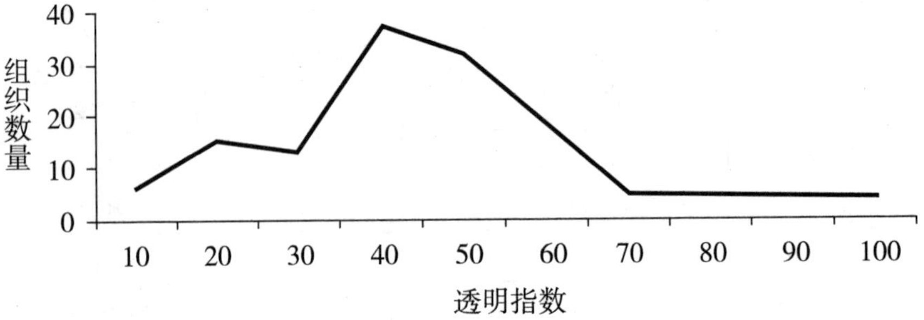

图7　中部组织透明指数分布情况

2013年，中部组织的透明指数为39.21，2014年增长了4.31%。与2013年相比，透明指数在0—10分范围内的中部组织数量明显减少，30—40分的中部组织数量明显增加。在透明指数提升的组织中，主要是基本信息的公开情况好转，这说明中部组织的透明意识有较大改善。

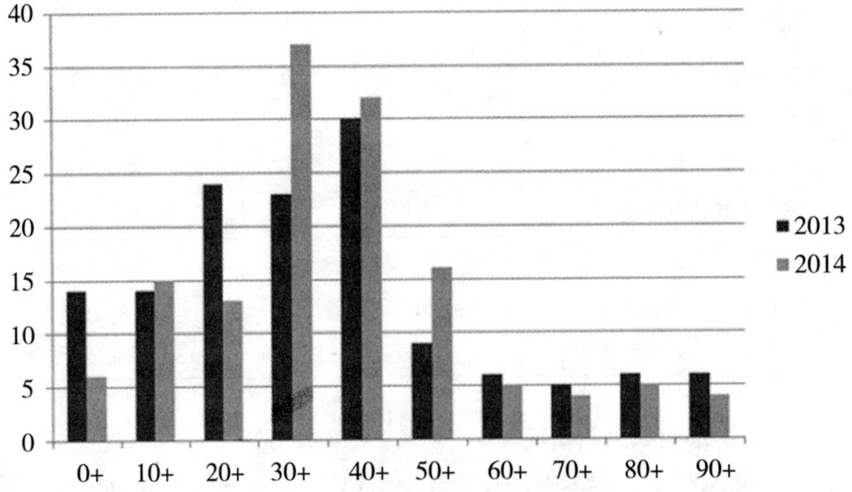

图8　中部组织透明指数情况

在监测的137 家中部组织中，透明指数达到卓越水平的有7家，其中6家为慈善会；处于优秀水平的有5家，两者共占中部样本的8.76%；处于进取水平的有9家，约占6.57%。达到卓越和优秀的12家中部组织中有5家来自河南省。

表12 监测样本内中部透明卓越组织与优秀组织

组织名称	省份	类型
长沙慈善会	湖南	慈善会
河南省慈善总会	河南	慈善会
河南省中原文化建设发展基金会	河南	公募基金会
湖北省青少年发展基金会	湖北	公募基金会
湖南省龙阳助学基金会	湖南	非公募基金会
湖南省青少年发展基金会	湖南	公募基金会
林州市慈善总会	河南	慈善会
山西省慈善总会	山西	慈善会
陕西省慈善协会	陕西	慈善会
武汉理工大学教育发展基金会	湖北	非公募基金会
荥阳慈善总会	河南	慈善会
郑州慈善总会	河南	慈善会

（3）西部组织透明情况

监测样本中共有西部组织185家，透明平均值为37.91，在东、中、西三部分中是最低的。西部组织的透明指数中，最大值为99.52，最小值为1.77，极差为97.75，标准偏差为20.47，整体分布近似正态。

表13 西部组织透明指数

组织类型	平均值	中位数	最大值	最小值	极差	标准偏差	组织数量
西部组织	37.91	39.08	99.52	1.77	97.75	20.47	185

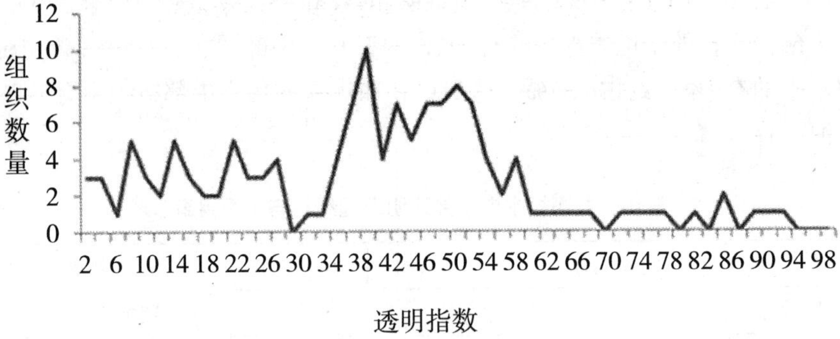

图9　西部组织透明指数分布

2013年西部组织透明指数为39.25，2014年下降至37.91，减少了3.41%。与2013年相比，透明指数值在50—60分范围内的西部组织数量明显增多，说明组织信息公开的意识进一步提升，日常基本信息和项目信息公布较为完整，但这部分组织公布年度工作报告和财务报告极少，可能是受到了当地年检时间的影响。

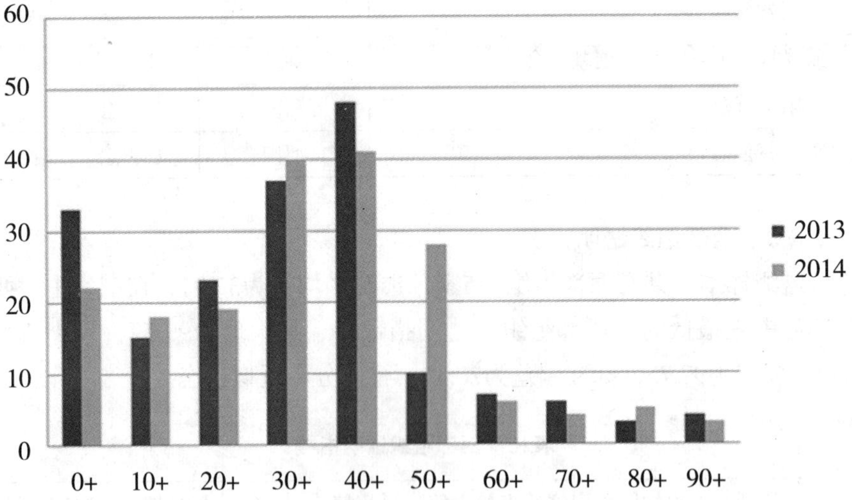

图10　西部组织透明指数情况

在监测的185家西部组织中，透明指数达到卓越水平的有5家组织，处于优秀水平的有5家组织，两者共占西部样本的5.41%；处于进取水平的有13家组织，约占7.03%。达到卓越和优秀的西部组织中，除了2家慈善会、2家民办非企业和1家社会团体，其余均为基金会。

表14 监测样本内西部透明卓越组织与优秀组织

组织名称	省份	类型
成都高新区益众社区发展中心	四川	民办非企业
成都市慈善总会	四川	慈善会
成都市大熊猫繁育研究基金会	四川	公募基金会
贵州文化薪火乡村发展基金会	贵州	非公募基金会
老牛基金会	内蒙古	非公募基金会
青海格桑花教育救助会	青海	社会团体
西宁市慈善总会	青海	慈善会
新疆妇女儿童发展基金会	新疆	公募基金会
银川市穆斯林孤儿院	宁夏	民办非企业
云南省绿色环境发展基金会	云南	公募基金会

3. 全国性组织透明程度高于地方性组织

在1000家监测样本中，透明情况达到卓越水平的组织共有81家。从地域上看，这81家组织中除39家全国性组织外，42个地方性组织来自于14个省市自治区，分布比较集中，其中有13家来自江苏省，是卓越组织最多的省份。

在总的监测样本中，透明水平为优秀的组织共有55家。从地域上看，全国性组织约占1/3，共18家；地方性组织共37家，分布于16个省市自治区，分布比较集中，主要在东部地区，其中上海市有11家。

在总监测样本中，透明水平为进取的组织共97家。从地域上看，东部地区共58家，约占进取组织的1/3；其次是全国性组织，有17家。来自上海、江苏和广东的组织最多，依次为18家、14家和19家。

总的来说，地方性组织的透明指数在各个分数段都有分布，全国性组织的指数则主要集中在30分以上，整体情况优于地方性组织。

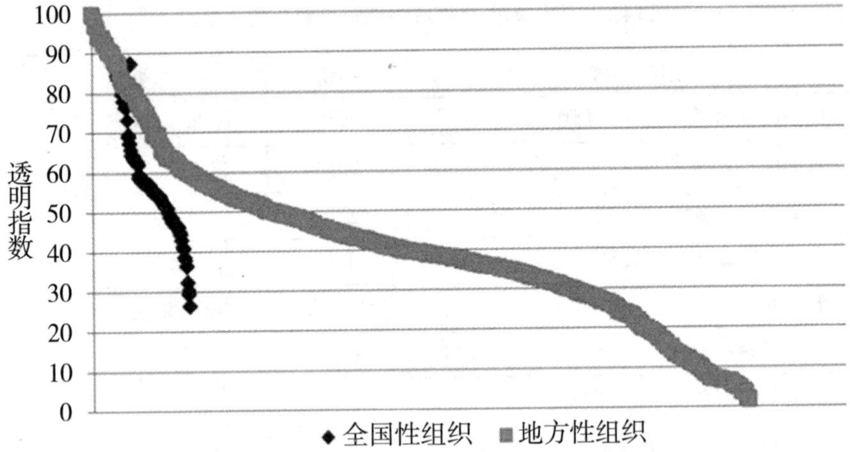

图11　全国性组织和地方性组织透明指数分布情况对比

从透明度的三个维度来看，全国性组织的整体表现都优于地方性组织。然而，如果与2013年数据对比，我们会发现，2014年全国性组织的透明指数比2013年下降了4.25%，而地方性组织则比2013年上升了3.99%，说明地方性组织的透明化进程正走在缓慢的上升改善阶段，预计会在随后的几年逐渐向全国性组织的分值靠拢。

表15　全国性组织与地方性组织透明情况对比

地域	总分平均值	完整性	易得性	及时性	组织数量
全国性组织	65.62	25.38	25.77	14.78	136
地方性组织	40.92	16.27	16.49	8.35	864

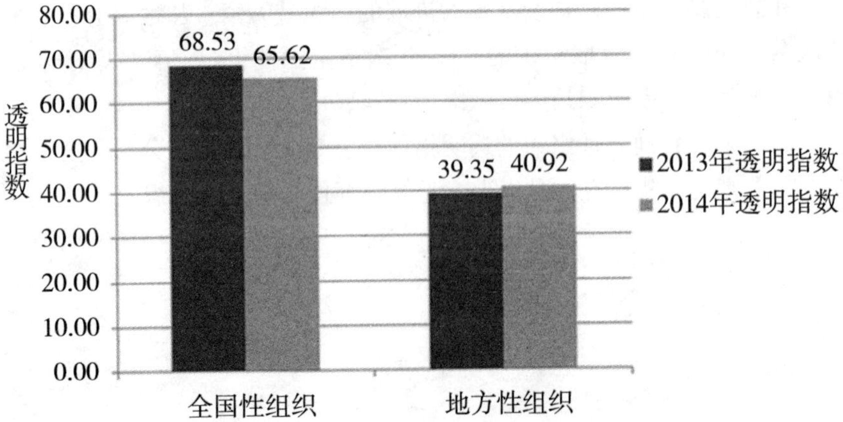

图12　2013、2014年全国性组织与地方性组织透明指数对比

三、组织类型比较：基金会透明度高于其他组织

本研究所监测的1000个样本按组织类型可分为慈善会、基金会、红十字会、民办非企业与社会团体这五大类。根据监测结果，基金会的透明指数平均分为52.71，远高于总样本1000家组织的平均分44.1。基金会中又以非公募基金会的信息透明做得更加到位，平均得分为53.63分。慈善会系统平均分为31.09，是五类组织中最低的分数。

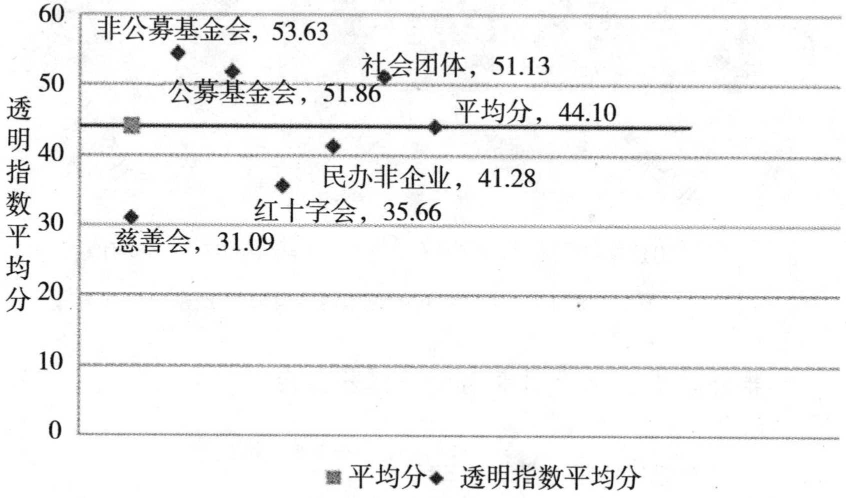

图13　各类社会组织透明指数分布图

与2013年的监测结果相比，慈善会、公募基金会和非公募基金会的透明指数都有稳步提高，而红十字会、民办非企业和社会团体的分数则有所下降。其中，慈善会虽然仍是平均分最低的一类组织，但进步最大，透明指数提高了2.53分，增长8.86%；民办非企业的指数则下降了21.45%，是透明指数下降最多的一类。

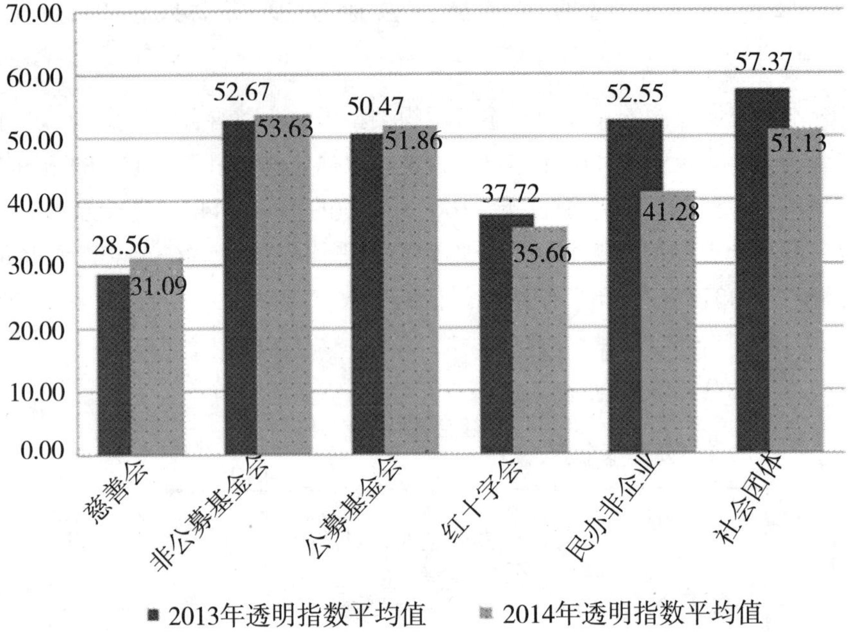

图14　2013、2014年各类组织透明指数对比图

1. 非公募基金会透明度高于公募基金会

（1）基金会透明指数情况：52.71

本次监测的国内1000家公益慈善组织中，有基金会562家，其中公募基金会313家，非公募基金会249家。在2014年度基金会透明指数中，共有64家基金会的透明指数达到卓越，占基金会总数的11.39%。透明指数达到60分的基金会有176家，占基金会总数的31.32%。

公募基金会透明指数：51.86

本次监测的313家公募基金会占样本总量的31.3%，透明指数均分为51.86分。公募基金会最高得分99.76，最低得分22.61，极差为77.15。中位数低于平均数，整体呈正偏态分布，分数较为集中。

表16　公募基金会透明度

组织类型	平均值	中位数	最大值	最小值	极差	标准偏差	组织数量
公募基金会	51.86	47.71	99.76	22.61	77.15	17.32	313

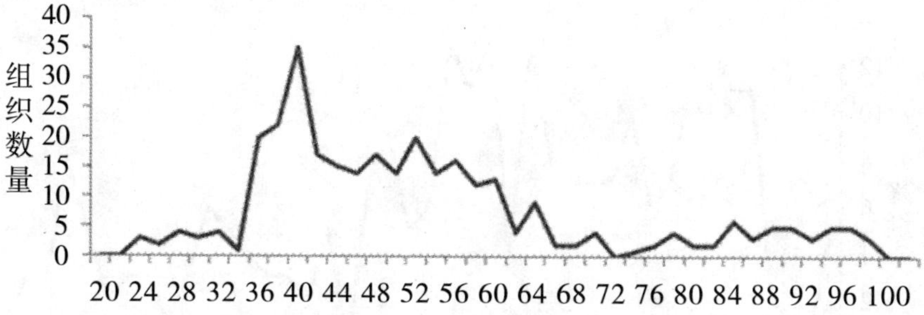

图15　公募基金会透明指数分布情况

从公募基金会透明指数的分布情况来看，36家公募基金会透明指数达到卓越，占公募基金会总数的11.50%；达到60分以上的公募基金会有83家，占26.52%，其中38家为东部基金会，32家为全国性基金会。

表17　公募基金会透明指数分布情况

透明水平	指数区间	公募基金会数量	占公募基金会比
卓越	[90，100]	36	11.50%
优秀	[80，90）	19	6.07%
进取	[60，80）	28	8.95%

非公募基金会透明指数情况

本次监测的非公募基金会共249家，占全部样本的24.9%。监测结果显示，非公募基金会透明指数平均值为53.63，极差94.54，标准偏差为21.32，数据整体分布较分散。

表18　非公募基金会透明度

组织类型	平均值	中位数	最大值	最小值	极差	标准偏差	组织数量
非公募基金会	53.63	51.97	99.76	5.22	94.54	21.32	249

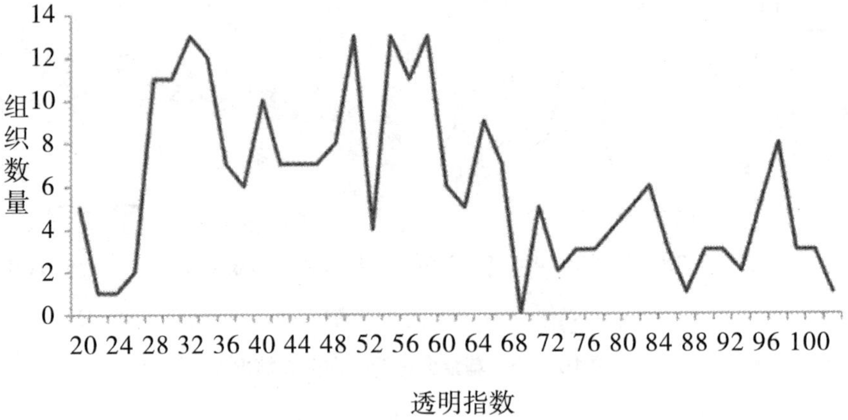

图16　非公募基金会透明指数分布情况

监测样本中，28家非公募基金会为卓越组织，占非公募基金会的11.24%；93家非公募基金会达到60分以上的透明指数，占非公募基金会的37.35%。达到进取以上的非公募基金会中，地属上海的有18家，是透明指数在60分以上的地方性非公募基金会最多的地区。

表19　非公募基金会透明指数分布情况

透明水平	指数区间	非公募基金会数量	占非公募基金会比
卓越	[90，100]	28	11.24%
优秀	[80，90]	25	10.04%
进取	[60，80]	40	16.06%

从562家基金会透明指数散点分布图我们可以直观地看出，30—60分这一区域为基金会得分的密集区，有364家基金会处于这一范围，占基金会样本总量的64.77%。非公募基金会透明指数平均分虽然比公募基金会高1.77分，但在低分范围，即20分以下这一区域，有5家非公募基金会，公募基金会数量则为0。

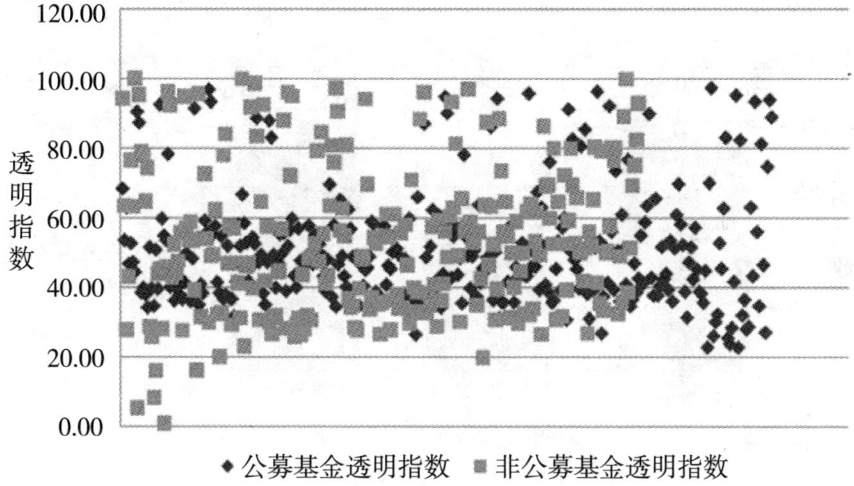

图17　公募基金会与非公募基金会透明指数散点分布图

基金会在善款募集中扮演非常重要的角色，因此也承担了更多的信息公开责任。从政府层面，有国务院下发的《基金会管理条例》，民政部下发的《基金会信息公布办法》，《公益慈善捐助信息公开指引》《关于规范基金会行为的若干规定（试行）》以及地方政府对基金会信息公开的规定；社会层面、众多第三方监测机构将监督重心放在基金会的信息透明化上。同时，社会上对基金会运行操作规范性的质疑此起彼伏。政府、公众和第三方机构多角度的监督机制正在逐步形成，与基金会自身透明公开建设所做的努力相互照应，完善了我国基金会的透明化进程。

（2）基金会透明维度：治理信息及时性得分较高

监测结果显示，在完整性、及时性、易得性这三个方面，非公募基金会均比公募基金会略胜一筹，在易得性方面两者差距最大，前者比后者高0.79分，而完整性上的得分最为相近，相差仅0.26分。总样本的各维度均分则都处在公募基金会与非公募基金会各项得分之间。

为进行比较，我们分别将基金会在基本信息、治理信息、业务信息、财务信息四个方面的完整性、及时性、易得性的平均值与该项满分的比值作为该项的得分率。基金会在基本信息、治理信息、业务信息及财务信息这四个方面的得分率由高向低明显分层，基本信息的易得性达到86.53%，而财务信息的易得率仅为18.80%。这说明基金会对基本信息的公开做的最为到位，而基本信息也是每年度变动最少的一个方面，所需的日常维护最少。

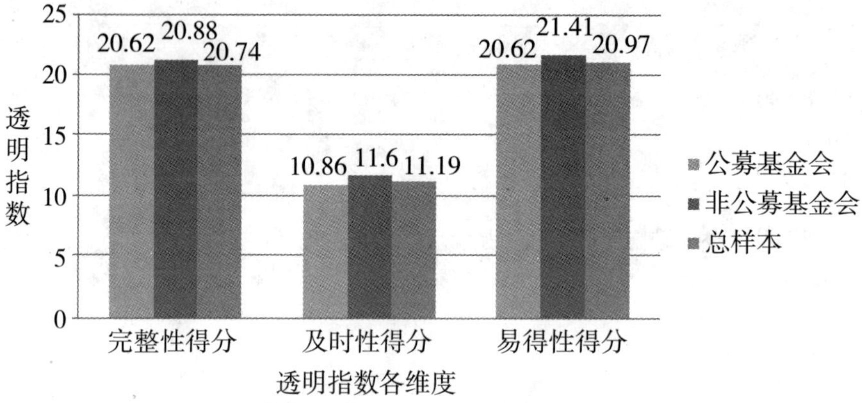

图18　基金会透明指数各维度得分情况

在前几年的数据监测中，及时性通常是社会组织透明各维度中最薄弱的一方面；2014年，及时性上升幅度最大，总得分率为37.2%，却仍未超过完整性（46.1%）和易得性（46.7%）。基金会在治理信息方面的及时性超过了完整性和易得性，表明基金会在内部治理信息披露方面做到了有效的及时更新。

表20　基金会透明指数得分率

维度 方面	完整性	及时性	易得性
基本信息	86.44%	71.06%	86.53%
治理信息	54.73%	65.58%	54.41%
业务信息	43.49%	37.29%	46.22%
财务信息	18.44%	18.32%	18.80%

（3）基金会规模与透明水平大致成正比

基金会的规模一般由组织的资金规模决定。由于公募基金会与非公募基金会资金主要来源不同，在划分基金会规模时，往往将这两类基金会分别考量。公募基金会的资金来源主要是社会捐赠，故而一般依据捐赠收入划分不同规模的公募基金会；而非公募基金会的善款主要来自机构内部，因此一般依照组织净资产划分不同规模的非公募基金会。

根据捐赠收入[①]不同，我们将公募基金会分为大、中、小三种规模。根据透明指数监测结果，在313家公募基金会中，捐赠收入为5千万以下的小型公募基金会有269家，占公募基金会样本的85.94%，透明指数平均分为49.06；捐赠收入在5千万—1亿元之间的中型公募基金会有20家，占公募基金会样本的6.39%，透明指数平均分为57.26；捐赠收入在1亿元以上的大型公募基金会有24家，占公募基金会样本的7.67%，透明指数平均分为78.79。

表21　不同规模公募基金会的透明度

组织规模	捐赠收入	基金会数量	透明指数平均分
大型公募基金会	1亿元以上	24	78.79
中型公募基金会	5千万—1亿元	20	57.26
小型公募基金会	5千万以下	269	49.06

根据组织净资产[②]不同，我们将非公募基金会分为大、中、小三类。249家非公募基金会中，净资产在1亿元以下的小型非公募基金会有189家，占非公募基金会样本的75.90%，透明指数平均分为50.15；净资产在1亿元—2亿元的为中型非公募基金会，有37家，占非公募基金会样本的14.86%，平均分为59.15；净资产在2亿元以上的大型非公募基金会有23家，占非公募基金会的9.24%，透明指数平均分为69.38。

表22　不同规模非公募基金会的透明度

组织规模	净资产	基金会数量	透明指数平均分
大型非公募基金会	2亿元以上	23	69.38
中型非公募基金会	1亿元—2亿元	37	59.15
小型非公募基金会	1亿元以下	189	50.15

由此可见，公募基金会与非公募基金会呈现出一个共同的特征：规模越大的基金会，透明指数越高，信息披露工作做得越好。基金会的资金筹集、运营和项目开展等过程都需要坚实的社会公信力和社会力量的支持，因此，大型基金会在信息公开方面有更大需求，做得更加到位。

① 根据基金会中心网各公募基金会2012年捐赠收入数据
② 根据基金会中心网各非公募基金会2012年净资产数据

（4）三个维度透明度比上年略有改善

基金会2013年的透明指数为51.53，2014年上升到52.65，增长了2.13%。通过对比2013年度与2014年度的两组数据，我们发现，基金会的信息披露工作在易得性、及时性和完整性三个方面均有进步。易得性由20.44增加到20.97，增长率为2.53%；及时性从11.06上升为11.19，有0.13的微弱增长；完整性从20.18上升为20.74，增长了2.70%。

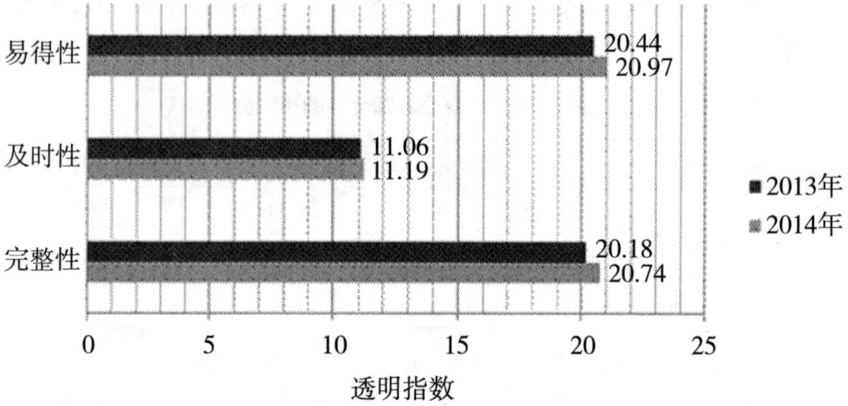

图19　2013、2014年度基金会透明指数各维度得分情况

对比数据可以显示，2013年—2014年，透明指数高分段的基金会数量在减少，卓越组织由46家增至64家，优秀和进取组织由160家减至112家。在高分段基金会数量退步的同时，低分段即0—30分的组织也由127家降至43家。更多的组织向中分段即30—60分靠拢。

表23　2013、2014年基金会透明指数分布情况

透明得分	2013年基金会数量	2014年基金会数量
[100，90)	46	64
[90，60)	160	112
[60，30)	228	343
[30，0]	127	43
合计	561	562

2. 慈善会透明指数：31.09

（1）组织之间情况差异最大

本次监测的1000个样本中，慈善会共340家，占样本总量的34.0%。2014年慈善会透明指数平均值为31.09，中位数为27.70，呈正偏态分布，极差为98.24。

表24　慈善会透明指数分布情况

组织类型	平均值	中位数	最大值	最小值	极差	标准偏差	组织数量
慈善会	31.09	27.70	99.63	1.39	98.24	21.89	340

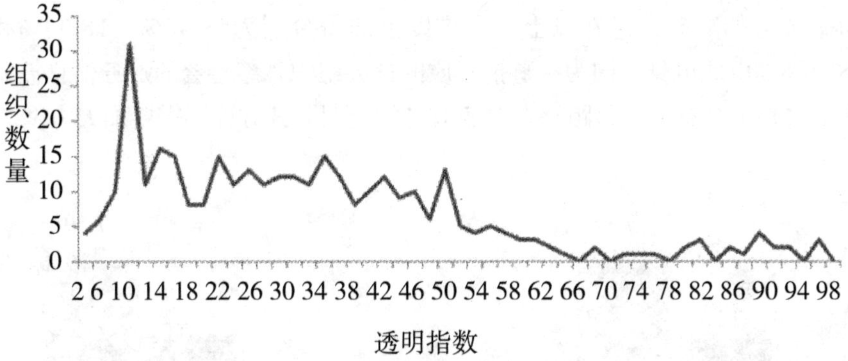

图20　慈善会透明指数分布情况

监测样本中，达到卓越水平的慈善会有16家，其中8家为东部慈善会，6家为中部慈善会，卓越慈善会占慈善会样本总量的4.71%；优秀组织有11家，其中9家是东部慈善会；进取组织16家，占慈善会总样本的4.71%。慈善会样本的12.65%达到了透明指数进取水平，西部地区慈善会处于低分段的比例最大。

表25　慈善会透明指数分布情况

透明水平	透明指数	组织数量	所属地域				占慈善会比
			全国	东部	中部	西部	
卓越	[90，100]	16	1	8	6	0	4.71%
优秀	[80，90)	11	0	9	1	1	3.24%

续表

透明水平	透明指数	组织数量	所属地域				占慈善会比
			全国	东部	中部	西部	
进取	[60，80)	16	0	11	1	4	4.71%
其他	[0，60)	297	0	187	51	65	87.35%
总计		340	1	209	59	71	100%

（2）慈善会透明维度：财务信息披露水平与基金会有很大差距

慈善会在完整性、及时性、易得性三个维度的得分分别为12.5、6.01及12.72，与1000家总样本的各维度得分相比还有很大差距。慈善会在基本信息、治理信息、业务信息、财务信息四方面的得分率也普遍较低，财务信息的完整性、及时性、易得性得分率分别为7.31%、7.43%和7.43%。而基金会的财务信息在以上三个维度上的得分别为18.44%、18.32%和18.80%，由此可见，同为有募捐资质的社会组织，慈善会的财务信息披露水平与基金会有很大差距，在财务信息的透明公开方面还需要加大力度。

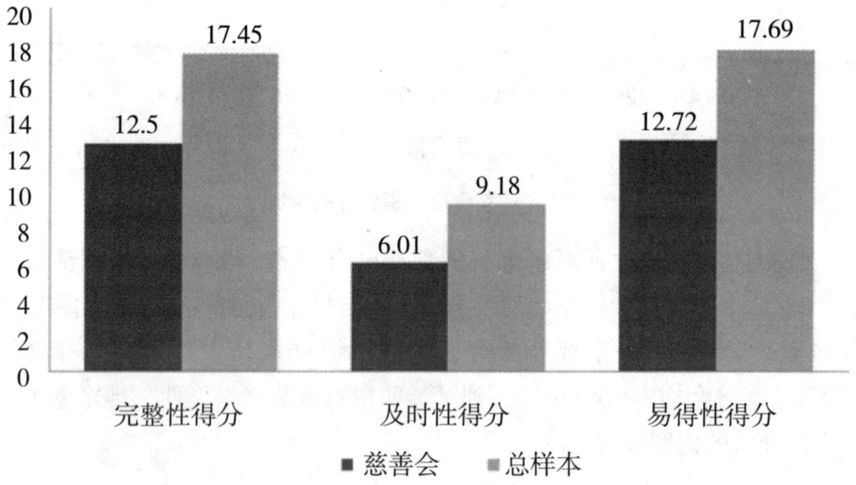

图21　慈善会各维度得分情况

表26　慈善会各维度得分率

方面＼维度	完整性	及时性	易得性
基本信息	61.44%	45.45%	61.04%
治理信息	25.32%	28.57%	25.21%
业务信息	25.00%	24.58%	28.39%
财务信息	7.31%	7.43%	7.43%

（3）慈善会行政级别与透明水平大致成正比

根据慈善会的行政级别，我们将其分为省级及以上慈善会（包括中华慈善总会、省、直辖市、自治区级慈善会）、地市级慈善会和区县级慈善会。此次监测样本中，省级及以上慈善会有32家，占慈善会总数的9.41%，透明指数平均分为48.89；地市级慈善会有176家，占慈善会总数的51.76%，透明指数平均分为31.51；区县级慈善会132家，透明指数平均分为26.20。地市级慈善会中，有27家为省会城市慈善会，透明指数平均分为44.11，远高于地市级慈善会的平均分数。

监测数据显示，总的来看，慈善会的行政级别与其信息透明水平成正比，行政级别越高的慈善会，其信息披露工作做得越好。一直以来，人们认为慈善会的官办性质极大地制约了其透明化的进程；而数据告诉我们，或许正是与政府千丝万缕的联系，使得慈善会学到了信息透明公开的益处。级别越高的慈善会，其与同级政府的接触越多，受到监督越多，规范操作的影响也就越深。

表27　不同规模慈善会透明指数

组织类型	透明指数	组织数量
省级及以上慈善会	48.89	32
地市级慈善会	31.51	176
区县级慈善会	26.20	132

（4）慈善会易得性指数较上年改善最为显著

2013年慈善会透明指数为28.37分，2014年为31.09分，增长了9.59%。与2013年监测数据相比，2014年慈善会透明指数在完整性、及时性、易得性三个维度均有增长：完整性从11.37升至12.50，增长了9.94%；及时性从5.54增长至6.01，增长8.48%；易得性从11.58增至12.72，增长9.84%。增长最快的是易得性一项。就慈善会透明指数得分的分布情况来看，2013年与2014年没有太大差别，近90%的慈善会位于0—60分的低分段内。

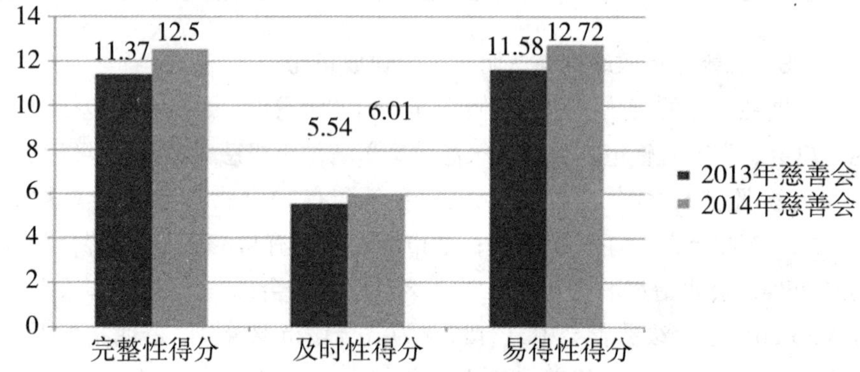

图22　2013、2014年慈善会各维度得分对比图

表28　2013、2014年慈善会各维度得分对比表

组织类型	完整性得分	及时性得分	易得性得分	透明指数	样本数量
2013年慈善会	11.37	5.54	11.58	28.37	341
2014年慈善会	12.50	6.01	12.72	31.09	340

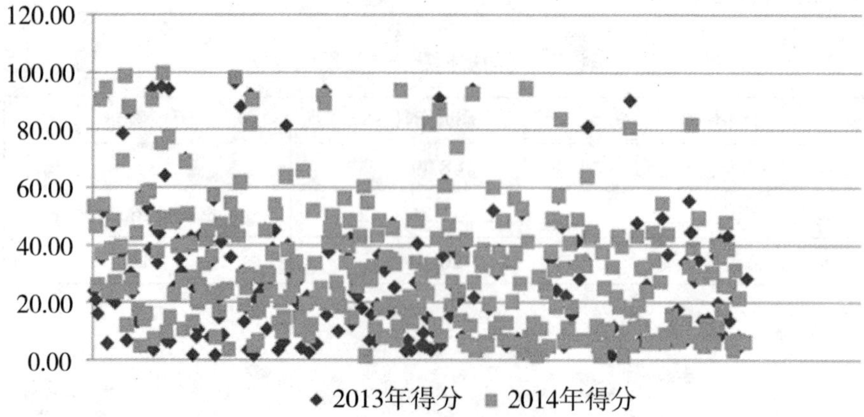

图23　2013、2014年慈善会透明指数分布情况

3. 民办非企业的透明指数：41.28

（1）民办非企业透明度相对较低

本次监测样本中，民办非企业有31家，占数据总量的3.1%。民办非企业透明指数得分最大值为86.28，最小值为15.19，极差为71.09，透明指数平均分为41.28，低于总样本均分44.10，整体呈正偏态分布。

民办非企业的透明得分普遍偏低，没有组织达到卓越水平，优秀组织仅2家，另有3家为进取组织，其他26家均未达到60分，占民办非企业的83.87%。

表29　民办非企业透明指数

组织类型	平均值	中位数	最大值	最小值	极差	标准偏差	组织数量
民办非企业	41.28	38.82	86.28	15.19	71.09	16.07	31

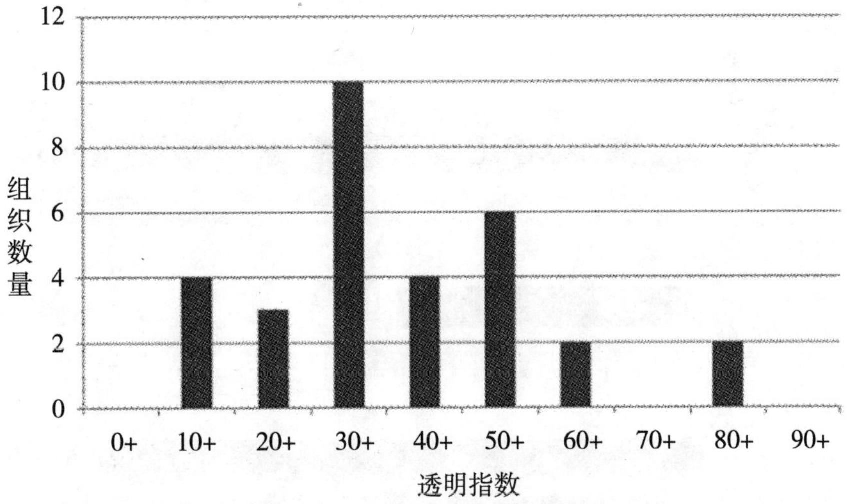

图24　民办非企业透明指数分布情况

表30　民办非企业透明指数分布情况

透明水平	指数区间	民办非企业数量	占民办非企业比
卓越	[90，100]	0	0.00%
优秀	[80，90]	2	6.45%
进取	[60，80]	3	9.68%

（2）民办非企业透明维度：三个维度均低于总体样本指数

民办非企业的透明指数在完整性、及时性、易得性三个方面均低于总样本相应指数。在财务信息方面，样本31家民办非企业中，仅有一家全部披露了2013年的审计报告、年度业务活动表、资产负债表、现金流量表及会计报表附注，其他30家均无最近完整财务报告信息披露。

表31　民办非企业透明指数各维度得分

组织类型	完整性得分	及时性得分	易得性得分	透明指数	样本数量
民办非企业	16.41	8.37	16.67	41.28	31
总样本	17.45	9.18	17.69	44.10	1000

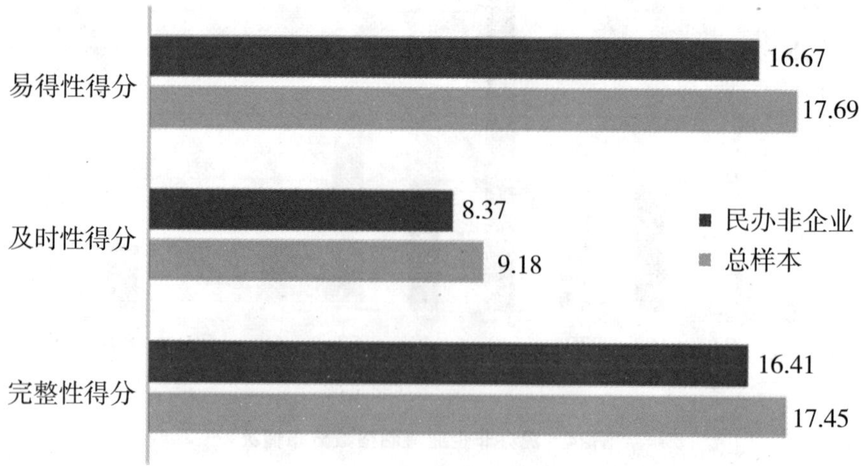

图25　民办非企业透明指数各维度得分

图32 民办非企业透明指数各维度得分率

方面＼维度	完整性	及时性	易得性
基本信息	79.46%	70.13%	78.73%
治理信息	43.60%	49.51%	43.80%
业务信息	28.91%	26.46%	32.81%
财务信息	3.23%	3.23%	3.23%

（3）民办非企业三个维度透明度较上年均有退步

2014年民办非企业透明指数为41.28，与2013年同比下降了21.45%。完整性、及时性、易得性三个维度得分分别为16.41、8.37、16.67，与2013年相比分别下降了21.14%、25.6%、19.55%，出现了较大的退步。

表33 2013、2014民办非企业透明指数对比

组织类型	完整性得分	及时性得分	易得性得分	透明指数	样本数量
2013年民办非企业	20.81	11.25	20.72	52.55	31
2014年民办非企业	16.41	8.37	16.67	41.28	31

（4）2014民办非企业透明榜Top 5

在民办非企业透明指数前5的排行榜中，2家为东部组织，其余3家为西部组织。

表34 2014民办非企业透明榜Top 5

组织名称	地域
北京血友之家罕见病关爱中心	东部
成都高新区益众社区发展中心	西部
兰州慧灵智障人士服务中心	西部
深圳市残友社工服务社	东部
银川市穆斯林孤儿院	西部

4. 红十字会透明指数：35.66

（1）红十字会透明指数低于样本均值

2014年监测的1000家样本中，有红十字会49家，占样本总量的4.9%。监测结果显示，红十字会透明指数最大值78.14，最小值4.84，极差为73.3，整体呈偏正态分布。透明指数平均值为35.66，低于总样本平均值。

样本的49家红十字会中，没有达到卓越或优秀的组织，达到进取的组织仅有两家，占红十字会样本的4.08%。

表35　红十字会透明指数

组织类型	平均值	中位数	最大值	最小值	极差	标准偏差	组织数量
红十字会	35.66	37.48	78.14	4.84	73.3	12.16	49

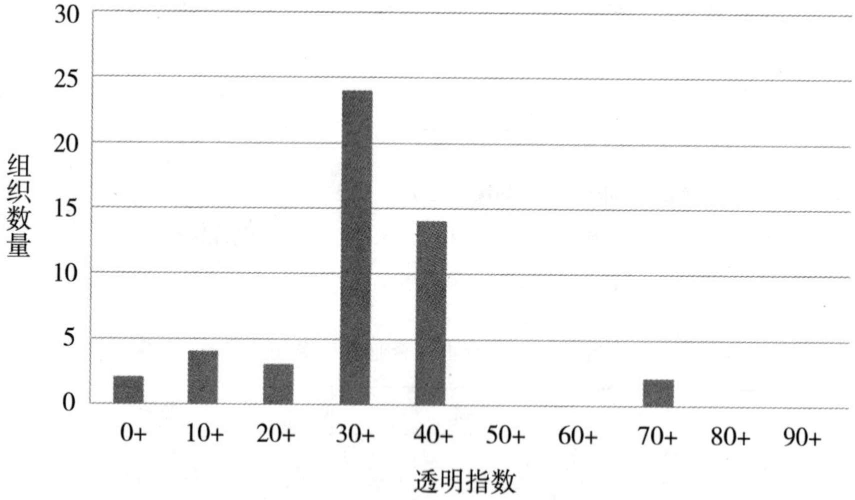

图26　红十字会透明指数分布情况

（2）红十字会透明度较上年下降5.46%

与2013年的37.72分相比，2014年红十字会的透明指数下降了5.46%，使得本就低迷的红十字会透明情况更加严峻。根据近两年透明指数散点对比图，我们会发现，2013年与2014年红十字会的透明指数都集中在50分以下，在30—50分之间尤其密集。

表36　2013、2014年红十字会透明指数对比

年度	平均值	中位数	最大值	最小值	极差	标准偏差	组织数量
2013年	37.72	37.88	90.53	3.54	86.99	12.56	49
2014年	35.66	37.48	78.14	4.84	70.31	12.16	49

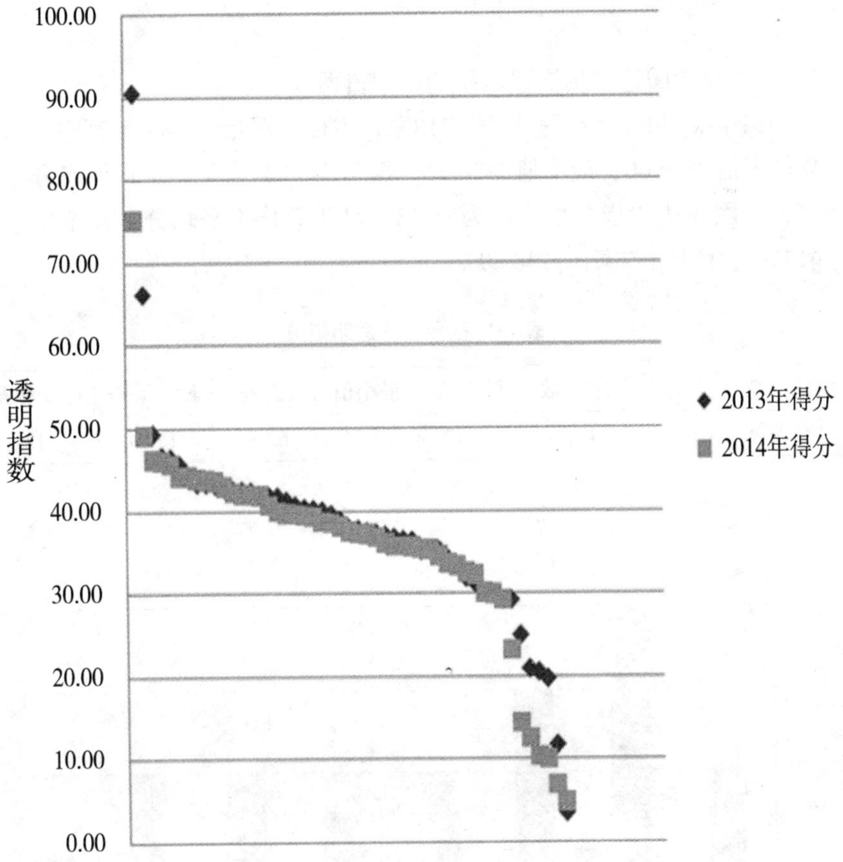

图27　2013、2014年红十字会透明指数对比

（3）三个维度透明水平均有所下降

2014年红十字会的透明指数在完整性、及时性、易得性三个方面的得分分别为13.84、7.6和14.34，三个维度透明水平均有下降。其中完整性得分变化最大，下降了8.24%。

表37　2013、2014年红十字会透明指数各维度对比

组织类型	完整性得分	及时性得分	易得性得分	透明指数	样本数量
2013年红十字会	15.10	7.62	15.16	37.72	49
2014年红十字会	13.84	7.6	14.34	35.66	49

5. 社会团体透明指数：51.13

（1）社会团体达到进取水平的组织占两成

2014年我们共监测了社会团体18家，占样本总量的1.8%。其中，透明指数最大值为90.60，最小值为28.26，极差为63.34，整体呈正偏态分布。18家社会团体透明指数平均值为51.13，高于总样本平均分。样本中达到进取的社会团体有7家，占38.89%。

表38　社会团体透明指数

组织类型	平均值	中位数	最大值	最小值	极差	标准偏差	组织数量
社会团体	51.13	49.94	90.60	28.26	62.34	15.84	18

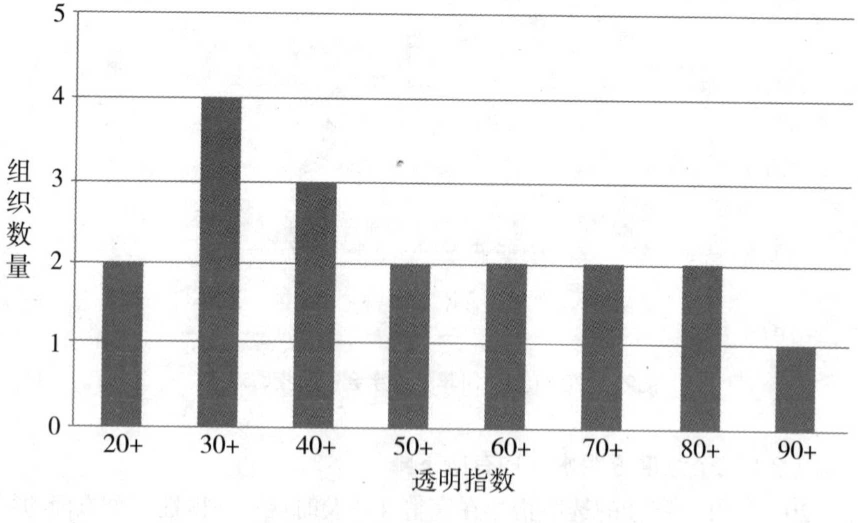

图28　社会团体透明指数分布情况

（2）社会团体透明维度：高于总样本平均水平

社会团体在完整性、及时性和易得性三个维度的分数均高于总样本平均分。社会团体完整性得分为19.60，比总样本高10.97%；及时性得分11.84，比总样本高22.47%；易得性得分为19.96，比总样本高出11.37%。

表39　社会团体透明指数各维度情况

组织类型	完整性得分	及时性得分	易得性得分	透明指数	样本数量
社会团体	19.60	11.84	19.96	51.13	18
总样本	17.45	9.18	17.69	44.1	1000

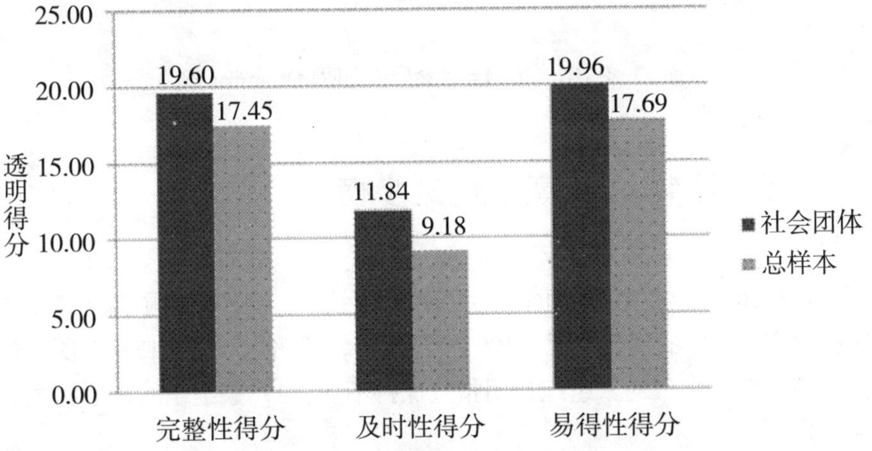

图29　社会团体透明指数各维度情况

（3）社会团体透明度较2013年下降10%

社会团体透明指数各维度的得分从2013年—2014年均有所下降，透明指数从57.37降至51.13，下降了10.88%。其中，完整性得分下降了12.77%，及时性下降了5.36，易得性下降了11.88%。

表40　2013、2014年社会团体透明指数各维度对比

年度	完整性得分	及时性得分	易得性得分	透明指数	样本数量
2013	22.47	12.51	22.65	57.37	18
2014	19.6	11.84	19.96	51.13	18

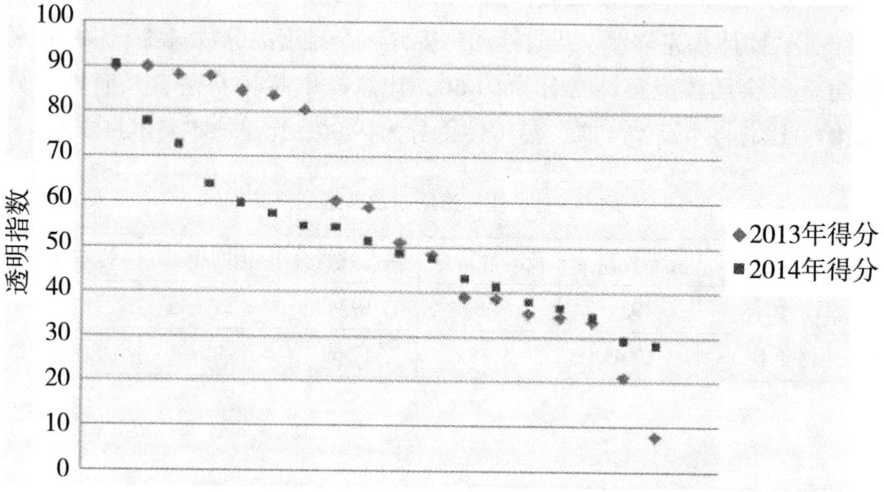

图30　2013、2014年社会团体透明指数分布情况

四、2014年度慈善透明进步榜

根据2013年与2014年两年透明指数监测结果，我们得出了监测样本透明指数在这两年的变化情况。1000个样本中，透明指数较2013年有所增长的组织有593家，129家组织透明指数保持不变，278家组织的透明指数有所下降。

在透明指数进步的前30名中，15家为慈善会，说明慈善会的信息披露在逐年大幅度进步中。从地域上看，透明进步榜前30名中，有19家东部组织、5家西部组织，3家全国组织以及3家中部组织。

表41　透明指数进步榜前三十名

组织名称	省份	地域	类型
成都市慈善总会	四川	西部	慈善会
慈济慈善事业基金会	全国	全国	非公募基金会
福建省残疾人福利基金会	福建	东部	公募基金会
海安县慈善基金会	江苏	东部	公募基金会

续表

组织名称	省份	地域	类型
淮安市慈善总会	江苏	东部	慈善会
淮安市金湖县慈善总会	江苏	东部	慈善会
林州市慈善总会	河南	中部	慈善会
临沂市慈善总会	山东	东部	慈善会
南京市玄武区慈善协会	江苏	东部	慈善会
南通市慈善总会	江苏	东部	慈善会
宁波市慈善总会	浙江	东部	慈善会
邳州市慈善基金会	江苏	东部	公募基金会
泉州市慈善总会	福建	东部	慈善会
山西省慈善总会	山西	中部	慈善会
上海慈源爱心基金会	上海	东部	非公募基金会
上海汽车工业科技发展基金会	上海	东部	非公募基金会
上海市青少年发展基金会	上海	东部	公募基金会
绍兴市慈善总会	浙江	东部	慈善会
顺德慈善会	广东	东部	慈善会
四川省青年创业就业基金会	四川	西部	公募基金会
苏州工业园区慈善基金会	江苏	东部	公募基金会
王振滔慈善基金会	全国	全国	非公募基金会
温岭市人民教育基金会	浙江	东部	公募基金会
无锡市慈善总会	江苏	东部	慈善会
西宁市慈善总会	青海	西部	慈善会
伊春市慈善总会	黑龙江	中部	慈善会
云南省绿色环境发展基金会	云南	西部	公募基金会
增爱公益基金会	江苏	东部	非公募基金会
中国古生物化石保护基金会	全国	全国	公募基金会
重庆儿童救助基金会	重庆	西部	公募基金会

第四章　公众满意度

2014年度慈善组织信息披露情况的公众调查活动于2014年7月8日—2014年7月15日展开。此次的公众调查以网络在线调查问卷的方式进行，回收有效问卷1071份。受访人群中有85.43%的受访对象在过去的一年中曾经捐赠款物或提供志愿服务，2013年公众满意度的该项受访者为85.05%，两次调查的答卷人群整体对公益慈善的关注度较高。与2013年同期的公众调查相比，今年的调查结果显示：公众对公益慈善组织信息披露的满意度在逐年上升；公众对自己捐赠或服务过的组织信息披露更满意；同时，善款的来源和使用情况依然是公众最为关心、最希望公益慈善组织披露的信息。

一、公众对慈善信息披露情况满意度再度稳步提高

当被问及“您对我国公益慈善组织信息披露的各方面是否满意”时，50人对完整性和及时性投出了“满意”的一票，占受访者的4.67%。在公益慈善组织信息公开的易得性方面，公众的看法则比其他两个维度略显两极分化，59人表示“满意”，260人表示“较满意”，占样本总量的29.78%；选择“较不满意”和“不满意”的公众共388人，占36.23%；选择“一般满意”中立选项的有364人，占33.99%。

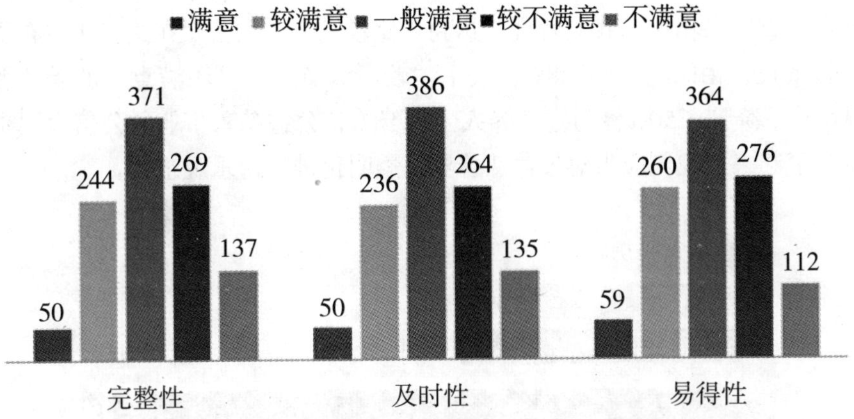

图31　公众对公益慈善组织信息披露各维度的满意度

当问到受访者对2013年—2013年公益慈善信息公开情况的变化时，仅2%的受访者认为公益信息透明化“倒退了”，认为“没变化”的公众占21%，其余受访者则均认为有所进步。其中，选择“有很大进步”的受访者占总人数的7%，认为“有较大进步”和“有较小进步”的分别占32%和38%。由此可见，绝大部分公众已经看到了我国公益慈善透明化进程上的新气象。

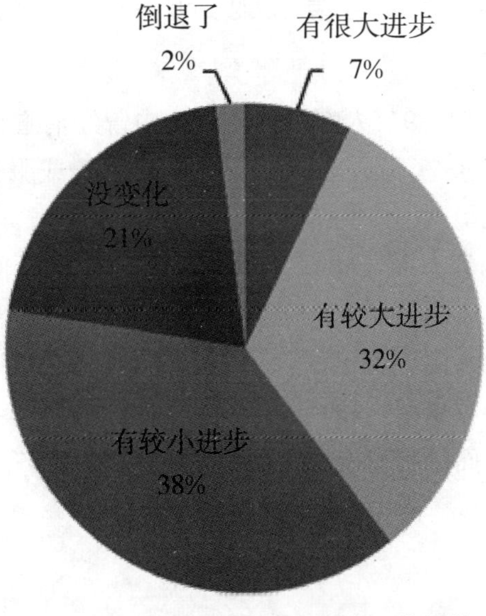

图32　公众对公益慈善组织信息工作评价

将公众对信息披露各维度的满意度综合分析，并与2012年、2013年的问卷调查结果相比，我们发现，达到“比较满意”的公众在这三年中有了大幅增长，由9%上升至28%；表示“较不满意”和“不满意”的受访者从61%下降到了50%。通过各界人士的努力，公益慈善事业的公信力逐步构建了起来，我们应当对公益慈善界的透明化进程持乐观态度。

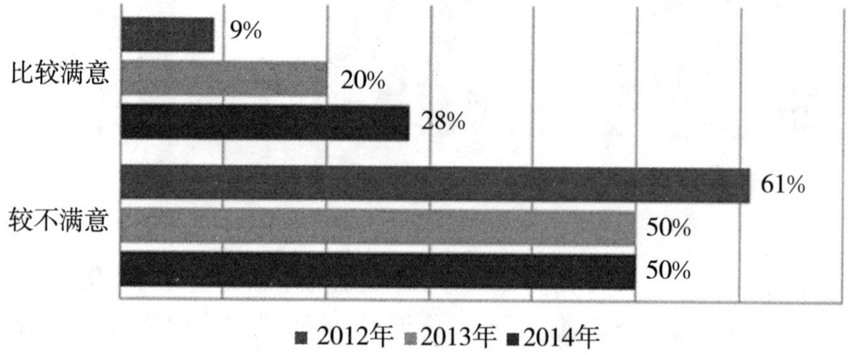

图33　公众对我国公益慈善组织信息披露的满意度

二、公众对自己捐赠或服务的组织满意度更高

在受访者样本中，915人在过去的一年中曾经捐赠款物或提供志愿服务，占总人数的85.43%。这部分受访者对他们捐赠或服务过的组织的信息披露情况的了解也呈现出一些特色。

在信息披露内容方面，660名受访者选择了“善款使用情况”，为选择人数最多的一项；其次为“善款来源”，496名受访者所捐赠或服务过的组织披露了善款来源。由此我们可以推断，在公众选择捐赠或服务对象时，对组织的“善款来源”和“善款使用情况”两项的关注度较高，公众往往会选择这两方面透明度较高的组织进行捐赠或服务。

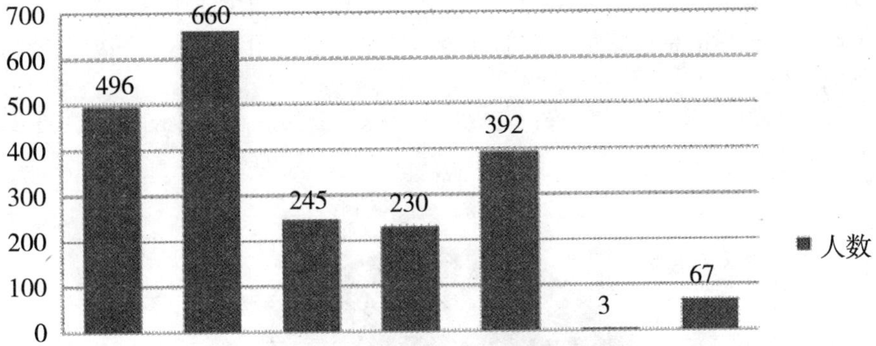

图34　公众捐赠或服务的组织信息披露情况

在信息披露渠道方面，64.37%的受访者通过机构或项目的网站来了解其所捐赠或服务的组织，因此，公益慈善组织官方网站的有效建设和及时更新是相当必要的。另外，微博、微信等社交平台也作为信息披露的途径之一，分别有47.21%和27.65%的受访者以此作为信息获取的渠道。此外，有39.13%的受访者通过电子邮件获取所捐赠或服务的组织的信息。

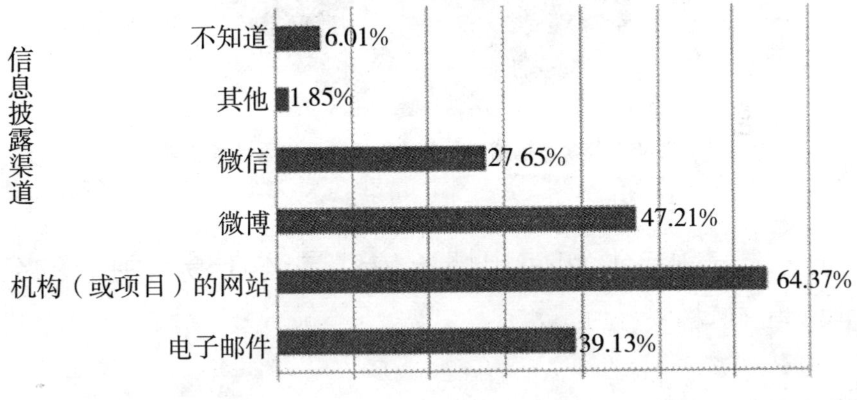

图35　公众捐赠或服务的组织信息披露方式

在信息披露满意度方面，有9%的受访者对他们捐赠或服务的组织的信息公开表示“非常满意”。对信息披露达到“较满意”的受访者占50%；对信息披露持负面看法，认为“较不满意”和“很不满意”的受访者占14%。上文讨论了公众对公益慈善组织信息披露的整体满意度，达到“较满意”的受访者为28%，“较不满意”的受访者占50%。两组数据的巨大反差说明，在我国公益慈善信息披露的大环境中，公众对所捐赠或服务的组织的信息披露情况更加满意、更加信任。从另一个角度来看，公众更倾向于选择信息披露情况做的优秀、使之满意的组织投入时间或金钱的捐助。

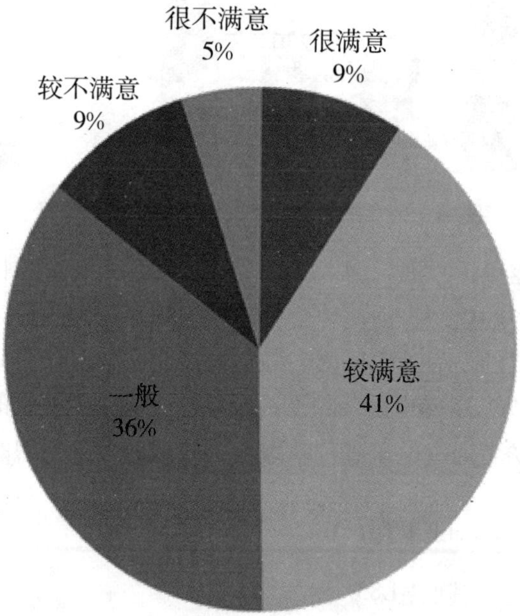

图36　公众对捐赠或服务的组织信息披露满意度

三、善款来源和使用情况依然是公众最为关心的公益慈善信息

在问及“您在过往的一年中曾了解到公益慈善组织哪些方面的信息”时，“善款来源”和“资金去向与使用情况”仍是受访者的首选，分别有56.96%和48.55%的受访者做出选择。善款的来源和使用情况一直是公众持续关注的重点，各公益慈善组织因此也在这两方面的信息公开方面做了很大努力。

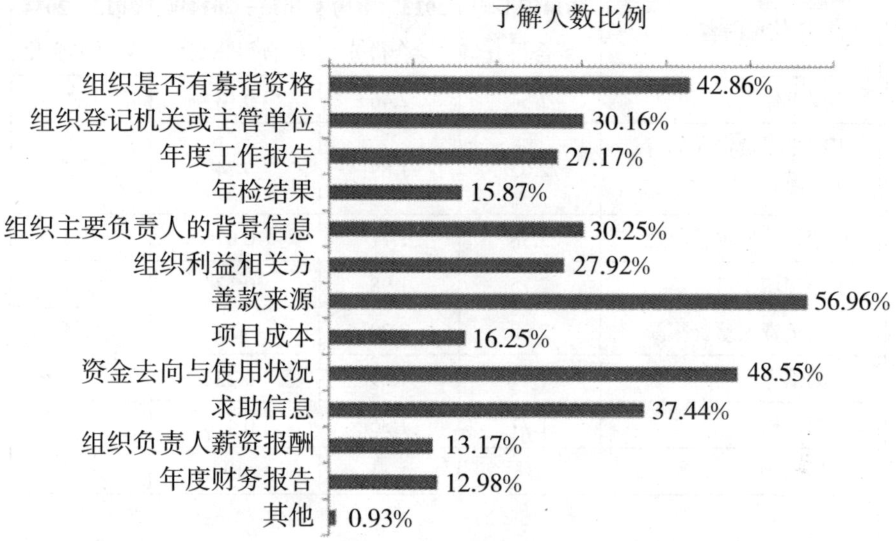

图37 公众过去一年了解到的公益慈善组织信息

通过整理公众最希望了解的三方面信息，我们发现，2014年公众最希望了解的是“资金去向与使用状况”，其次为“善款来源”，这两项的排名与2013年一致。公众关注度提高最大的是“组织主要负责人的背景信息”一项，综合得分增加了0.74；“组织性质”排名上也提高了三位，表明公众对公益慈善的了解趋向于深入化和专业化；而对“组织负责人薪资报酬”的关注度则大幅下降，与2013年相比下降了四位，表明公众已经逐渐摆脱了“公益行业零薪资”的错误观念。

表42 公益慈善信息公开需求综合得分

信息内容	2014年平均综合得分	2013年平均综合得分	2013—2014年综合得分变化	2013—2014年排名变化
资金去向与使用状况	9.87	10.12	–0.25	→0
善款来源	5.69	5.22	0.47	→0
组织利益相关方	3.69	3.22	0.47	↑1
年度财务报告	3.69	4.41	–0.72	↓1
组织性质	2.96	2.25	0.71	↑3
项目成本	2.7	3.05	–0.35	↓1

续表

信息内容	2014年平均综合得分	2013年平均综合得分	2013—2014年综合得分变化	2013—2014年排名变化
年度工作报告	2.64	2.46	0.18	↓1
组织主要负责人的背景信息	2.63	1.89	0.74	↑2
登记机关或主管单位	2.38	1.71	0.67	↑2
工作领域	2.15	1.98	0.17	↓1
组织负责人薪资报酬	2.08	2.28	−0.2	↓4
求助信息	1.91	1.69	0.22	→0
组织结构	1.77	1.36	0.41	→0
年检结果	1	1.11	−0.11	→0

第五章　慈善透明的影响因素

2013年，我国社会各界接收慈善捐赠总额近千亿元，慈善事业现代化进程明显加快。然而，备受关注的慈善透明建设却发展缓慢，慈善行业透明总体状况仍不理想。深入分析慈善透明的影响因素，理性看待当前的慈善透明状况，并找出有效可行的对策显得至关重要。

慈善透明是一个历史的发展过程，受多种因素的影响。总体上包括内部治理和外部监管两个方面，内部治理属于微观层面的因素，外部监管属于宏观层面的因素。微观层面包含公益慈善组织的透明动力、透明意识、信息披露制度建设等因素，宏观层面包含慈善事业发展进程、社会诚信环境与慈善偶发事件、政府法律法规政策、行业自律及第三方评估、媒体公众监督等。

一、慈善事业发展进程

我国有着悠久的慈善救助历史，但现代慈善事业发展仅仅是近几十年的事情。慈善事业以公众的普遍参与为发展基础，并由各种专业化、组织化的慈善机构充当着捐献者与受助者之间的桥梁或中介，使捐献者与受助者分离，这是社会分工和慈善事业专业化的需要。当短暂的个体救助发展为社会化、规范化的组织行为，即产生了对透明的需求；当公众成为社会捐赠主体，从企业家和富人慈善发展到以公众为主的全民慈善，对透明的要求自然提升；也只有慈善事业发展到一定阶段，有了信息披露的能力和技术手段，慈善透明才能得以实现；而慈善透明的标准是阶段性的、变化的，需从关注短期财务透明转向长期的项目质量、效益的控制与评估。因此，应将慈善透明看成一个过程，用历史的眼光看待其发展，既要看到不断取得的成绩，肯定近几年行业为之付出的努力，用心呵护宽容当前的慈善事业；也要看到慈善透明依然不及格，距离公众预期仍有很大差距。

当前，我国慈善捐赠总数额近千亿元，已有慈善与公益组织几十万家，此外还有百万个没有登记的民间草根组织，慈善事业正在进入“大发展”时期。大规模组织化的慈善行为产生了透明要求，民间组织的发展给有官方背景的慈善机构带来了透明化的压力，发展迅速的新媒体和网络技术手段也使公益组织信息披露成为可能。公众的透明需求比以往任何时候都要强烈，但我国的慈善透明建设明显滞后于慈善事业的发展，并一度遭遇公信力危机，迫切需要加快透明进程。

二、社会诚信环境与偶发慈善事件

公众对慈善透明的要求与社会诚信大环境息息相关。当社会信任度低时，人们对公益组织的公开透明要求会更加严苛，若此时某些公益组织出现偶发的丑闻事件，便会大大降低其社会公信力，甚至会影响公众对整个慈善公益领域的信任。而当社会信任程度高时，公众对慈善组织的要求会相对宽容些，并会给予更多的理解和信任。

当前我国诚信制度缺失、诚信建设不佳，公众视慈善领域为最后一方净土而格外关注，2011年爆发的“郭××事件”引发了一场针对以红十字会为主的具有政府背景的慈善机构乃至整个公益慈善界的公信力危机；此后，周筱赟以长微博的形式质疑李亚鹏通过嫣然天使基金为个人敛财；吴法天指责深圳壹基金公益基金会涉嫌贪污善款、利益输送、中饱私囊，多起网络爆料引起了众多网民对慈善组织信息透明问题的关注，客观上倒逼加速了公益慈善的透明建设进程。红十字会在公众质疑和问责中采取了多项综合改革措施，以重建组织公信力。后遭受质疑的慈善组织面对脆弱的舆论生态环境，也开始敢于直面公众的疑虑，由慈善组织、组织发起人联合主管部门运用网络的手段发声，回应网民疑惑，在危机公关的处理方式上有了很大的进步。偶发的慈善事件迫使了公益慈善组织注重信息披露制度建设，增强组织透明度，提升社会公信力，它带来的改革性意义远大于负面影响力。

三、政府法律法规政策

政府在慈善透明中扮演着监管者的角色，主要通过完善的法律法规保障透明的落实、执行，此外还发挥规范、引导、鼓励、支持的作用。法律法规政策的影响包含政策的完善程度、强制性与执行力两个层面。

1. 法律法规是否完善

完善的法律法规是慈善透明的有力保障，需明确透明主体、透明标准、内容、方式、主体责任等。慈善透明政策应覆盖各种类型的慈善机构，不仅包括基金会，还应覆盖社会团体、民办非企业单位中属于慈善公益类的组织。

当前，我国慈善透明方面的专门法规只有《基金会信息公布办法》，辅之以各类组织的管理条例、年度检查办法。现有的政策缺陷主要有：第一、缺乏对民办非企业单位、社会团体的专门信息公开制度规定；二、透明主体身份混乱，对慈善组织认定比较模糊，民办非企业单位和社会团体并不全是公益慈善组织，某些草根组织并未获得合法的慈善组织身份，被排除在透明制度之外，而某些不该归为慈善组织却享有相关待遇，不履行透明义务、三、对于不同地域、不同规模、不同性质、不同类型的慈善组织，并未对信息披露的标准和内容有详细的制度规定。以上缺陷几方面表明现有的透明法律法规政策很不完善，政策的漏洞给慈善透明化带来了巨大的挑战。

2. 法律法规的强制性与执行力

法律和法规有不同的制度约束力，慈善透明需要法律和相关的法规配合执行来完成。现有的政策表现出对慈善组织准入严格，但监管不够，导致慈善组织信息披露不足。信息披露可分为强制性信息披露、自愿性信息披露两类。已有信息公开规定如《基金会信息公布办法》《公益慈善捐助信息披露指引》均为民政部下发的部门行政法规，强制性较弱。如果将慈善透明要求上升为法律法规，将信息披露规定由半强制性行政法规上升为强制性法律，慈善透明势必会提升。

此外，明确慈善透明主体责任，建立一定的惩罚和激励机制，对慈善透明行为进行引导，并加强监管，才能保证政策有效落地执行。现有的法律规定使得部分慈善组织透明身份缺失，加上强制性不足、执行力弱，导致大量草根组织、民办非企业单位、红十字会系统和部分社会团体游离于制度之外，严重影响了公益慈善行业的透明度。

四、公益慈善组织

内部动力、外部压力共同促进慈善事业的透明进程。慈善事业发展进程、社会诚信环境、政府法律法规政策、行业自律组织、媒体及公众构成了慈善透明的外部因素，而公益慈善组织自身的透明意愿、透明动力、组织的类型和规模、组织信息披露制度建设则构成了慈善透明的内部因素。在外部大环境短期内无法改变的情况下，内因对慈善透明程度起决定性作用。

1. 组织透明动力

透明动力直接影响慈善组织的透明情况，最根本的动力源为通过筹集资源，扩大生存空间。慈善的民间属性越强，募捐环境越公平，募捐市场越开放，慈善机构越具有透明动力。近年来，慈善组织成立的门槛逐渐降低，备案制使得某些地区新成立的慈善组织数量猛增，新媒体使公众问责越来越便捷，并逐渐发展成为一种慈善文化。在一个相对公平、平等的劝募环境中，透明度将成为影响捐赠方捐赠意愿的直接标准，透明度高的组织将更容易获得公众的捐赠，相比于慈善会和红十字会，基金会面临更公平的募捐环境，透明动力更强。从报告研究的1000家样本组织的透明指数来看，基金会的透明指数平均分为52.71，而慈善会、红十字会的透明指数平均值分别为31.09、35.66，基金会的透明情况明显优于其他两个。因此，开放的慈善市场，和公众能“用脚投票”是慈善组织最重要的透明动力。

2. 组织类型和规模

慈善组织的类型和规模也影响其透明度。如公募基金会的资金来源于公众，慈善资源的委托代理关系更明显，公众的透明需求和要求也较高；而非公募基金会或家族基金会的资金来源于企业、个体或家族，更讲究合规合法，能够接受相关部门的督促和监督。因此，公募基金会需比非公募基金会承担更多的透明责任，理应具备更高的透明度。此外，慈善组织的规模实力直接影响对信息披露工作的投入程度，规模越大，公众需求越强烈，透明投入越充足。据中民慈善捐助信息中心监测结果显示，规模越大的基金会，透明指数越高，信息披露工作做得越好。基金会的资金筹集、运营和项目开展等过程都需要坚实的社会公信力和社会力量的支持，因此，大型基金会在信息公开方面有更大需求，做得更加到位。

3. 信息披露制度建设

健全的制度安排是透明的重要保障，信息披露制度属于慈善组织内部治理的重要内容，是确保信息公开制度化、经常化、规范化的关键性因素。公益慈善组织内部治理制度越完善，信息披露越规范化、常态化，透明度越高。如中国社会福利基金会、南都公益基金会、老牛基金会都有专门的信息公开制度，明确了组织信息披露的内容、时间、相应负责人和信息获取渠道，组织透明程度相对较高，均达到了卓越水平。

五、行业自律和第三方评估组织

慈善事业的健康发展离不开行业自律和第三方评估组织的推动。行业自律在信息披露过程中扮演着非常重要的角色，是提高公益慈善组织社会公信力的关键。

制定行业规则和行业标准，加强行业监督，形成自律机制是慈善发达国家的重要经验。美国主要的慈善行业组织包括基金会理事会、基金会中心、美国慈善信息局，发挥着积极的引导、监督、发布等作用。我国也形成了如中国慈善信息平台、基金会中心网、USDO自律吧等专门的行业自律平台，但覆盖面和影响力与美国相比仍有很大差距。已有的评估机构虽然形成了一定的透明指数体系，但只限于给社会组织进行打分、排榜，并不能很好的对社会组织进行评级，利用评估结果来引导公众的捐赠行为、并帮助组织解决自身信息披露能力不足的问题，专业性、权威性还有待完善。因此，现有的行业自律和第三方评估还不足以适应慈善行业公开透明、平等竞争、优胜劣汰的发展趋势。

六、社会监督

近年来，公民意识逐渐觉醒，公众的慈善透明诉求在持续增长，媒体和公众构成了社会监督的重要力量，在慈善透明中发挥了不可替代的推动作用。

新媒体的普及和应用创新了慈善组织形式和信息披露方式，不仅为慈善组织和项目提供了方便快捷的信息披露渠道，而且降低了公众的慈善参与门槛，能更好的发挥舆论监督作用。新媒体慈善监督具有强大的力量，有利于加强慈善组织与公众之间的沟通互动，传播现代慈善理念，弘扬公益慈善文化，新浪公益、腾讯公益、支付宝公益已经成为慈善透明的重要场地。新媒体上爆发的慈善事件，一定程度上倒逼了公益机构的改革进程，使其努力向科学、高效、透明的方向发展，以挽回组织公信力。但新媒体慈善监督也存在苛责喧嚣的巨大伤害，由于公众现代慈善知识储备不足，质疑之声有时远大于事实本身的声音，反映出我国慈善文化建设不足的问题，导致部分公益组织心有疑虑不敢公示工作人员的薪酬、日常支出成本等信息，反而不利于提高慈善透明度。

第六章　慈善透明面临的挑战与对策

一、慈善透明面临的挑战

1. 慈善独立性不够致透明动力不足

纵观中国慈善发展历史，民间慈善一路走来可谓充满坎坷，屡次遭遇禁止、兼并甚至取缔。相比西方公益慈善一直在民间力量的主导下进行，中国慈善的独立性比较稀缺。受路径依赖的影响，我国大部分规模较大、实力较强的慈善组织依然具有较浓的行政色彩，慈善独立性有待提高。

另外，我国平民慈善之路刚刚开始，企业和富人仍是捐赠主体，公众仍未成为主导的捐赠力量，公平竞争的慈善募捐市场尚未形成。筹款不难、政府背景、独立性不够导致大部分慈善组织透明动力不足，透明意愿不够强烈。监测数据显示，84%的机构没有专门的信息披露制度，71.5%的机构没有专门财务制度规定，缺乏规范、有效的内部信息披露标准和内部评估标准，制度缺乏阻碍了透明度的提升。

2. 部分组织游离于透明规定之外

我国现有的透明制度未完全覆盖所有类型的慈善组织，目前针对基金会的《基金会信息公布办法》以及《关于规范基金会行为的若干规定（试行）》，适用于在民政部门登记注册的基金会、境外基金会代表机构和其他具有公益性捐赠税前扣除资格的社会团体，以部门规章的形式对基金会的信息披露工作提出了系统性的规范。但对于慈善会、红十字会、民办非企业单位和社会团体，并没有类似的法规条例对其信息公开工作进行规范。在国外，红十字会组织适用基金会管理规定，而我国大量红十字会组织并非在民政部登记成立，是否应纳入民政部的信息披露规定仍不确定，导致其游离于政府透明制度之外。此外，大量草根组织未获得合法公益身份，也被排除在透明监管制度之外，透明不足既影响其募捐生存，也容易破坏脆弱的慈善公信力。

3. 透明监管缺乏惩罚与激励机制

慈善透明面临的另一重大挑战是现有的透明制度强制性弱、监管缺乏惩罚与激励机制。现有的《基金会信息公布办法》、各类慈善组织的年检办法属于部门行政法规，法律阶位低，强制性较弱；而《公益慈善捐助信息披露指引》是指导性文件，全凭慈善组织自觉公布与否，条例也没能说明信息披露之后如何衡量披露结果是否公开透明；“募捐条例”“慈善事业促进条例”“管理条例”等多部条例的规定也显示出信息公开标准缺乏权威、统一性不足；此外，并未建立相应的信息披露惩罚与激励机制。

法律法规的缺陷透漏出透明管理和监督的不完善，使慈善组织信息披露的引导力和强制力大打折扣，在现实中执行力差。据基金会中心网《中国基金会透明度发展研究报告》①披露，很多基金会不公布年报照样年检过关。合规性指标，实际上就是符合国家法律法规要求的指标，本来只是底线的要求，但六成基金会突破了底线。中民慈善捐助信息中心的监测样本中，80.1%的机构未按照规定公布年度工作报告。透明制度强制性弱、监管缺乏惩罚与激励机制构成重大挑战。

4. 慈善组织类型多样加大透明难度

完善的信息披露制度不仅要覆盖所有慈善组织，而且应根据不同性质和规模、相关利益关系及披露责任建立相适应的制度规定。需要考虑各类型组织信息披露内容的必要性、可行性、成本负担限制等因素。

首先，非营利组织可划分为“公益性”和“互益性”组织，由于公益性组织关乎社会利益的范围比互益性要广，因此在信息公开的内容要求上应比互益性组织要求严格。其次，公募基金会与非公募基金会面对的捐赠客户不同、相关利益主体不同，在基本原则要求之外，也应体现出二者的区别。微博、微信等新媒体对公募权造成了冲击，地方性公募基金会和非

① 基金会中心网.中国基金会透明度发展研究报告[M].北京:社会科学文献出版社，2013.12.

公募基金会在微博上公开募捐，突破了地区和身份的限制，公募权是否放开存在争议。最后，信息披露需要支付一定的成本，中小型慈善组织受自身发展阶段的限制，因资金不足、人员缺乏、技术水平欠缺，往往没有能力进行透明建设。社区备案制的小型慈善组织，是否有必要、有能力像全国公募基金会那样进行信息披露也是需要考虑的情况。上述因素均对信息公开制度构成了挑战。

5. 慈善信息披露平台和外部评估机构发展缓慢

慈善信息公共平台可以改变分散而不规范的网络信息公示制度，方便慈善组织通过平台定期公布捐赠资金与物品的来源与流向，同时使社会公众能够快捷地进行信息查询和监督，有助于提高慈善的透明度、参与度、灵活度、效率和响应速度，为社会公众和捐赠者监督善款使用提供透明窗口，为捐赠人和受益人捐赠选择提供依据，也为政府监管提供参考。现阶段我国已形成中国慈善信息平台、基金会中心网、USDO自律吧、等行业性信息披露网站，初步形成了政府平台、行业平台和大众媒体平台，参与组织数量越来越多，但仍有大量组织没有入驻任何第三方的平台进行专业信息披露。另外虽然各类平台形成了各自的特点和优势，但相互之间的交流合作较少，各慈善组织的信息披露呈现出“各自为政”的局面，造成资源重复投入，效果也不甚理想。

另外，独立、专业的第三方机构评估，有助于慈善组织不断审视和完善信息公开方面存在的欠缺，帮助其自我完善并吸引到更多的外部资源，同时定期发布评估结果有助于对慈善机构形成压力，迫使其接受挑战。目前，我国已初步形成由中民慈善捐助信息中心所研发的中国公益慈善组织透明度评估体系、财经媒体《福布斯》杂志中文版发布的年度慈善基金会透明度榜单、基金会中心网发布的“中基透明指数”；面向中国民间草根公益组织的评价体系——“中国民间公益透明指数”等评估指标和体系，但已有的评估对慈善组织改善透明度的压力还不够大，入驻信息披露平台的慈善机构信息完善情况不够理想、信息更新速度比较缓慢。慈善信息披露平台和外部评估机构发展还大有可为。

6. 慈善文化碰撞使慈善组织不敢公开

现代慈善是社会化分工的需要，需要大量从事筹款、组织管理、善款分发和理念传播的专业人员，应该建立组织化、专业化、规范化的运行机制上。慈善机构运作必然需要支付一定的管理成本，提取一定比例的管理费用。但国民对慈善的道德期望历来较高，也认为捐赠款物必须全部用于项目而不能提取管理费用，慈善行业从业人员应该领取很低的工资。还不能够宽容于慈善犯错，不能接受慈善的道德污点，现代慈善文化仍未形成。与此同时，公众通过微博对慈善组织信息透明的关注度空前高涨，在很大程度上促进了公开透明，但由于慈善理念处于新旧碰撞期，公众的苛责喧嚣、不理解也会导致慈善组织不敢公开日常开支成本、从业人员薪酬，公益支出比例等信息，慈善文化碰撞客观上对透明构成了挑战。

7. 重财务披露、轻服务效益披露

在慈善组织的发展过程中，透明只是手段，最终要靠良好的项目服务效益赢得公众信任。良好的项目效益才是终极目标，是衡量项目好坏的最重要依据，也是捐赠者最关心的内容，理应成为最核心的透明标准。但无论是现有的信息披露制度规定，还是公益慈善组织和相关利益主体，更多关注捐赠信息等财务披露，轻项目效果披露。慈善组织对于公益项目合作方的合作方式和内容、公益性项目评估以及总结等方面的信息披露仍是“短板”。

此外，在信息披露过程中，还应注意把握透明的边界和底线，注重保护捐赠人和受助者的隐私。现代慈善事业的一个显著特点是由各种专业化、组织化的慈善机构充当着捐献者与受助者之间的桥梁或中介，捐献者与受助者彼此并不知道对方是谁，从而少了恩赐的色彩，使慈善走出了慈悲的历史，而具有人道与正义的色彩[①]。如果将不必要、不应该公开的信息进行披露，既违背了捐赠人意愿，也侵犯了受助者隐私权，有悖于现代慈善倡导的平等助人自助精神。

① 郑功成.当代中国慈善事业[M].北京:人民出版社，2009：12.

二、对策与建议

1. 针对政府的政策建议

（1）提高慈善透明的法律层次

2013年，《慈善事业法》被列入十二届全国人大常委会立法规划第一类项目，并确定由全国人大内务司法委员会牵头起草。现有透明制度法律阶位低、强制性弱、执行力不强，建议将慈善透明作为原则性要求写入《慈善事业法》，并以专门章节内容对信息披露做出规定。

需要明确的是，慈善事业法中的透明和信息披露规定是基本原则要求，要与相关法规配套执行。目前，我国对慈善透明法律要求已经具备了相应的基础，民政部发布的各类社会组织的年度检查办法和《基金会信息公布办法》《公益慈善捐助信息公开指引》等行政法规，属于半强制性的标准，有一定的实施基础，可考虑将其部分规定上升为法律要求，提高透明的法律层次，增强制度强制性和执行力。

（2）对慈善组织的信息披露进行分类管理

完善的信息披露制度需要考虑到各类型组织的性质、规模、相关利益关系及责任大小各不相同，应根据其披露内容的及时性、完整性、准确性、必要性、可行性、成本负担等因素，制定具体操作可行的办法，但要注意相关法规、办法之间的衔接，且要覆盖所有类型的慈善组织。对不同规模、不同类型的组织区别对待，既可以有效监督大型非营利组织，又可使小型非营利组织避免无意义的负担，避免浪费财政支出。

建议在《慈善事业法》基本法中对于普通慈善组织共同遵守的信息披露制度予以规定。在其他制度安排中对不同性质、规模、类型的慈善组织按照权利责任对等的原则制定不同的信息公开规则。

获得公益性捐赠税前扣除资格的慈善组织享有更多的权利，理应承担更多的透明责任，具备更高的透明要求。建议对其制定更严格的信息披露规定，建立健全日常信息披露和专项信息披露制度。

对社会团体、民办非企业单位、红十字会组织出台有针对性的信息公开规则，避免信息披露的制度缺失。考虑到中国红十字会不是一般性质的慈善公益组织，而是一个法定机构，同时接受来自国家、国际红十字会运动和本国公民社会的三重赋权，有自己单独遵循的《中国红十字会法》，在对其进行透明规定时，既可兼顾历史传统与现实可行性，由其自行制定与其他慈善组织相衔接的信息披露制度，也可借鉴国际经验，参照基金会管理。

对于小型慈善机构，考虑到其信息披露的能力、是否必要等因素，可鼓励、允许其以多种渠道进行信息披露，也可通过政府购买公共服务、开放政府慈善信息平台等措施对其透明给予支持。

（3）鼓励支持第三方机构的发展

第三方机构可发挥引导慈善机构提高自律性和公信度的作用。在国外，严格的政府年度检查、为获取税收优惠向税务部门披露信息、权威的第三方评估和行业自律构成了慈善透明的有机组成部分。美国的评估机构等第三方组织发展较为活跃，为美国基金会提供评估服务，开发了中立的、客观的、以数据为基准的评级体系，不仅评估日常的财务状况，还通过财务数据评价未来慈善项目运作的可持续性。我国目前还没有完整全面地建立起公益组织对税务机关的信息公开制度，单靠年检作为主要的透明监管制度显然不够。因此，鼓励发展多元化的信息披露平台和行业自律组织对于提升公益透明度和公信力显得至关重要。

政府可通过在各省市推广慈善信息平台、利用相关披露信息和评级结果作为税收优惠资格和政府购买服务的参考依据、引导建立专业独立的第三方评估体系和标准，来鼓励支持第三方机构的发展。也可通过建立与完善各省市已有的社会组织网，为慈善组织信息披露提供方便快捷的渠道，从而推动我国慈善事业健康透明地发展。

（4）依法加大现有年检信息披露力度

在慈善组织的透明监管方面，我国具有较好的信息披露制度基础，《基金会年度检查办法》要求基金会、境外基金会代表机构应当于每年3月31日前向登记管理机关报送经业务主管单位审查同意的上一年度的年度工作报告，接受登记管理机关检查；《社会团体年度检查办法》《民办非企业单位年度检查办法》也要求应当于每年3月31日前向业务主管单位报送上一年度的工作报告，经业务主管单位初审同意后，于5月31日前报送登记管理机关，接受年度检查。目前，年检结果会直接关联慈善机构的评级和税收优惠资格的获取。年度检查仍然是最主要的信息披露制度规定。然而，在实践中往往因为缺乏相应的行政处罚机制，使得公益慈善组织透明化工作执行力不强。

中民慈善捐助信息中心的监测样本中，80.1%的机构未按照规定公布年度工作报告。建议政府部门加强执法监管，依法加大现有年检信息披露力度，重视年度报告发布的及时性、完整性、正确性，根据内容的详细程度、必要性对年检合格与不合格的具体原因给予说明，以引导慈善机构改进信息披露工作。对于未及时、准确公布信息和公布虚假信息的组织进行透明问责，给予一定的处罚。

（5）加大政府的业务监管责任

十八届三中全会《决定》明确提出："重点培育和优先发展行业协会商会类、科技类、公益慈善类、城乡社区服务类社会组织，成立时直接依法申请登记；加大政府购买公共服务的力度，适合由社会组织提供的公共服务和解决的事项，交由社会组织承担。"公益慈善组织迎来了前所未有的发展机遇。

慈善政策越来越开放，慈善环境越来越宽松，公平竞争的慈善市场正在形成，一方面为公益慈善组织发展开辟了广阔的空间，另一方面加大了政府的监管责任。在政策环境宽松的背景下，政府应对境外社会组织在华开展公益慈善活动加强监管，对小型慈善组织开展活动进行备案。

此外，还可将政府购买社会组织服务与透明度关联，对于透明度高的慈善组织在承接服务项目、政府表彰、市场准入等方面给予更多优惠，正向激励引导慈善机构进行信息披露，改善透明状况。

2. 针对公益慈善组织的建议

（1）公募慈善组织建立信息披露制度

信息披露的源头在于慈善组织，据调查显示，当前我国大部分规模较大的慈善组织仍没有专门的信息披露规定，制度和人才缺乏阻碍了透明度的提升。公募基金会享有公募权利，应履行信息披露责任，提高透明意识，积极主动制定规范的信息披露制度，建立有效的信息管理系统，选择适合的信息披露渠道，利用专门的慈善信息平台，并配备专门的人员负责信息的维护，加强与合作方、利益相关方之间的沟通互动，提高组织透明度。

（2）善用多样化信息披露渠道

现阶段我国已形成中国慈善信息平台、基金会中心网、USDO自律吧等行业性信息披露渠道，初步形成了政府平台、行业平台和大众媒体平台。各类慈善组织可根据自身实际情况选择适合的信息披露渠道，善用多样化的信息披露方式，及时更新财务、项目等信息，并依据第三方机构的透明度标准开展透明自评。还要善用新媒体传播，满足公众的多元渠道需求。尤其是小型慈善组织因自身能力、资金、人员限制，更应重视利用微博、微信平台披露财务和项目信息，提升机构公信力，整合社会资源。

（3）靠服务效益赢得公信力

良好的服务效益是捐赠者、受益者最关心的内容，也是慈善机构赢得公信力的决定性因素，而信息披露只是达成目标的手段。如果一家慈善机构完全披露了项目的财务信息，但执行项目效果一般，虽然透明但并未取得良好的服务效益，有悖于慈善的宗旨和项目的运行目的。因此，慈善机构应从重视财务披露转移到注重项目披露，重视公益性项目的效益评估以及总结。正确看待透明的手段作用，靠服务效益赢得公信力。

（4）把握公益透明边界和底线

慈善信息公开是有层次和边界的，公益慈善组织的信息披露对象包括政府、大额捐赠人、小额捐赠者、受益者、媒体、公众等，在向不同对象披露信息时，需要把握不同的边界，掌握不同的度[①]。

根据法律规定，向政府部门披露年度工作报告等信息是最起码的要求，任何组织都应该遵守；还要注意尊重捐赠人的意愿、保护受助人的隐私，这是公益透明的底线要求。不同规模的组织需要考虑透明的边界，规模越大，透明成本越高；当信息披露达到一定程度后，内容越详细，来自公众的质询会越多，将会加大公益组织的负担；涉及到一些组织核心竞争力的信息，有时候也不宜对外披露。因此，公益组织应把握公益透明的边界和底线，具备自我保护的能力。

① 华夏时报：公益透明的边界和底线. http://finance.sina.com.cn/roll/20130828/234916594501.shtml.

3. 针对社会的建议

（1）大力发展行业自律和第三方评估

行业组织在公益慈善组织的发展过程中发挥着关键作用，我国存在着社会团体、基金会、民办非企业单位、草根组织等多种性质的公益机构，类型多样性为行业自律带来了挑战。肯定多样化的信息披露渠道，建立各类型慈善组织自律联盟，鼓励发展多元化的信息披露平台和行业自律组织有利于提升公益透明度和公信力。因此，应加快发展独立的第三方机构，完善现有的评估体系，扩大行业自律和第三方评级评估机构的影响力，使第三方评估结果能真正反映行业透明情况，引导慈善机构完善组织透明建设，成为捐赠者投票选择的依据，为政府政策制定和慈善组织内部自评提供科学的依据。

（2）培育现代慈善文化

现代慈善蕴含着文化、信仰、精神、尊严、平等、自愿、爱心、互益、责任、和谐等多个人文要素[①]，更加强调信仰、平等、尊严、互益和社会责任；要求公民具备助人自助、主动参与慈善的精神，储备一定的慈善常识，能够比较理性地参与慈善评论和轻松愉快地参与慈善行动。针对一些慈善事件，质疑之声远大于事实本身的声音，反映出我国慈善文化建设不足的问题。中国迫切需要开展国民慈善教育，培育公民现代慈善意识。学校、家庭、公益慈善组织直接肩负着慈善教育的使命，这是培养公民、捐款人、公益慈善组织领导人以及慈善家的土壤，公益教育应进入中小学生课堂，公益慈善组织也可通过与高校联合开办公益理念课程和公益实践课程，进入到高等教育领域。媒体肩负着慈善教育的责任，媒体报道应注意引导社会舆论，善于设置积极的、有意义的慈善话题，为慈善鼓与呼，在全社会培育起良好的公益慈善文化。

① 郭小刚.漫谈人文视角下的现代慈善理念来源.慈善公益报.2013-12-27.

第七章　报告说明

一、简介

作为独立第三方机构，依据相关法律法规和本机构章程、宗旨，对整个中国公益慈善行业的发展状况进行信息监测，是中民慈善捐助信息中心的基本职能和主要业务所在。

2009年，受民政部委托，中民慈善捐助信息中心参照国际公益慈善行业的信息透明监测评估体系，并参考了中国政府和上市公司信息透明监测评估体系，开始着手研发一套与中国公益慈善行业发展现状相适应的“中国公益慈善组织透明度评估体系”，并于当年首次依据此体系，对当年全国性公益慈善组织信息公开现状进行监测、分析、研究，编制、发布了第一份《中国慈善透明报告（2009）》。从此，每年编制“中国慈善透明指数”，发布年度“中国慈善透明报告”，就成为中民慈善捐助信息中心的一项常态工作。历年《中国公益慈善透明报告》的发布都会引起社会各界的关注，成为我国公益慈善透明化进程的信号灯；中国公益慈善组织透明度评估体系也成为政府和其他第三方机构制定公益慈善透明评估时最重要的借鉴依据之一。

《2014年度中国慈善透明报告》是中民慈善捐助信息中心持续发布的第六份年度“中国慈善透明报告”。

二、研究目的及意义

公益慈善组织透明评估工作旨在维护公众知情权和监督权，促进公益慈善行业的信息披露。公益慈善资源的管理和使用，连接着弱势群体的福祉，事关社会公平与正义，受到社会各界的高度关切。通过调查公布中国公益慈善行业的透明情况，引导社会公众对慈善组织进行合理监督，推动各级政府履行公益慈善事业的管理、监管责任，促进慈善组织了解自身信息披露的优势与不足，不断提升自身的透明程度。

本报告对2013年—2014年我国慈善信息公开状况进行了分析研究，通过不同组织类型、不同地域及不同组织间的定量对比，形成2014年度中国慈善透明指数及各分项指数，向读者直观呈现过去一年我国慈善信息公开状况、变化以及发展趋势。

三、研究方法

本报告采取定量分析与定性分析相结合的方式，以“中国公益慈善组织透明度评估体系”为工具，对各个公益慈善组织信息公开情况进行监测和评分，计算得到本年度的各类慈善透明指数。同时，通过网络问卷调查的方式探索社会公众对我国慈善组织透明度的印象。

2014年我们沿用了2013年经过专家和业内同仁评议的“中国公益慈善组织透明度评估体系（2013）”，从三个维度四个方面对公益慈善组织信息披露情况进行评估。三个维度为：完整性、及时性、易得性。四个方面包括基本信息、治理信息、业务信息、财务信息。该体系共有4个一级指标，11个二级指标，54个三级指标。4个一级指标有各自的权重和权重系数。满分最终为100[①]。

透明指数的具体计算方法如下：

指标打分：根据评估体系对每个组织的54个三级指标在完整性、易得性和及时性维度上分别打分，分别得到Ai 、Bi、Ci（i=1，2，……，54），每个指标都有相对应的权重系数Ki

计算公式：单个组织透明指数

年度透明指数为全部1000家监测样本组织的透明指数的平均值。

① 根据指标打分与权重系数，用公式计算，满分为100.44，为便于理解，换算为100。本报告内所提到的总分均指按100分换算的分数。

1. 网络监测

监测时间为2014年7月1日—8月30日。监测方式与往年报告一样，考虑到本报告中信息公开的主要对象是社会公众，我们立足于普通公众，采取网络搜索的方式，采集公开渠道的数据。

2. 公众调查网络问卷

在社会公众调查方面，为了了解作为信息公开对象的社会公众对公益慈善组织信息公开情况的满意度和关注点，我们与专业网络调查公司合作，通过问卷星网站、中国公益慈善网，以及微博平台，对社会公众进行了在线问卷调查。

四、研究对象

本报告的主要研究对象包括作为慈善信息公开主体的公益慈善组织，同时，为了反映整个信息公开工作链条，我们也对信息公开的对象进行调查，即包括捐赠人、受益人在内的社会公众。

1. 信息公开主体

本报告中的慈善信息公开主体，即各类公益慈善组织，具体包括：①基金会，指在各级民政部门注册登记的公募基金会和非公募基金会。②社会团体，指各级民政部门注册登记的公益慈善类社会团体以及部分依法免于登记的社会团体，具体分为慈善会、红十字会和其他公益慈善类社会团体（下文简称“社会团体”）。③民办非企业单位，指在各级民政部门注册登记的公益慈善类民办非企业单位（下文简称“民办非企业”）。

在具体判定某一社会组织是否为公益慈善类社会组织时，我们主要通过其宗旨、业务范围，近两年公开的业务活动情况等方面来进行判断。

因目前我国的法律法规体系未对在工商注册或尚未注册的公益慈善组织，以及在中国大陆地区登记注册（备案）或未注册的境外公益慈善组织的信息公开工作进行规范，故本次报告暂不对此两类组织进行研究。

2. 信息公开对象

本报告所研究的信息公开对象是社会公众，考虑到本报告研究方法的特殊性，本报告所研究的社会公众主要指网络公众。

五、抽样方式

1. 目标总体

本报告的调查对象，即目标总体，是作为慈善信息公开主体的社会组织。据相关部门统计，各类公益慈善组织的总量分布情况如下：

（1）基金会

根据民政部《2013年社会服务发展统计公报》可知，截至2013年年底，基金会共有3549家，其中公募基金会1378家，非公募基金会2137家[①]。

（2）慈善会

根据中华慈善总会的统计数据，截至2013年6月，全国慈善会数量为1966个[②]，范围覆盖大陆地区所有省、自治区、直辖市。

（3）红十字会

据中国红十字会统计数据可知，截至2011年底，中国红十字会有31个省（自治区、直辖市）级红十字会、334个地（市）级红十字会、2848个县级红十字会和新疆生产建设兵团红十字会、铁路系统红十字会、香港特别行政区红十字会、澳门特别行政区红十字会。

（4）社会团体

据民政部《2013年社会服务发展统计公报》数据统计，截至2013年底，全国共有社会团体28.9万个。

---

① 另有涉外基金会8个，境外基金会代表机构26个。

② 见《中华慈善总会会长李本公在全国慈善会负责人座谈会的讲话》，人民网，http://ccn.people.com.cn/n/2013/1015/c366510-23204671.html，2013年10月15日。

（5）民办非企业单位

民政部《2013年社会服务发展统计公报》显示，截至2013年底，全国共有民办非企业单位25.5万个。

表43　调查对象总体数量分布情况（单位：个）

类型	基金会		红十字会			慈善会	社会团体	民办非企业单位
	公募	非公募	省级	地市	县级			
数量	1378	2137	35	334	2848	1966	28.9万	25.5万

2. 抽样原则

在本次调查研究的抽样过程中，我们主要遵循权利与义务对等原则，即，组织规模越大、接收捐赠资金越多，则其在慈善信息的公开上应承担更多的责任和义务，在行业中更应起到表率的作用。因此，在抽样过程中，我们主要参照各类组织接收捐赠的数额比例来确定每类组织应抽取的样本量大小，同时也尽可能保障样本抽取的科学性和代表性。

3. 抽样步骤

第一步，确定随机抽样的样本总量。在保证本报告研究工作的连续性和研究成果的可比性的基础上，初步设定为1000家，并根据具体情况适当进行微调。

第二步，明确抽样的分类标志。根据各类组织在组织性质、资金规模、组织数量等方面的不同特点，将其划分为基金会（包括公募基金会、非公募基金会）、社会团体（包括慈善会、红十字会和其他社会团体），以及民办非企业单位等三大类六小类。

第三步，确定每类应抽取的样本量。按照基金会、慈善会、红十字会、其他社团和民办非企业组织在过去四年中平均接收捐赠总额（表44）的比例来确定每类组织应抽取的样本量，基本情况如表44所示。

表44 各类组织过去四年接收款物捐赠总额情况一览表（单位：亿元）

	2010年	2011年	2012年	2013年	平均接收捐赠金额
基金会	340.5[①]	337	305.7	373.45	339.14
慈善会	242.5	203.89	268.65	339.11	263.54
红十字会	67.29	41.98	21.9	32.05	40.78

另外，民办非企业单位及除慈善会和红十字会的其他社团接收社会捐赠的总额相对较少，我们根据组织的规模与影响力将其他社团与民办非企业组织的总数量定为50家。抽样过程中根据实际情况适当进行微调。

各类组织实际抽取的样本量情况见表45。

表45 各类公益慈善组织样本量与地区分布情况（单位：个）

组织类型	东部	西部	中部	全国	总计
慈善会	209	71	59	1	340
非公募基金会	153	15	30	51	249
公募基金会	154	56	34	69	313
红十字会	11	29	8	1	49
民办非企业	12	12	5	2	31
其他社团	3	2	1	12	18
总　计	542	185	137	136	1000

第四步，从每一层中随机抽取出足够的样本。按照表45中确定的样本数量在实际可得的每类组织的总体名单（即抽样框）中，按照每类组织的不同特点采取不同的抽样方法得到所需样本。

① 公募基金会和非公募基金会的样本名单按照各自在2010年—2013年这四年接受捐赠总额和净资产额的排名由高到低依次进行抽样，基金会共562家，样本名单见附录。

② 慈善会样本抽取方式为：中华慈善总会，省（直辖市、自治区）级慈善会31家，省会和计划单列市32家，地市级慈善会和县级慈善会共276家，样本名单见附录。

③ 红十字会系统样本抽取中国红十字会总会和25家省（自治区、直

① 表1-2数据来自《中国慈善捐助报告》（2010、2011、2012、2013）。

辖市）级红十字总会，以及23家其他地市级城市红十字会。样本名单详见附录。

④ 其他社会团体和民办非企业单位按照可获得的组织年接收捐赠额、影响力、规模等获得所需数额的样本，样本名单见附录。

第五步，按照以上抽样步骤得出抽样样本名单，综合考虑组织的影响力、资金规模、地域分布等因素，将未纳入抽样样本的有较大影响力和资金规模的组织纳入到监测样本中，从而得到本次抽样调查的样本量为1000家，抽样样本名单及详细情况见附录。

六、研究局限性

经过几年来的不断努力，本报告日趋完善，但由于客观条件的限制，在以下几个方面，依然存在着不足：

第一，在研究总体的确定过程中，由于信息掌握有限以及行业标准的缺失，难以覆盖全部的公益慈善组织，而在研究样本的选取过程中，同样由于掌握信息的局限性，需要通过估算，来确定各公益慈善组织资源的占有量。

第二，在监测的信息公开渠道方面，依然只能覆盖目前最为主流的互联网，对于其他信息公开渠道难以做到全覆盖。

第三，在单个组织的透明度评估过程中，对于业务信息，只能对一个主要项目的信息披露情况进行数据采集，这与组织业务信息披露的真实情况有一定差距。

第四，在对社会公众的调查中，由于受人力和时间限制，采用网络问卷调查方法，参与人数有限，其结果在严格意义上只能代表部分网络用户，与实际社会大众的意见有一定差距。

对于以上几个方面，我们将会在以后的研究中不断改进。

附录：2014年透明指数监测样本列表

序号	组织名称	省份	地域	类型
1	重庆市教育发展基金会	重庆	西部	公募基金会
2	中国少数民族文化艺术基金会	全国	全国	公募基金会
3	中国人口福利基金会	全国	全国	公募基金会
4	中国留学人才发展基金会	全国	全国	公募基金会
5	中国孔子基金会	全国	全国	公募基金会
6	中国关心下一代健康体育基金会	全国	全国	公募基金会
7	中国法律援助基金会	全国	全国	公募基金会
8	中国儿童少年基金会	全国	全国	公募基金会
9	云南省绿色环境发展基金会	云南	西部	公募基金会
10	新昌县人民教育基金会	浙江	东部	公募基金会
11	湘潭市教育发展基金会	湖南	中部	公募基金会
12	武义县教育基金会	浙江	东部	公募基金会
13	吴江市见义勇为基金会	江苏	东部	公募基金会
14	无锡市见义勇为基金会	江苏	东部	公募基金会
15	温州市人民教育基金会	浙江	东部	公募基金会
16	苏州市相成区慈善基金会	江苏	东部	公募基金会
17	四川省残疾人福利基金会	四川	西部	公募基金会
18	绍兴县人民教育基金会	浙江	东部	公募基金会
19	上海宋庆龄基金会	上海	东部	公募基金会
20	上海市民帮困互助基金会	上海	东部	公募基金会
21	上海市儿童健康基金会	上海	东部	公募基金会
22	青岛市教育发展基金会	山东	东部	公募基金会
23	宁夏青少年发展基金会	宁夏	西部	公募基金会

续表

序号	组织名称	省份	地域	类型
24	南昌市教育基金会	江西	中部	公募基金会
25	内蒙古自治区青少年发展基金会	内蒙古	西部	公募基金会
26	绵阳市教育基金会	四川	西部	公募基金会
27	连云港市见义勇为基金会	江苏	东部	公募基金会
28	昆山市慈善基金会	江苏	东部	公募基金会
29	九江市教育基金会	江西	中部	公募基金会
30	靖江市慈善基金会	江苏	东部	公募基金会
31	湖南省公安民警基金会	湖南	中部	公募基金会
32	河南省宋庆龄基金会	河南	中部	公募基金会
33	河南省残疾人福利基金会	河南	中部	公募基金会
34	广东省国家安全基金会	广东	东部	公募基金会
35	大连慈善基金会	辽宁	东部	公募基金会
36	成都市大熊猫繁育研究基金会	四川	西部	公募基金会
37	长沙县教育基金会	湖南	中部	公募基金会
38	长沙市见义勇为基金会	湖南	中部	公募基金会
39	苍南县人民教育基金会	浙江	东部	公募基金会
40	本溪市公安民警救助基金会	辽宁	东部	公募基金会
41	北京青少年发展基金会	北京	东部	公募基金会
42	北京华育助学基金会	北京	东部	公募基金会
43	中华思源工程扶贫基金会	全国	全国	公募基金会
44	中华环境保护基金会	全国	全国	公募基金会
45	中国下一代教育基金会	全国	全国	公募基金会
46	中国肝炎防治基金会	全国	全国	公募基金会
47	中国保护消费者基金会	全国	全国	公募基金会
48	浙江省义乌市教育基金会	浙江	东部	公募基金会
49	厦门市红十字基金会	福建	东部	公募基金会
50	泰州市见义勇为基金会	江苏	东部	公募基金会
51	四川省隆昌教育基金会	四川	西部	公募基金会
52	首都见义勇为基金会	北京	东部	公募基金会

续表

序号	组织名称	省份	地域	类型
53	绍兴市越城区人民教育基金会	浙江	东部	公募基金会
54	平阳县人民教育基金会	浙江	东部	公募基金会
55	丽水市莲都区人民教育基金会	浙江	东部	公募基金会
56	湖南青年创业就业基金会	湖南	中部	公募基金会
57	黑龙江省青少年发展基金会	黑龙江	中部	公募基金会
58	河南省青少年发展基金会	河南	中部	公募基金会
59	河北省青少年发展基金会	河北	东部	公募基金会
60	广州市青少年发展基金会	广东	东部	公募基金会
61	广西民族教育发展基金会	广西	西部	公募基金会
62	富阳市人民教育基金会	浙江	东部	公募基金会
63	长沙市雨花区教育基金会	湖南	中部	公募基金会
64	福建省残疾人福利基金会	福建	东部	公募基金会
65	重庆宣传文化发展基金会	重庆	西部	公募基金会
66	中华少年儿童慈善救助基金会	全国	全国	公募基金会
67	中国治理荒漠化基金会	全国	全国	公募基金会
68	中国华侨公益基金会	全国	全国	公募基金会
69	永州市慈善基金会	湖南	中部	公募基金会
70	缙云县人民教育基金会	浙江	东部	公募基金会
71	中国宋庆龄基金会	全国	全国	公募基金会
72	中国航天基金会	全国	全国	公募基金会
73	中国古生物化石保护基金会	全国	全国	公募基金会
74	中国妇女发展基金会	全国	全国	公募基金会
75	四川省资中教育基金会	四川	西部	公募基金会
76	四川省青年创业就业基金会	四川	西部	公募基金会
77	上海市青少年发展基金会	上海	东部	公募基金会
78	陕西美术事业发展基金会	陕西	西部	公募基金会
79	宁乡县教育基金会	湖南	中部	公募基金会
80	宁波市江北区人民教育基金会	浙江	东部	公募基金会
81	江苏省发展体育基金会	江苏	东部	公募基金会

续表

序号	组织名称	省份	地域	类型
82	吉林大学教育基金会	吉林	中部	公募基金会
83	广东省青少年发展基金会	广东	东部	公募基金会
84	福州见义勇为基金会	福建	东部	公募基金会
85	常熟市慈善基金会	江苏	东部	公募基金会
86	中华国际医学交流基金会	全国	全国	公募基金会
87	重庆市残疾人福利基金会	重庆	西部	公募基金会
88	中华见义勇为基金会	全国	全国	公募基金会
89	中国职工发展基金会	全国	全国	公募基金会
90	中国艺术节基金会	全国	全国	公募基金会
91	中国教师发展基金会	全国	全国	公募基金会
92	中国健康促进基金会	全国	全国	公募基金会
93	浙江省残疾人福利基金会	浙江	东部	公募基金会
94	云南教育基金会	云南	西部	公募基金会
95	温州市鹿城区人民教育基金会	浙江	东部	公募基金会
96	太仓市慈善基金会	江苏	东部	公募基金会
97	四川省宜宾市教育基金会	四川	西部	公募基金会
98	中华国际科学交流基金会	全国	全国	公募基金会
99	重庆市丰都教育奖励扶助基金会	重庆	西部	公募基金会
100	中华社会救助基金会	全国	全国	公募基金会
101	中国光华科技基金会	全国	全国	公募基金会
102	天台县教育基金会	浙江	东部	公募基金会
103	上海浦东新区社会发展基金会	上海	东部	公募基金会
104	瑞安市人民教育基金会	浙江	东部	公募基金会
105	苏州市慈善基金会	江苏	东部	公募基金会
106	深圳壹基金公益基金会	广东	东部	公募基金会
107	江苏省残疾人福利基金会	江苏	东部	公募基金会
108	湖南省娄底市教育基金会	湖南	中部	公募基金会
109	哈尔滨市香坊区教育发展基金会	黑龙江	中部	公募基金会
110	广东省扶贫基金会	广东	东部	公募基金会

续表

序号	组织名称	省份	地域	类型
111	四川省青少年发展基金会	四川	西部	公募基金会
112	张家港市慈善基金会	江苏	东部	公募基金会
113	中山市教育基金会	广东	东部	公募基金会
114	中国禁毒基金会	全国	全国	公募基金会
115	广州市番禺区教育基金会	广东	东部	公募基金会
116	中国人权发展基金会	全国	全国	公募基金会
117	云南省生物多样性保护基金会	云南	西部	公募基金会
118	新疆妇女儿童发展基金会	新疆	西部	公募基金会
119	沈阳市职工爱心慈善基金会	辽宁	东部	公募基金会
120	如皋市慈善基金会	江苏	东部	公募基金会
121	广西青少年发展基金会	广西	西部	公募基金会
122	长沙市青少年发展基金会	湖南	中部	公募基金会
123	北京市体育基金会	北京	东部	公募基金会
124	北京市公安民警抚助基金会	北京	东部	公募基金会
125	安徽省青少年发展基金会	安徽	中部	公募基金会
126	厦门市教育基金会	福建	东部	公募基金会
127	中华全国体育基金会	全国	全国	公募基金会
128	高邮市慈善基金会	江苏	东部	公募基金会
129	连云港市慈善基金会	江苏	东部	公募基金会
130	黄帝陵基金会	陕西	西部	公募基金会
131	湖南省青少年发展基金会	湖南	中部	公募基金会
132	河南中原大佛基金会	河南	中部	公募基金会
133	北京市红十字基金会	北京	东部	公募基金会
134	北京青年创业就业基金会	北京	东部	公募基金会
135	重庆市红十字基金会	重庆	西部	公募基金会
136	浙江省农业技术推广基金会	浙江	东部	公募基金会
137	上海科普教育发展基金会	上海	东部	公募基金会
138	湖北省扶贫基金会	湖北	中部	公募基金会
139	成都市教育基金会	四川	西部	公募基金会

续表

序号	组织名称	省份	地域	类型
140	伊金霍洛旗人民教育基金会	内蒙古	西部	公募基金会
141	广州市公安民警基金会	广东	东部	公募基金会
142	佛山市顺德区教育发展基金会	广东	东部	公募基金会
143	中国友好和平发展基金会	全国	全国	公募基金会
144	四川省见义勇为基金会	四川	西部	公募基金会
145	广东省公安民警医疗救助基金会	广东	东部	公募基金会
146	中国预防性病艾滋病基金会	全国	全国	公募基金会
147	中国拥军优属基金会	全国	全国	公募基金会
148	玉环县人民教育基金会	浙江	东部	公募基金会
149	上海文化发展基金会	上海	东部	公募基金会
150	北京京华公益事业基金会	北京	东部	公募基金会
151	启东市慈善基金会	江苏	东部	公募基金会
152	中国教育发展基金会	全国	全国	公募基金会
153	深圳市警察基金会	广东	东部	公募基金会
154	舟山市定海区人民教育基金会	浙江	东部	公募基金会
155	上海市残疾人福利基金会	上海	东部	公募基金会
156	中国绿化基金会	全国	全国	公募基金会
157	浙江省青少年发展基金会	浙江	东部	公募基金会
158	广西红十字基金会	广西	西部	公募基金会
159	河南省公安民警英烈基金会	河南	中部	公募基金会
160	中国医药卫生事业发展基金会	全国	全国	公募基金会
161	中国交响乐发展基金会	全国	全国	公募基金会
162	沈阳市教育基金会	辽宁	东部	公募基金会
163	辽宁省教育基金会	辽宁	东部	公募基金会
164	奉化市人民教育基金会	浙江	东部	公募基金会
165	中华健康快车基金会	全国	全国	公募基金会
166	中国文物保护基金会	全国	全国	公募基金会
167	上海市体育发展基金会	上海	东部	公募基金会
168	湖北省教育基金会	湖北	中部	公募基金会

续表

序号	组织名称	省份	地域	类型
169	中国保护黄河基金会	全国	全国	公募基金会
170	上海市华侨事业发展基金会	上海	东部	公募基金会
171	江山市人民教育基金会	浙江	东部	公募基金会
172	中国光彩事业基金会	全国	全国	公募基金会
173	上海市发展交响乐事业基金会	上海	东部	公募基金会
174	广东省教育基金会	广东	东部	公募基金会
175	上海市教育发展基金会	上海	东部	公募基金会
176	舟山市普陀区人民教育基金会	浙江	东部	公募基金会
177	重庆儿童救助基金会	重庆	西部	公募基金会
178	中国金融教育发展基金会	全国	全国	公募基金会
179	杭州市送温暖工程基金会	浙江	东部	公募基金会
180	珠海市扶贫基金会	广东	东部	公募基金会
181	中国扶贫基金会	全国	全国	公募基金会
182	无锡市滨湖区慈善基金会	江苏	东部	公募基金会
183	泗洪县见义勇为基金会	江苏	东部	公募基金会
184	东莞市医疗救济基金会	广东	东部	公募基金会
185	中国发展研究基金会	全国	全国	公募基金会
186	兴化市慈善基金会	江苏	东部	公募基金会
187	武汉市青少年发展基金会	湖北	中部	公募基金会
188	绍兴市人民教育基金会	浙江	东部	公募基金会
189	宁波市鄞州区人民教育基金会	浙江	东部	公募基金会
190	嘉兴市教育基金会	浙江	东部	公募基金会
191	吉林省青少年发展基金会	吉林	中部	公募基金会
192	河南省光彩事业基金会	河南	中部	公募基金会
193	贵州省春晖行动发展基金会	贵州	西部	公募基金会
194	慈溪市人民教育基金会	浙江	东部	公募基金会
195	资阳市雁江区教育基金会	四川	西部	公募基金会
196	中国青少年发展基金会	全国	全国	公募基金会
197	山东省残疾人福利基金会	山东	东部	公募基金会

续表

序号	组织名称	省份	地域	类型
198	乐山市教育基金会	四川	西部	公募基金会
199	河南省青年创业就业基金会	河南	中部	公募基金会
200	中国牙病防治基金会	全国	全国	公募基金会
201	台州市椒江区人民教育基金会	浙江	东部	公募基金会
202	邳州市慈善基金会	江苏	东部	公募基金会
203	中国文学艺术基金会	全国	全国	公募基金会
204	温州市瓯海区人民教育基金会	浙江	东部	公募基金会
205	宁夏煤炭职工扶贫济困基金会	宁夏	西部	公募基金会
206	云南省青少年发展基金会	云南	西部	公募基金会
207	湖北省炎帝神农故里建设基金会	湖北	中部	公募基金会
208	鄂尔多斯东胜教育发展基金会	内蒙古	西部	公募基金会
209	中国出生缺陷干预救助基金会	全国	全国	公募基金会
210	援助西藏发展基金会	西藏	西部	公募基金会
211	四川省教育基金会	四川	西部	公募基金会
212	中国少年儿童文化艺术基金会	全国	全国	公募基金会
213	浙江省宁海县人民教育基金会	浙江	东部	公募基金会
214	北京奥运城市发展基金会	北京	东部	公募基金会
215	中国西部人才开发基金会	全国	全国	公募基金会
216	青海省青少年发展基金会	青海	西部	公募基金会
217	中国华夏文化遗产基金会	全国	全国	公募基金会
218	四川省扶贫基金会	四川	西部	公募基金会
219	淮安市见义勇为基金会	江苏	东部	公募基金会
220	四川省内江市教育基金会	四川	西部	公募基金会
221	湖北省青少年发展基金会	湖北	中部	公募基金会
222	爱德基金会	江苏	东部	公募基金会
223	中国检察官教育基金会	全国	全国	公募基金会
224	广东省侨界仁爱基金会	广东	东部	公募基金会
225	海安县慈善基金会	江苏	东部	公募基金会
226	广东省志愿者事业发展基金会	广东	东部	公募基金会

续表

序号	组织名称	省份	地域	类型
227	三门县人民教育基金会	浙江	东部	公募基金会
228	内蒙古自治区扶贫基金会	内蒙古	西部	公募基金会
229	中国癌症基金会	全国	全国	公募基金会
230	温岭市人民教育基金会	浙江	东部	公募基金会
231	永嘉县人民教育基金会	浙江	东部	公募基金会
232	诸暨市人民教育基金会	浙江	东部	公募基金会
233	西安交通大学教育基金会	陕西	西部	公募基金会
234	苏州工业园区慈善基金会	江苏	东部	公募基金会
235	中国绿色碳汇基金会	全国	全国	公募基金会
236	中国老龄事业发展基金会	全国	全国	公募基金会
237	宁波市镇海区人民教育基金会	浙江	东部	公募基金会
238	中国青年创业就业基金会	全国	全国	公募基金会
239	中国残疾人福利基金会	全国	全国	公募基金会
240	舟山市人民教育基金会	浙江	东部	公募基金会
241	重庆市青少年发展基金会	重庆	西部	公募基金会
242	中国华文教育基金会	全国	全国	公募基金会
243	中国国际问题研究基金会	全国	全国	公募基金会
244	中国初级卫生保健基金会	全国	全国	公募基金会
245	浙江省扶贫基金会	浙江	东部	公募基金会
246	桐乡市人民教育基金会	浙江	东部	公募基金会
247	台州市路桥区教育发展基金会	浙江	东部	公募基金会
248	苏州市见义勇为基金会	江苏	东部	公募基金会
249	四川自贡市教育基金会	四川	西部	公募基金会
250	深圳市青少年发展基金会	广东	东部	公募基金会
251	陕西大唐西市历史文化遗址保护基金会	陕西	西部	公募基金会
252	泉州市教育基金会	福建	东部	公募基金会
253	江苏省儿童少年福利基金会	江苏	东部	公募基金会
254	大连市青少年发展基金会	辽宁	东部	公募基金会

续表

序号	组织名称	省份	地域	类型
255	云南滇池保护治理基金会	云南	西部	公募基金会
256	淮安市慈善基金会	江苏	东部	公募基金会
257	江西省青少年发展基金会	江西	中部	公募基金会
258	象山县人民教育基金会	浙江	东部	公募基金会
259	新疆维吾尔自治区青少年发展基金会	新疆	西部	公募基金会
260	北京妇女儿童发展基金会	北京	东部	公募基金会
261	安徽省人口基金会	安徽	中部	公募基金会
262	四川省关心下一代基金会	四川	西部	公募基金会
263	临海市人民教育基金会	浙江	东部	公募基金会
264	贵州省青少年发展基金会	贵州	西部	公募基金会
265	永康市人民教育基金会	浙江	东部	公募基金会
266	雅安市教育基金会	四川	西部	公募基金会
267	北京市残疾人福利基金会	北京	东部	公募基金会
268	湖南省教育基金会	湖南	中部	公募基金会
269	中国志愿服务基金会	全国	全国	公募基金会
270	中华社会文化发展基金会	全国	全国	公募基金会
271	兰溪市教育基金会	浙江	东部	公募基金会
272	北京中艺艺术基金会	北京	东部	公募基金会
273	河北省红十字基金会	河北	东部	公募基金会
274	中国听力医学发展基金会	全国	全国	公募基金会
275	陕西省唐大明宫遗址文物保护基金会	陕西	西部	公募基金会
276	山东省教育基金会	山东	东部	公募基金会
277	常州市见义勇为基金会	江苏	东部	公募基金会
278	中国公安民警英烈基金会	全国	全国	公募基金会
279	云南省医疗扶贫基金会	云南	西部	公募基金会
280	徐州市慈善基金会	江苏	东部	公募基金会
281	四川省威远县教育基金会	四川	西部	公募基金会
282	青岛市青少年发展基金会	山东	东部	公募基金会
283	广州市残疾人福利基金会	广东	东部	公募基金会

续表

序号	组织名称	省份	地域	类型
284	广东省妇女儿童基金会	广东	东部	公募基金会
285	朝阳市公安民警救助基金会	辽宁	东部	公募基金会
286	仙居县人民教育基金会	浙江	东部	公募基金会
287	吴江市慈善基金会	江苏	东部	公募基金会
288	青海省教育发展基金会	青海	西部	公募基金会
289	辽宁省青少年发展基金会	辽宁	东部	公募基金会
290	海门市慈善基金会	江苏	东部	公募基金会
291	上海市老年基金会	上海	东部	公募基金会
292	广州市职工济难基金会	广东	东部	公募基金会
293	上虞市人民教育基金会	浙江	东部	公募基金会
294	苏州高新区慈善基金会	江苏	东部	公募基金会
295	山东省青少年发展基金会	山东	东部	公募基金会
296	中国红十字基金会	全国	全国	公募基金会
297	宁波市海曙区人民教育基金会	浙江	东部	公募基金会
298	浙江省青年创业就业基金会	浙江	东部	公募基金会
299	沈阳市公安民警英烈救助基金会	辽宁	东部	公募基金会
300	中华文学基金会	全国	全国	公募基金会
301	余姚市人民教育基金会	浙江	东部	公募基金会
302	台州市黄岩区教育发展基金会	浙江	东部	公募基金会
303	上海市嘉定区教育奖励基金会	上海	东部	公募基金会
304	成都市青少年发展基金会	四川	西部	公募基金会
305	中国社会福利基金会	全国	全国	公募基金会
306	中国煤矿尘肺病防治基金会	全国	全国	公募基金会
307	常州市武进区见义勇为基金会	江苏	东部	公募基金会
308	河南省中原文化建设发展基金会	河南	中部	公募基金会
309	贵州省励业帮扶基金会	贵州	西部	公募基金会
310	广西老年基金会	广西	西部	公募基金会
311	中国移动慈善基金会	全国	全国	非公募基金会
312	中国农业大学教育基金会	浙江	东部	非公募基金会

续表

序号	组织名称	省份	地域	类型
313	盐城师范学院教育发展基金会	江苏	东部	非公募基金会
314	延边大学教育基金会	吉林	中部	非公募基金会
315	西北工业大学教育基金会	陕西	西部	非公募基金会
316	吴阶平医学基金会	全国	全国	非公募基金会
317	腾讯公益慈善基金会	全国	全国	非公募基金会
318	苏州科技学院教育发展基金会	江苏	东部	非公募基金会
319	神华公益基金会	全国	全国	非公募基金会
320	上海兴华教育扶贫基金会	上海	东部	非公募基金会
321	上海市建国社会公益基金会	上海	东部	非公募基金会
322	上海汽车工业科技发展基金会	上海	东部	非公募基金会
323	上海浦发公益基金会	上海	东部	非公募基金会
324	山东省石油大学教育发展基金会	山东	东部	非公募基金会
325	三江学院教育发展基金会	江苏	东部	非公募基金会
326	南通职业大学教育发展基金会	江苏	东部	非公募基金会
327	南京中医药大学教育发展基金会	江苏	东部	非公募基金会
328	南京航空航天大学教育发展基金会	江苏	东部	非公募基金会
329	南京工程学院教育发展基金会	江苏	东部	非公募基金会
330	江南大学太湖学院教育发展基金会	江苏	东部	非公募基金会
331	华民慈善基金会	全国	全国	非公募基金会
332	海仓慈善基金会	北京	东部	非公募基金会
333	国家电网公益基金会	全国	全国	非公募基金会
334	贵州文化薪火乡村发展基金会	贵州	西部	非公募基金会
335	广东省顺丰慈善基金会	广东	东部	非公募基金会
336	广东省暨南大学教育发展基金会	广东	东部	非公募基金会
337	广东省华美教育慈善基金会	广东	东部	非公募基金会
338	福建新华都慈善基金会	福建	东部	非公募基金会
339	纺织之光科技教育基金会	全国	全国	非公募基金会
340	常熟理工学院教育发展基金会	江苏	东部	非公募基金会
341	比亚迪慈善基金会	全国	全国	非公募基金会

续表

序号	组织名称	省份	地域	类型
342	北京市美疆助学基金会	北京	东部	非公募基金会
343	北京师范大学教育基金会	北京	东部	非公募基金会
344	北京理工大学教育基金会	全国	全国	非公募基金会
345	北京科技大学教育基金会	北京	东部	非公募基金会
346	北京弘毅慈善基金会	北京	东部	非公募基金会
347	江苏中大慈善基金会	江苏	东部	非公募基金会
348	中远慈善基金会	全国	全国	非公募基金会
349	浙江省娃哈哈慈善基金会	浙江	东部	非公募基金会
350	亿利公益基金会	全国	全国	非公募基金会
351	苏州大学教育发展基金会	江苏	东部	非公募基金会
352	宁波大学教育发展基金会	江苏	东部	非公募基金会
353	南京森林公安教育发展基金会	江苏	东部	非公募基金会
354	南京大学教育发展基金会	江苏	东部	非公募基金会
355	江苏远东慈善基金会	江苏	东部	非公募基金会
356	济仁慈善基金会	全国	全国	非公募基金会
357	合肥工业大学教育基金会	安徽	中部	非公募基金会
358	北京修远经济与社会研究基金会	北京	东部	非公募基金会
359	南京理工大学泰州科技学院教育发展基金会	江苏	东部	非公募基金会
360	韬奋基金会	全国	全国	非公募基金会
361	四川大学教育基金会	全国	全国	非公募基金会
362	南京信息大学教育发展基金会	江苏	东部	非公募基金会
363	传媒大学教育基金会	全国	全国	非公募基金会
364	长春师范学院教育基金会	吉林	中部	非公募基金会
365	中社社会工作发展基金会	全国	全国	非公募基金会
366	上海工商界爱国建设特种基金会	上海	东部	非公募基金会
367	青岛滨海学院教育发展基金会	山东	东部	非公募基金会
368	南京晓庄学院教育发展基金会	江苏	东部	非公募基金会
369	南都公益基金会	全国	全国	非公募基金会

续表

序号	组织名称	省份	地域	类型
370	吉林省敦化市文化发展基金会	吉林	中部	非公募基金会
371	广西师范大学教育发展基金会	广西	西部	非公募基金会
372	长江大学教育发展基金会	湖北	中部	非公募基金会
373	浙江大学教育基金会	全国	全国	非公募基金会
374	黑龙江省省直机关职工爱心救助基金会	黑龙江	中部	非公募基金会
375	友成企业家扶贫基金会	全国	全国	非公募基金会
376	香江社会救助基金会	全国	全国	非公募基金会
377	人保慈善基金会	全国	全国	非公募基金会
378	河仁慈善基金会	全国	全国	非公募基金会
379	北京市企业家环保基金会	北京	东部	非公募基金会
380	北京市黄胄美术基金会	北京	东部	非公募基金会
381	中科院研究生教育基金会	北京	东部	非公募基金会
382	北京对外经济贸易大学教育基金会	北京	东部	非公募基金会
383	中国人寿慈善基金会	全国	全国	非公募基金会
384	无锡公安大病特困救助基金会	江苏	东部	非公募基金会
385	吉林大学第一医院医学发展和医学援助基金会	吉林	中部	非公募基金会
386	南京师范大学教育发展基金会	江苏	东部	非公募基金会
387	武汉大学教育发展基金会	湖北	中部	非公募基金会
388	北京苹果慈善基金会	北京	东部	非公募基金会
389	西北农林科技大学教育发展基金会	全国	全国	非公募基金会
390	华侨大学教育基金会	福建	东部	非公募基金会
391	老牛基金会	内蒙古	西部	非公募基金会
392	湖北省兴发之星教师奖励基金会	湖北	中部	非公募基金会
393	瀛公益基金会	全国	全国	非公募基金会
394	盐城工学院教育发展基金会	江苏	东部	非公募基金会
395	广东省合生珠江教育发展基金会	广东	东部	非公募基金会
396	北京慧众慈善基金会	北京	东部	非公募基金会

续表

序号	组织名称	省份	地域	类型
397	南京师范大学泰州学院教育发展基金会	江苏	东部	非公募基金会
398	浙江省网易慈善基金会	江苏	东部	非公募基金会
399	江苏技术师范学院教育发展基金会	江苏	东部	非公募基金会
400	中国传媒大学南广学院教育发展基金会	江苏	东部	非公募基金会
401	安徽大学教育基金会	安徽	中部	非公募基金会
402	广东省汕头大学教育基金会	广东	东部	非公募基金会
403	北京光彩教育基金会	北京	东部	非公募基金会
404	永恒慈善基金会	全国	全国	非公募基金会
405	上海民生公益基金会	上海	东部	非公募基金会
406	浙江正泰公益基金会	浙江	东部	非公募基金会
407	心平公益基金会	全国	全国	非公募基金会
408	上海市华东师范大学教育发展基金会	上海	东部	非公募基金会
409	南京林业大学教育发展基金会	江苏	东部	非公募基金会
410	河南省超越救助基金会	河南	中部	非公募基金会
411	泛海公益基金会	北京	东部	非公募基金会
412	慈济慈善事业基金会	全国	全国	非公募基金会
413	上海同济大学教育发展基金会	上海	东部	非公募基金会
414	安利公益基金会	全国	全国	非公募基金会
415	上海真爱梦想公益基金会	上海	东部	非公募基金会
416	广州市时代地产公益基金会	广东	东部	非公募基金会
417	孙冶方经济科学基金会	全国	全国	非公募基金会
418	东南大学教育基金会	江苏	东部	非公募基金会
419	武汉理工大学教育发展基金会	湖北	中部	非公募基金会
420	南京艺术学院教育发展基金会	江苏	东部	非公募基金会
421	江苏警官学院教育发展基金会	江苏	东部	非公募基金会
422	福建省黄仲咸教育基金会	福建	东部	非公募基金会
423	浙江孤山慈善基金会	浙江	东部	非公募基金会

续表

序号	组织名称	省份	地域	类型
424	江西省中艺非物质文化保护基金会	江西	中部	非公募基金会
425	南京财经大学教育发展基金会	江苏	东部	非公募基金会
426	江苏教育学院教育发展基金会	江苏	东部	非公募基金会
427	重庆大学教育基金会	重庆	西部	非公募基金会
428	万科公益基金会	全国	全国	非公募基金会
429	中国海油海洋生态与环境保护公益基金会	全国	全国	非公募基金会
430	增爱公益基金会	江苏	东部	非公募基金会
431	江苏科技大学教育发展基金会	江苏	东部	非公募基金会
432	复旦管理学奖励基金会	全国	全国	非公募基金会
433	福建尚德教育基金会	福建	东部	非公募基金会
434	北京四中校友促进教育基金会	北京	东部	非公募基金会
435	北京幽兰文化基金会	北京	东部	非公募基金会
436	福建集美大学教育发展基金会	福建	东部	非公募基金会
437	詹天佑科学技术发展基金会	全国	全国	非公募基金会
438	南京审计学院教育发展基金会	江苏	东部	非公募基金会
439	智善公益基金会	全国	全国	非公募基金会
440	江苏南航金城教育发展基金会	江苏	东部	非公募基金会
441	海南三亚南山功德基金会	海南	东部	非公募基金会
442	上海交通大学教育发展基金会	上海	东部	非公募基金会
443	江苏经贸职业技术学院教育发展基金会	江苏	东部	非公募基金会
444	江西省庐山东林寺净土文化基金会	江西	中部	非公募基金会
445	福建江夏慈善基金会	福建	东部	非公募基金会
446	山西省煤炭职业技术教育发展基金会	山西	中部	非公募基金会
447	开明慈善基金会	全国	全国	非公募基金会
448	四川西南交通大学扬华教育基金会	四川	西部	非公募基金会
449	张家港市永联为民基金会	江苏	东部	非公募基金会
450	哈尔滨工业大学教育发展基金会	黑龙江	中部	非公募基金会

续表

序号	组织名称	省份	地域	类型
451	福建省龙岩市李新炎慈善基金会	福建	东部	非公募基金会
452	苏州市职业大学教育发展基金会	江苏	东部	非公募基金会
453	四川电子科技大学教育发展基金会	四川	西部	非公募基金会
454	清华大学教育基金会	全国	全国	非公募基金会
455	哈尔滨医科大学发展基金会	黑龙江	中部	非公募基金会
456	北京交通大学教育基金会	全国	全国	非公募基金会
457	南安市芙蓉基金会	福建	东部	非公募基金会
458	江苏大学教育发展基金会	江苏	东部	非公募基金会
459	南京工业大学教育发展基金会	江苏	东部	非公募基金会
460	上海市安济医疗救助基金会	上海	东部	非公募基金会
461	广东省中山大学教育发展基金会	广东	东部	非公募基金会
462	长沙市明德至善教育基金会	湖南	中部	非公募基金会
463	厦门大学教育发展基金会	福建	东部	非公募基金会
464	南通大学教育发展基金会	江苏	东部	非公募基金会
465	浙江海亮慈善基金会	浙江	东部	非公募基金会
466	南京邮电大学教育发展基金会	江苏	东部	非公募基金会
467	吴作人国际美术基金会	全国	全国	非公募基金会
468	凯风公益基金会	北京	东部	非公募基金会
469	桃源居公益事业发展基金会	广东	东部	非公募基金会
470	上海复旦大学教育发展基金会	上海	东部	非公募基金会
471	山东大学教育基金会	山东	东部	非公募基金会
472	南京农业大学教育发展基金会	江苏	东部	非公募基金会
473	中国矿业大学教育发展基金会	江苏	东部	非公募基金会
474	新奥公益慈善基金会	河北	东部	非公募基金会
475	江南大学教育发展基金会	江苏	东部	非公募基金会
476	顶新公益基金会	全国	全国	非公募基金会
477	北京万通公益基金会	北京	东部	非公募基金会
478	中央财经大学教育基金会	北京	东部	非公募基金会
479	浙江省新华爱心教育基金会	浙江	东部	非公募基金会

续表

序号	组织名称	省份	地域	类型
480	广东省易方达教育基金会	广东	东部	非公募基金会
481	温州中学教育发展基金会	浙江	东部	非公募基金会
482	南京理工大学教育发展基金会	江苏	东部	非公募基金会
483	广西李宁基金会	广西	西部	非公募基金会
484	北京景山教育基金会	北京	东部	非公募基金会
485	北京成龙慈善基金会	北京	东部	非公募基金会
486	广东省华南理工大学教育发展基金会	广东	东部	非公募基金会
487	扬州大学教育发展基金会	江苏	东部	非公募基金会
488	银川市穆斯林孤儿院	宁夏	西部	民办非企业
489	威盛信望爱公益基金会	全国	全国	非公募基金会
490	北京航空航天大学教育基金会	全国	全国	非公募基金会
491	江苏工业学院教育发展基金会	江苏	东部	非公募基金会
492	天诺慈善基金会	北京	东部	非公募基金会
493	北京大学教育基金会	全国	全国	非公募基金会
494	云南大益爱心基金会	云南	西部	非公募基金会
495	上海唐君远教育基金会	上海	东部	非公募基金会
496	黄奕聪慈善基金会	全国	全国	非公募基金会
497	招商局慈善基金会	北京	东部	非公募基金会
498	山西省西山慈善基金会	山西	中部	非公募基金会
499	广东省侨心慈善基金会	广东	东部	非公募基金会
500	宁波华茂教育基金会	浙江	东部	非公募基金会
501	李四光地质科学奖基金会	全国	全国	非公募基金会
502	江苏光彩事业基金会	江苏	东部	非公募基金会
503	晋江市青阳教育发展基金会	福建	东部	非公募基金会
504	南京外国语学校教育基金会	江苏	东部	非公募基金会
505	河海大学教育发展基金会	江苏	东部	非公募基金会
506	宝钢教育基金会	上海	东部	非公募基金会
507	青岛市天泰公益基金会	山东	东部	非公募基金会
508	北京市刘鸿儒金融教育基金会	北京	东部	非公募基金会

续表

序号	组织名称	省份	地域	类型
509	中国政法大学教育基金会	北京	东部	非公募基金会
510	中国人民大学教育基金会	北京	东部	非公募基金会
511	浙江省阳光教育基金会	浙江	东部	非公募基金会
512	金华职业技术学院教育发展基金会	浙江	东部	非公募基金会
513	宁波市江东区人民教育基金会	浙江	东部	非公募基金会
514	阿里巴巴公益基金会	全国	全国	非公募基金会
515	陈香梅公益基金会	全国	全国	非公募基金会
516	亨通慈善基金会	江苏	东部	非公募基金会
517	晋江市英林中学教育基金会	福建	东部	非公募基金会
518	江苏陶欣伯助学基金会	江苏	东部	非公募基金会
519	王振滔慈善基金会	全国	全国	非公募基金会
520	都江堰友爱教育基金会	四川	西部	非公募基金会
521	上海民建扶帮公益基金会	上海	东部	非公募基金会
522	上海吴孟超医学科技基金会	上海	东部	非公募基金会
523	上海慈源爱心基金会	上海	东部	非公募基金会
524	上海特殊关爱基金会	上海	东部	非公募基金会
525	陕西省府谷县教育基金会	陕西	西部	非公募基金会
526	安徽韩再芬黄梅艺术基金会	安徽	中部	非公募基金会
527	安徽省仁众教育基金会	安徽	中部	非公募基金会
528	江苏昌明教育基金会	江苏	东部	非公募基金会
529	江苏师范大学教育发展基金会	江苏	东部	非公募基金会
530	南航“十分”关爱基金会	广东	东部	非公募基金会
531	内蒙古民族教育发展基金会	内蒙古	西部	非公募基金会
532	中卫市公益慈善基金会	宁夏	西部	非公募基金会
533	陕西省府谷县城乡居民大病医疗救助基金会	陕西	西部	非公募基金会
534	福建省邓子基教育基金会	福建	东部	非公募基金会
535	宿迁学院教育发展基金会	江苏	东部	非公募基金会
536	华侨茶业发展研究基金会	全国	全国	非公募基金会

续表

序号	组织名称	省份	地域	类型
537	湖南省汉寿县第一中学教育基金会	湖南	中部	非公募基金会
538	湖南省湘潭大学教育基金会	湖南	中部	非公募基金会
539	湖南省龙阳助学基金会	湖南	中部	非公募基金会
540	武汉闻一多基金会	湖南	中部	非公募基金会
541	湖南大学教育基金会	湖南	中部	非公募基金会
542	湖北大学教育发展基金会	湖北	中部	非公募基金会
543	河北省海外同胞教育基金会	河北	东部	非公募基金会
544	安徽省中小学幼儿教师奖励基金会	安徽	中部	非公募基金会
545	吉林师范大学助学基金会	吉林	中部	非公募基金会
546	广西协力扶助基金会	广西	西部	非公募基金会
547	天津市鹤童老年公益基金会	天津	东部	非公募基金会
548	罗定市泷州教育基金会	广东	东部	非公募基金会
549	广东省肇庆学院教育发展基金会	广东	东部	非公募基金会
550	广东省华南农业大学教育发展基金会	广东	东部	非公募基金会
551	深圳市综研软科学发展基金会	广东	东部	非公募基金会
552	福建省郭文梯教育基金会	福建	东部	非公募基金会
553	宁波鄞州银行公益基金会	浙江	东部	非公募基金会
554	北京桂馨慈善基金会	北京	东部	非公募基金会
555	北京精瑞住宅科技基金会	北京	东部	非公募基金会
556	李可染艺术基金会	全国	全国	非公募基金会
557	华中农业大学教育发展基金会	湖北	中部	非公募基金会
558	中国石油大学教育基金会	北京	东部	非公募基金会
559	天津大学北洋教育发展基金会	天津	东部	非公募基金会
560	爱佑慈善基金会	全国	全国	非公募基金会
561	镇江市慈善总会	江苏	东部	慈善会
562	盐城市慈善总会	江苏	东部	慈善会
563	三亚市慈善会	海南	东部	慈善会
564	南京市慈善总会	江苏	东部	慈善会
565	内蒙古自治区慈善总会	内蒙古	西部	慈善会

续表

序号	组织名称	省份	地域	类型
566	辽宁省慈善总会	辽宁	东部	慈善会
567	连云港市慈善总会	江苏	东部	慈善会
568	廊坊市慈善总会	河北	东部	慈善会
569	兰州市慈善总会	甘肃	西部	慈善会
570	昆山市慈善总会	江苏	东部	慈善会
571	晋城市慈善总会	山西	中部	慈善会
572	揭阳市慈善总会	广东	东部	慈善会
573	江门市慈善会	广东	东部	慈善会
574	济南慈善总会	山东	东部	慈善会
575	广州市慈善会	广东	东部	慈善会
576	福建省慈善总会	福建	东部	慈善会
577	大连市慈善总会	辽宁	东部	慈善会
578	大理市慈善会	云南	西部	慈善会
579	北京市慈善协会	北京	东部	慈善会
580	普宁市慈善总会	广东	东部	慈善会
581	锦州市慈善总会	辽宁	东部	慈善会
582	巴彦淖尔市慈善总会	内蒙古	西部	慈善会
583	泰兴市慈善总会	江苏	东部	慈善会
584	攀枝花市慈善会	四川	西部	慈善会
585	吴江市慈善总会	江苏	东部	慈善会
586	十堰市慈善总会	湖北	中部	慈善会
587	上饶市慈善总会	江西	中部	慈善会
588	青岛市慈善总会	山东	东部	慈善会
589	江苏省慈善总会	江苏	东部	慈善会
590	成都市慈善总会	四川	西部	慈善会
591	长沙慈善会	湖南	中部	慈善会
592	保定市慈善协会	河北	东部	慈善会
593	西安市慈善会	陕西	西部	慈善会
594	芜湖市慈善总会	安徽	中部	慈善会

续表

序号	组织名称	省份	地域	类型
595	温州市慈善总会	浙江	东部	慈善会
596	河南省慈善总会	河南	中部	慈善会
597	福州市慈善总会	福建	东部	慈善会
598	重庆市慈善总会	重庆	西部	慈善会
599	伊春市慈善总会	黑龙江	中部	慈善会
600	徐州市慈善总会	江苏	东部	慈善会
601	石狮市慈善总会	福建	东部	慈善会
602	宁夏慈善总会	宁夏	西部	慈善会
603	柳州市慈善会	广西	西部	慈善会
604	宝鸡市慈善总会	陕西	西部	慈善会
605	昆明市慈善总会	云南	西部	慈善会
606	日照市慈善总会	山东	东部	慈善会
607	吉林省慈善总会	吉林	中部	慈善会
608	清远市慈善会	广东	东部	慈善会
609	天津市慈善协会	天津	东部	慈善会
610	山东省慈善总会	山东	东部	慈善会
611	南安市慈善总会	福建	东部	慈善会
612	平湖市慈善总会	浙江	东部	慈善会
613	乐平市慈善会	江西	中部	慈善会
614	淄博市慈善总会	山东	东部	慈善会
615	枣庄市慈善总会	山东	东部	慈善会
616	云浮市慈善会	广东	东部	慈善会
617	新疆生产建设兵团慈善总会	新疆	西部	慈善会
618	泉州市慈善总会	福建	东部	慈善会
619	湖南省慈善总会	湖南	中部	慈善会
620	湖北省慈善总会	湖北	中部	慈善会
621	黑龙江省慈善总会	黑龙江	中部	慈善会
622	东阳市慈善总会	浙江	东部	慈善会
623	四川省慈善总会	四川	西部	慈善会

续表

序号	组织名称	省份	地域	类型
624	济宁市慈善总会	山东	东部	慈善会
625	德州市慈善总会	山东	东部	慈善会
626	秦皇岛市慈善协会	河北	东部	慈善会
627	昭通市慈善会	云南	西部	慈善会
628	威海市慈善总会	山东	东部	慈善会
629	邹城市慈善总会	山东	东部	慈善会
630	厦门市慈善总会	福建	东部	慈善会
631	大庆市慈善会	黑龙江	中部	慈善会
632	天水市慈善协会	甘肃	西部	慈善会
633	银川市慈善总会	宁夏	西部	慈善会
634	台州市慈善总会	浙江	东部	慈善会
635	浙江省慈善总会	浙江	东部	慈善会
636	苏州市慈善总会	江苏	东部	慈善会
637	丽水市慈善总会	浙江	东部	慈善会
638	广东省慈善总会	广东	东部	慈善会
639	上海市慈善基金会	上海	东部	公募基金会
640	张家港市慈善总会	江苏	东部	慈善会
641	赤峰市慈善总会	内蒙古	西部	慈善会
642	延安市慈善协会	陕西	西部	慈善会
643	淮安市慈善总会	江苏	东部	慈善会
644	湖州市慈善总会	浙江	东部	慈善会
645	扬州市慈善总会	江苏	东部	慈善会
646	汕尾市慈善会	广东	东部	慈善会
647	安阳市慈善总会	河南	中部	慈善会
648	文昌市慈善会	海南	东部	慈善会
649	惠州市慈善总会	广东	东部	慈善会
650	深圳市慈善会	广东	东部	慈善会
651	菏泽市慈善总会	山东	东部	慈善会
652	潍坊市慈善总会	山东	东部	慈善会

续表

序号	组织名称	省份	地域	类型
653	句容市慈善总会	江苏	东部	慈善会
654	杭州市慈善总会	浙江	东部	慈善会
655	承德市慈善会	河北	东部	慈善会
656	舟山市慈善总会	浙江	东部	慈善会
657	贵州省慈善总会	贵州	西部	慈善会
658	金华市慈善总会	浙江	东部	慈善会
659	自贡市慈善总会	四川	西部	慈善会
660	丽江市慈善会	云南	西部	慈善会
661	韶关市慈善会	广东	东部	慈善会
662	商洛市慈善协会	陕西	西部	慈善会
663	河北省慈善总会	河北	东部	慈善会
664	滨州市慈善总会	山东	东部	慈善会
665	宜昌市慈善总会	湖北	中部	慈善会
666	湘潭市慈善总会	湖南	中部	慈善会
667	辽阳市慈善总会	辽宁	东部	慈善会
668	咸阳市慈善扶贫协会	陕西	西部	慈善会
669	湛江市慈善会	广东	东部	慈善会
670	东营市慈善总会	山东	东部	慈善会
671	梧州慈善总会	广西	西部	慈善会
672	南宁市慈善总会	广西	西部	慈善会
673	呼和浩特市红十字会	内蒙古	西部	慈善会
674	青州市慈善总会	山东	东部	慈善会
675	汉中市慈善协会	陕西	西部	慈善会
676	大理白族自治州慈善会	云南	西部	慈善会
677	烟台市慈善总会	山东	东部	慈善会
678	山西省慈善总会	山西	中部	慈善会
679	铜陵市慈善总会	安徽	中部	慈善会
680	甘肃省慈善总会	甘肃	西部	慈善会
681	抚顺市慈善总会	辽宁	东部	慈善会

续表

序号	组织名称	省份	地域	类型
682	陕西省慈善协会	陕西	中部	慈善会
683	中华慈善总会	全国	全国	慈善会
684	石家庄市慈善总会	河北	东部	慈善会
685	衢州市慈善总会	浙江	东部	慈善会
686	青海省慈善总会	青海	西部	慈善会
687	江西省慈善总会	江西	中部	慈善会
688	荆州市慈善总会	湖北	中部	慈善会
689	张家口市慈善总会	河北	东部	慈善会
690	云南省慈善总会	云南	西部	慈善会
691	阜新市慈善总会	辽宁	东部	慈善会
692	营口市慈善总会	辽宁	东部	慈善会
693	唐山市慈善总会	河北	东部	慈善会
694	绍兴市慈善总会	浙江	东部	慈善会
695	安徽省慈善协会	安徽	中部	慈善会
696	本溪市慈善总会	辽宁	东部	慈善会
697	西藏自治区慈善总会	西藏	西部	慈善会
698	张家界市慈善总会	湖南	中部	慈善会
699	庄河市慈善总会	辽宁	东部	慈善会
700	通辽市慈善总会	内蒙古	西部	慈善会
701	宁波市慈善总会	浙江	东部	慈善会
702	黄石市慈善总会	湖北	中部	慈善会
703	宿迁市慈善总会	江苏	东部	慈善会
704	临沂市慈善总会	山东	东部	慈善会
705	遂宁市慈善总会	四川	西部	慈善会
706	嘉兴市慈善总会	浙江	东部	慈善会
707	鞍山市慈善总会	辽宁	东部	慈善会
708	葫芦岛市慈善总会	辽宁	东部	慈善会
709	新疆慈善总会	新疆	西部	慈善会
710	常州市慈善总会	江苏	东部	慈善会

续表

序号	组织名称	省份	地域	类型
711	无锡市慈善总会	江苏	东部	慈善会
712	东莞市慈善会	广东	东部	慈善会
713	阳江市慈善会	广东	东部	慈善会
714	铁岭市慈善总会	辽宁	东部	慈善会
715	聊城市慈善总会	山东	东部	慈善会
716	驻马店市慈善总会	河南	中部	慈善会
717	珠海市慈善总会	广东	东部	慈善会
718	周口市慈善总会	河南	中部	慈善会
719	舟山市定海区慈善总会	浙江	东部	慈善会
720	郑州市郑东慈善会	河南	中部	慈善会
721	中山市慈善会	广东	东部	慈善会
722	郑州慈善总会	河南	中部	慈善会
723	镇江市丹徒区慈善会	江苏	东部	慈善会
724	肇庆市慈善会	广东	东部	慈善会
725	章丘市慈善会	山东	东部	慈善会
726	郑州高新区慈善会	山西	中部	慈善会
727	铜仁市慈善总会	贵州	西部	慈善会
728	岳阳市慈善总会	湖南	中部	慈善会
729	榆林市慈善协会	陕西	西部	慈善会
730	余姚市慈善总会	浙江	东部	慈善会
731	永康市慈善会	浙江	东部	慈善会
732	永安市慈善总会	福建	东部	慈善会
733	宜兴市慈善会	江苏	东部	慈善会
734	宜宾市慈善会	四川	西部	慈善会
735	新沂市慈善基金会	江苏	东部	公募基金会
736	扬州市宝应县慈善会	江苏	东部	慈善会
737	盐城市盐都区慈善会	江苏	东部	慈善会
738	淮安区慈善会	江苏	东部	慈善会
739	阜宁县慈善总会	江苏	东部	慈善会

续表

序号	组织名称	省份	地域	类型
740	延边朝鲜族自治州慈善总会	吉林	中部	慈善会
741	雅安市慈善总会	四川	西部	慈善会
742	郑州市金水区慈善会	河南	中部	慈善会
743	徐州市铜山县慈善会	江苏	东部	慈善会
744	徐州市睢宁县慈善会	江苏	东部	慈善会
745	兴化市慈善总会	江苏	东部	慈善会
746	登封市慈善总会	河南	中部	慈善会
747	朝阳市慈善总会	辽宁	东部	慈善会
748	林州市慈善总会	河南	中部	慈善会
749	洪湖市慈善总会	湖北	中部	慈善会
750	襄樊市慈善总会	湖北	中部	慈善会
751	仙居县慈善总会	浙江	东部	慈善会
752	厦门市同安区同心慈善会	福建	东部	慈善会
753	厦门南普陀寺慈善总会	福建	东部	慈善会
754	西宁市慈善总会	青海	西部	慈善会
755	武进区慈善总会	江苏	东部	慈善会
756	郑州中原区慈善会	河南	中部	慈善会
757	武汉市慈善总会	湖北	中部	慈善会
758	吴忠市慈善总会	宁夏	西部	慈善会
759	无锡市南长区慈善分会	江苏	东部	慈善会
760	灌南县慈善总会	江苏	东部	慈善会
761	乌鲁木齐慈善总会	新疆	西部	慈善会
762	乌海市慈善会	内蒙古	西部	慈善会
763	温州市文成县慈善总会	浙江	东部	慈善会
764	温州市平阳县慈善总会	浙江	东部	慈善会
765	温岭市慈善总会	浙江	东部	慈善会
766	渭南市慈善协会	陕西	西部	慈善会
767	瓦房店市慈善总会	辽宁	东部	慈善会
768	通道县慈善总会	湖南	中部	慈善会

续表

序号	组织名称	省份	地域	类型
769	天津市滨海新区慈善协会	天津	东部	慈善会
770	滕州市慈善总会	山东	东部	慈善会
771	新沂市慈善总会	江苏	东部	慈善会
772	泰安市慈善总会	山东	东部	慈善会
773	太原市慈善会	山西	中部	慈善会
774	台州市路桥区慈善总会	浙江	东部	慈善会
775	遂昌县慈善总会	浙江	东部	慈善会
776	金坛市慈善总会	江苏	东部	慈善会
777	松溪县慈善总会	福建	东部	慈善会
778	泗洪县慈善会	江苏	东部	慈善会
779	郑州市中牟县慈善会	河南	中部	慈善会
780	寿光市慈善会	山东	东部	慈善会
781	石嘴山市慈善总会	宁夏	西部	慈善会
782	沈阳市慈善总会	辽宁	东部	慈善会
783	绍兴市诸暨市慈善总会	浙江	东部	慈善会
784	绍兴市新昌县慈善总会	浙江	东部	慈善会
785	汕头市龙湖区慈善会	广东	东部	慈善会
786	汕头市慈善总会	广东	东部	慈善会
787	沙坪坝区慈善总会	重庆	西部	慈善会
788	荥阳慈善总会	河南	中部	慈善会
789	瑞安市慈善总会	浙江	东部	慈善会
790	如东县慈善会	江苏	东部	慈善会
791	荣成市慈善会	山东	东部	慈善会
792	郑州市惠济区慈善会	河南	中部	慈善会
793	清远市清城区慈善会	广东	东部	慈善会
794	青铜峡市慈善总会	宁夏	西部	慈善会
795	青岛市崂山区慈善总会	山东	东部	慈善会
796	齐齐哈尔市慈善会	黑龙江	中部	慈善会
797	栖霞市慈善总会	山东	东部	慈善会

续表

序号	组织名称	省份	地域	类型
798	莆田市慈善总会	福建	东部	慈善会
799	新郑市慈善总会	河南	中部	慈善会
800	蓬莱市慈善总会	山东	东部	慈善会
801	慈溪市慈善总会	浙江	东部	慈善会
802	瓯海区慈善总会	浙江	东部	慈善会
803	宁波市江东区慈善总会	浙江	东部	慈善会
804	南雄慈善总会	广东	东部	慈善会
805	南通市通州区慈善基金会	江苏	东部	公募基金会
806	南通市慈善总会	江苏	东部	慈善会
807	南通开发区慈善会	江苏	东部	慈善会
808	丹东市慈善总会	福建	东部	慈善会
809	南京市雨花台区慈善协会	江苏	东部	慈善会
810	南京市玄武区慈善协会	江苏	东部	慈善会
811	南京市下关区慈善协会	江苏	东部	慈善会
812	仪征市慈善总会	江苏	东部	慈善会
813	南京市江宁区慈善协会	江苏	东部	慈善会
814	南湖区慈善总会	浙江	东部	慈善会
815	南充市慈善会	四川	西部	慈善会
816	南昌市慈善总会	江西	中部	慈善会
817	梅州市慈善会	广东	东部	慈善会
818	眉山市慈善会	四川	西部	慈善会
819	茂名市慈善会	广东	东部	慈善会
820	郑州市管城区慈善会	河南	中部	慈善会
821	江苏省连云港市海州区慈善会	江苏	东部	慈善会
822	洛阳市慈善总会	河南	中部	慈善会
823	泸州市慈善总会	四川	西部	慈善会
824	龙岩永定县慈善总会	福建	东部	慈善会
825	龙溪县慈善总会	福建	东部	慈善会
826	漳州市龙文区慈善总会	福建	东部	慈善会

续表

序号	组织名称	省份	地域	类型
827	临清市慈善会	山东	东部	慈善会
828	临沧市慈善会	云南	西部	慈善会
829	凉山州慈善总会	四川	西部	慈善会
830	灌云县慈善总会	江苏	东部	慈善会
831	南京市浦口区慈善总会	江苏	东部	慈善会
832	连江县慈善总会	福建	东部	慈善会
833	荔城区慈善总会	福建	东部	慈善会
834	玉屏侗族自治县慈善总会	贵州	西部	慈善会
835	丽水市龙泉市慈善协会	浙江	东部	慈善会
836	乐山市慈善会	四川	西部	慈善会
837	乐清市慈善总会	浙江	东部	慈善会
838	莱州市慈善会	山东	东部	慈善会
839	莱芜市慈善总会	山东	东部	慈善会
840	拉萨市慈善会	西藏	西部	慈善会
841	晋江市慈善总会	福建	东部	慈善会
842	郑州市经开慈善会	河南	中部	慈善会
843	江阴慈善总会	江苏	东部	慈善会
844	嘉祥县慈善总会	广东	东部	慈善会
845	集安市慈善总会	广东	东部	慈善会
846	惠安县慈善总会	福建	东部	慈善会
847	郑州市港区慈善会	河南	中部	慈善会
848	郑州市二七区慈善会	河南	中部	慈善会
849	淮安市金湖县慈善总会	江苏	东部	慈善会
850	怀化市慈善总会	湖南	中部	慈善会
851	湖州市长兴县慈善协会	浙江	东部	慈善会
852	湖里区慈善会	福建	东部	慈善会
853	红河哈尼族彝族自治州	云南	西部	慈善会
854	河源市慈善会	广东	东部	慈善会
855	合肥市慈善协会	安徽	中部	慈善会

续表

序号	组织名称	省份	地域	类型
856	杭州市萧山区慈善总会	浙江	东部	慈善会
857	邗江区慈善协会	江苏	东部	慈善会
858	海南慈善总会	海南	东部	慈善会
859	海口市慈善会	海南	东部	慈善会
860	哈尔滨市慈善会	黑龙江	中部	慈善会
861	贵阳市慈善总会	贵州	西部	慈善会
862	广州市越秀区慈善会	广东	东部	慈善会
863	广州市番禺区慈善会	广东	东部	慈善会
864	广宇慈善协会	浙江	东部	慈善会
865	广西省慈善总会	广西	西部	慈善会
866	广安市慈善会	四川	西部	慈善会
867	巩义市慈善总会	河南	中部	慈善会
868	高邮市慈善总会	江苏	东部	慈善会
869	甘孜州慈善会	四川	西部	慈善会
870	富阳市慈善会	浙江	东部	慈善会
871	福州市马尾区慈善总会	福建	东部	慈善会
872	福州市罗源县慈善总会	福建	东部	慈善会
873	福州市鼓楼区慈善总会	福建	东部	慈善会
874	福建省上杭县慈善总会	福建	东部	慈善会
875	顺德慈善会	广东	东部	慈善会
876	佛山市慈善会	广东	东部	慈善会
877	广州市萝岗区慈善会	广东	东部	慈善会
878	鄂尔多斯市慈善会	内蒙古	西部	慈善会
879	东山县慈善总会	福建	东部	慈善会
880	德宏傣族景颇族自治州慈善会	云南	西部	慈善会
881	大同市慈善会	山西	中部	慈善会
882	大陈镇慈善协会	浙江	东部	慈善会
883	潮州市慈善会	广东	东部	慈善会
884	常德市慈善总会	湖南	中部	慈善会

续表

序号	组织名称	省份	地域	类型
885	长乐市慈善总会	福建	东部	慈善会
886	长春市慈善会	吉林	中部	慈善会
887	昌邑市慈善会	山东	东部	慈善会
888	苍南县慈善总会	江苏	东部	慈善会
889	沧州市慈善总会	河北	东部	慈善会
890	博罗县慈善总会	广东	东部	慈善会
891	滨州经济开发区慈善总会	山东	东部	慈善会
892	毕节地区慈善总会	贵州	西部	慈善会
893	北滘慈善会	广东	东部	慈善会
894	包头市慈善总会	内蒙古	西部	慈善会
895	郑州市上街区慈善会	河南	中部	慈善会
896	百色慈善总会	广西	西部	慈善会
897	白银市白银区慈善会	甘肃	西部	慈善会
898	巴音郭楞蒙古自治州慈善总会	四川	西部	慈善会
899	安溪县蓬莱魁头慈善会	福建	东部	慈善会
900	安溪县慈善总会	福建	东部	慈善会
901	安康市慈善协会	陕西	西部	慈善会
902	阿拉善盟慈善总会会	内蒙古	西部	慈善会
903	阿坝州慈善总会	四川	西部	慈善会
904	西安市红十字会	陕西	西部	红十字会
905	遂宁市红十字会	四川	西部	红十字会
906	河北省红十字会	河北	东部	红十字会
907	北京市红十字会	北京	东部	红十字会
908	成都市红十字会	四川	西部	红十字会
909	中国红十字会总会	全国	全国	红十字会
910	贵阳市红十字会	贵州	西部	红十字会
911	银川市红十字会	宁夏	西部	红十字会
912	山西省红十字会	山西	中部	红十字会
913	吉林省红十字会	吉林	中部	红十字会

续表

序号	组织名称	省份	地域	类型
914	黑龙江省红十字会	黑龙江	中部	红十字会
915	辽宁省红十字会	辽宁	东部	红十字会
916	兰州市红十字会	甘肃	西部	红十字会
917	昆明市红十字会	云南	西部	红十字会
918	西宁市红十字会	青海	西部	红十字会
919	重庆红十字会	重庆	西部	红十字会
920	浙江红十字会	浙江	东部	红十字会
921	云南红十字会	云南	西部	红十字会
922	雅安市红十字会	四川	西部	红十字会
923	新疆红十字会	新疆	西部	红十字会
924	西藏红十字会	西藏	西部	红十字会
925	天津红十字会	天津	东部	红十字会
926	四川红十字会	四川	西部	红十字会
927	上海市红十字会	上海	东部	红十字会
928	陕西红十字会	陕西	西部	红十字会
929	山东省红十字会	山东	东部	红十字会
930	青海红十字会	青海	西部	红十字会
931	宁夏回族自治区红十字会	宁夏	西部	红十字会
932	内蒙古自治区红十字会	内蒙古	西部	红十字会
933	绵阳市红十字会	四川	西部	红十字会
934	泸州市红十字会	四川	西部	红十字会
935	凉山州红十字会	四川	西部	红十字会
936	丽江市红十字会	云南	西部	红十字会
937	成都市锦江区爱有戏社区文化发展中心	四川	西部	民办非企业
938	江西红十字会	江西	中部	红十字会
939	江苏省红十字会	江苏	东部	红十字会
940	湖南红十字会	湖南	中部	红十字会
941	湖北省红十字会	湖北	中部	红十字会

续表

序号	组织名称	省份	地域	类型
942	红河哈尼族彝族自治州红十字会	云南	西部	红十字会
943	河南红十字会	河南	中部	红十字会
944	海南红十字会	海南	东部	红十字会
945	贵州省红十字会	贵州	西部	红十字会
946	广西壮族自治区红十字会	广西	西部	红十字会
947	广东省红十字会	广东	东部	红十字会
948	甘孜州红十字会	四川	西部	红十字会
949	甘肃省红十字会	甘肃	西部	红十字会
950	福建省红十字会	福建	东部	红十字会
951	德阳市红十字会	四川	西部	红十字会
952	德宏州红十字会	云南	西部	红十字会
953	安徽红十字会	安徽	中部	红十字会
954	金钥匙视障教育研究中心	北京	东部	民办非企业
955	亚运村立德社会工作事务所	北京	东部	民办非企业
956	湖南爱弥儿智障人士发展协会	湖南	中部	民办非企业
957	红十字扶贫开发服务中心	全国	全国	民办非企业
958	玉树州牧人发展促进会	青海	西部	社会团体
959	北京鸿雁残疾人服务支持中心	北京	东部	民办非企业
960	长春市宽城区华益爱心抚助中心	吉林	中部	民办非企业
961	青海格桑花教育救助会	青海	西部	社会团体
962	苍南县壹加壹应急救援中心	浙江	东部	民办非企业
963	北京市海淀区莎利文康复中心	北京	东部	民办非企业
964	西安慧灵智障人士服务工作站	陕西	西部	民办非企业
965	北京市朝阳区永续全球环境研究所	北京	东部	民办非企业
966	甘肃柏草木社会工作服务中心	甘肃	西部	民办非企业
967	凉山彝族妇女儿童发展中心	四川	西部	民办非企业
968	成都高新区益众社区发展中心	四川	西部	民办非企业
969	新家园社会服务中心	北京	东部	民办非企业
970	西安市碑林区拉拉手特殊教育中心	陕西	西部	民办非企业

续表

序号	组织名称	省份	地域	类型
971	兰州慧灵智障人士服务中心	甘肃	西部	民办非企业
972	国际小母牛中国项目及四川海惠助贫服务中心	四川	西部	民办非企业
973	广州义工联	广东	东部	社会团体
974	广东公益恤孤促进会	广东	东部	社会团体
975	北京血友之家罕见病关爱中心	北京	东部	民办非企业
976	北京百年农工子弟职业学校	北京	东部	民办非企业
977	西安市莲湖区千千爱特殊教育培训中心	陕西	西部	民办非企业
978	深圳市残友社工服务社	广东	东部	民办非企业
979	新探健康发展研究中心	全国	全国	民办非企业
980	郑州市中原区龙腾社会工作服务中心	河南	中部	民办非企业
981	合肥市包河区快乐童年公益阅读坊	安徽	中部	民办非企业
982	北京市朝阳区金羽翼残障儿童艺术康复服务中心	北京	东部	民办非企业
983	彭州市中大绿根社会工作发展中心	四川	西部	民办非企业
984	北京市丰台区一加一残疾人文化服务中心	北京	东部	民办非企业
985	郑州市社会福利院	河南	中部	民办非企业
986	宁夏青年社会创新发展中心	宁夏	西部	民办非企业
987	武汉大学校友总会	湖北	中部	社会团体
988	中国社会福利协会	全国	全国	社会团体
989	中国盲人协会	全国	全国	社会团体
990	中国滋根乡村教育与发展促进会	全国	全国	社会团体
991	中国对外文化交流协会	全国	全国	社会团体
992	中国性病艾滋病防治协会	全国	全国	社会团体
993	中国国际民间组织合作促进会	全国	全国	社会团体
994	中国狮子联会	全国	全国	社会团体
995	中国青年志愿者协会	全国	全国	社会团体

续表

序号	组织名称	省份	地域	类型
996	广东省汉达康福协会	广东	东部	社会团体
997	中华志愿者协会	全国	全国	社会团体
998	中国光彩事业促进会	全国	全国	社会团体
999	中国社会工作协会	全国	全国	社会团体
1000	中国侨商联合会	全国	全国	社会团体

下　篇
中国慈善透明报告 2009—2013[①]

① 本书未录入2009—2013的透明报告的附录部分。

2009年度全国性慈善组织信息披露监测报告①

一、调查概述

根据《民政部办公厅关于做好2008年度慈善捐助信息社会公示有关工作的通知》《基金会信息公布办法》和《民政部第135号公告》相关精神，中民慈善捐助信息中心特开展全国性慈善组织信息披露情况的调查统计。

调查目的：通过了解目前我国慈善组织信息公开现状，为出台相关信息披露制度提供决策参考。

调查对象：在民政部登记注册的80家全国性公募基金会和中华慈善总会、中国红十字总会共82家组织。

调查内容：主要分为两部分："'5·12'汶川地震"捐赠信息披露和机构常规信息揭露情况。

调查方法：一方面是通过对基金会及机构官方网站的搜索和调查获取各项信息；另一方面是通过查询中民慈善捐助信息中心的"'5·12'汶川地震捐赠信息管理系统"的记录数据，此系统是民政部指定用来统计公示"5·12"捐赠信息的网络系统。

二、调查结果分析

（一）"5·12"汶川地震捐赠信息披露情况

在82家被调查社会组织中，共有48家组织无救灾宗旨亦无资格开展

① 审稿：刘佑平

"5·12"汶川地震募捐活动，其网站上无"5·12"捐赠相关信息；另有6家组织无官方网站，或因各种原因网站无法打开，不能获取相关信息。为了保证调查数据的准确性，本次调查未将这54家组织纳入"'5·12'汶川地震捐赠信息披露情况"的统计。

本次统计对象，包括三部分共28家机构组织：一是3家有救灾宗旨开展"5·12"汶川地震募捐的组织；二是16家汶川地震后经过民政部审核授权开展汶川地震募捐活动的基金会，此部分名单来源于民政部2008年第110号公告；三是9家虽无救灾宗旨、也无授权，但经调查其官方网站上有"5·12"捐赠记录的基金会。其详细名单如表1所示。：

表1 "5·12"汶川地震捐赠信息披露调查对象

	类 别	序号	名 称
一	有救灾宗旨开展"5·12"汶川地震募捐的组织	1	中华慈善总会
		2	中国红十字会总会
		3	中国扶贫基金会
二	无救灾宗旨经批准以救灾名义开展"5·12"汶川地震捐赠的公募基金会*	4	中国老龄事业发展基金会
		5	中国宋庆龄基金会
		6	中国光华科技基金会
		7	中国残疾人福利基金会
		8	中国人口福利基金会
		9	中国青少年发展基金会
		10	中国儿童少年基金会
		11	中国少数民族文化艺术基金会
		12	中华思源工程扶贫基金会
		13	中国绿化基金会
		14	中国光彩事业基金会
		15	中国红十字基金会
		16	中国教育发展基金会
		17	中国健康促进基金会
		18	中国妇女发展基金会
		19	中华环境保护基金会

续表

	类　别	序号	名　称
三	无救灾宗旨亦无正式批准但网站上有“5·12”捐赠记录的基金会	20	援助西藏发展基金会
		21	中国初级卫生保健基金会
		22	中国华侨经济文化基金会
		23	中国少年儿童文化艺术基金会
		24	中国社会福利教育基金会
		25	中国文物保护基金会
		26	中华国际医学交流基金会
		27	中华健康快车基金会
		28	中国关心下一代健康体育基金会
＊此名单来源于民政部公告（2008年第110号）			

根据《民政部办公厅关于加强“5·12”汶川地震抗震救灾捐赠款物信息统计工作的紧急通知》，为了规范“5·12”汶川地震抗震救灾捐赠信息的统计，要求统一使用民政部中民慈善捐助信息中心研发的“‘5·12’汶川地震捐赠信息管理系统”。因此，在统计中，除了参考调查对象官方网站上信息外，我们还参考了“5·12”汶川地震捐赠信息管理系统里相关组织数据，一并纳入统计中。

1. 捐赠来源公示比例最高，款物使用公示比例最低

“5·12”汶川地震捐赠信息披露，主要以四个指标进行统计：是否建立了可供查阅的“5·12”汶川地震捐赠款物接收与支出明细数据库；是否将“5·12”汶川地震捐赠款物来源公示；是否将“5·12”汶川地震捐赠款物的实际支出或转移进行公示；是否将“5·12”汶川地震慈善项目信息进行公示。

经过对28家基金会和组织的调查，四个指标披露的统计结果见表2。

表2　“5·12”捐赠信息披露情况表

披露指标	数目	百分比（总数28）
公示捐赠来源	23	82.1%
建立可供查询明细数据库	20	71.4%

续表

披露指标	数目	百分比（总数28）
公示项目信息	18	64.3%
公示捐赠实际支出或转移	12	42.8%

由表2可知，在“5·12”汶川地震捐赠信息披露上，28家组织中，有23家公示了“5·12”捐赠款项的来源，占总数的82.1%，是四个指标中公开度最高的一项。

其次，共20家机构建立了可供查阅的“5·12”汶川地震捐赠款物接收与支出明细数据库，所占比例为71.4%。其中，中国老龄事业发展基金会、中国宋庆龄基金会中国光华科技基金会、中国人口福利基金会、中华思源工程扶贫基金会、中国绿化基金会、中国光彩事业基金会、中国教育发展基金会、中国健康促进基金会、中华环境保护基金会、中国妇女发展基金会等11家均采用了“5·12”捐赠系统进行捐赠数据的录入，可查询到相关数据，因而此处将其视作已完成明细数据库的建立。

而根据各机构官方网站的调查，中国红十字会总会提供的是可供查询的电话；中国青少年发展基金会、中国少数民族文化艺术基金会提供捐赠查询，但没有专门的“5·12”明细数据库；中国儿童少年基金会没有支出项：这些虽然不是完整的款项接收与支出明细数据库，但此处均纳入统计中，视作已完成此项指标，只是有待进一步完善。

有关“5·12”汶川地震慈善项目信息的公示一项，只有18家机构对此项进行了公示，比例为64.3%；

只有12家机构公开了“5·12”汶川地震捐赠款物的实际支出或转移情况，占总数的42.8%。

总体来说，在有关“5·12”汶川地震捐赠信息披露方面，被调查的28家社会组织的各项披露信息均不够公开透明。其中，对捐赠来源的公示，是披露得相对较好的一个指标，这与公示捐赠来源的易得性有极大的关联；而机构接收地震捐赠的实际支出或转移的公示，是做得最不好的一个指标，超过一半的被调查机构未完成此项指标，而这却正好是捐赠者和社会公众最关心和最重视的。

2. 只有8家机构对四项指标均有不同程度的涉及

在28家被调查的组织中，只有8家对“5·12”捐赠信息的四项披露指标均进行了不同程度的涉及，占总数的28.5%。（见表3）

表3 四项指标均不同程度涉及的机构名单

序号	名称
1	中国红十字基金会
2	中华慈善总会
3	中国红十字会总会
4	中国扶贫基金会
5	中国儿童少年基金会
6	中国妇女发展基金会
7	中国关心下一代健康体育基金会
8	中国绿化基金会

其中，中国红十字会总会在建立可供查询的明细数据库方面，提供的是可供查询的电话，此处还是将其计入已完成这项指标之列；中国儿童少年基金会没有可查询的捐赠支出数据库，捐赠支出的公示截至2008年12月；中国红十字基金会对“5·12”捐款、物资的来源没有单独公示，而是在财务报告中进行了说明；中国妇女发展基金会无完整的捐赠数据库；中国关心下一代健康体育基金会对捐赠款项的披露，截至2008年7月5日；中国绿化基金会关于“5·12”捐赠款物来源的信息披露，是通过报告体现出来的。虽然这些机构的各项指标并不都是完全的达标，但我们均将其视作有披露该项指标，纳入统计中。这8家基金会都是业内公认为比较权威、公众知晓度较高的组织，其发展相对比较成熟，因此在“5·12”捐赠信息公开和透明方面，也做得较好。

（二）机构常规信息披露情况

1. 90%的组织公开机构章程，28%的组织公开财务报告

常规信息披露情况的调查，涵盖82家全国性组织。此次调查共从四个方面对机构常规信息披露情况进行统计分析：一是机构章程披露，二是机构年报披露，三是机构财务报告披露，四是理事会名单等情况披露。经过

对82家组织机构的网络调查，其机构常规信息披露结果见表4。

表4　机构常规信息披露情况

披露指标	数目	百分比
机构章程	74	90%
理事会名单等	63	76.8%
机构年报	29	35.4%
机构财务报告	23	28%

由表4可知，在82家机构中，机构章程一项得到了较好的披露，共有74家机构公开了机构章程，占总数的90%。除了7家无官方网站或网站打不开的组织外，只有中国经济改革研究基金会1家机构未公开其机构章程。

理事会成员名单等信息的披露：共63家机构在其网站上公开了此项内容，占总数的76.8%。

机构年报披露：共29家（约占总数的35.4%）机构对其进行了公开披露。其中，中国检察官教育基金会（只有2006年上半年工作情况报告）、中国交响乐发展基金会（截至2007年）、中国残疾人福利基金会（截至2005年）、中国妇女发展基金会（在《大事记》中披露）均是不完整记录，公开不够全面，更新不够及时。

财务报告公开披露，是四项指标中做的最不透明的：只有23家公开了其财务报告，只占总数的28%见表5。

表5　公开财务报告的机构

序号	名称	序号	名称
1	中国初级卫生保健基金会	7	中国公安民警英烈基金会
2	中国华侨经济文化基金会	8	中国煤矿尘肺病治疗基金会
3	中华环境保护基金会	9	中国器官移植发展基金会
4	中华健康快车基金会	10	中国青少年社会教育基金会
5	中国发展研究基金会	11	中国红十字基金会
6	中国法律援助基金会	12	中国扶贫基金会

续表

13	中华慈善总会	19	中国健康促进基金会

序号	名称	序号	名称
14	中国红十字会总会	20	中国老龄事业发展基金会
15	中国残疾人福利基金会	21	中国青少年发展基金会
16	中国儿童少年基金会	22	中国人口福利基金会
17	中国妇女发展基金会	23	中国宋庆龄基金会
18	中国光华科技基金会		

其中，中国残疾人福利基金会的财务报告信息截至2007年，中国妇女发展基金会只有2008年的，中国光华科技基金会只有审计报告，但此处都作为公开了财务报告项计入总数。

2. 24.4%的机构四项指标均完成

四项常规信息指标都有披露的机构，共20家，占总数的24.4%，详见表6。

表6　四项指标都公开的机构

序号	名称	序号	名称
1	中国初级卫生保健基金会	11	中华慈善总会
2	中国华侨经济文化基金会	12	中国红十字会总会
3	中华环境保护基金会	13	中国残疾人福利基金会
4	中华健康快车基金会	14	中国儿童少年基金会
5	中国发展研究基金会	15	中国妇女发展基金会
6	中国法律援助基金会	16	中国健康促进基金会
7	中国器官移植发展基金会	17	中国老龄事业发展基金会
8	中国青少年社会教育基金会	18	中国青少年发展基金会
9	中国红十字基金会	19	中国人口福利基金会
10	中国扶贫基金会	20	中国宋庆龄基金会

3. 6家机构无官方网站或因为种种原因无法打开

共有下列6家机构组织无官方网站，公众无法从官方的网络平台了解到该组织相关公示信息，见表7。

表7　无网站或网站无法打开的基金会

序号	名称
1	中国古生物化石保护基金会
2	中国京剧艺术基金会
3	中国友好和平发展基金会
4	中华国际科学交流基金会
5	中华见义勇为基金会
6	中国牙病防治基金会

三、综述

通过对82家组织机构“5·12”捐赠信息和机构常规信息披露情况的网络调查和统计分析，我们发现中国慈善组织信息透明方面有以下特点：

（一）整体上信息的公开度和透明度较低

在调查的82家机构中，只有7家对这两大部分共8项指标均有涉及和不同程度的披露和公开，占总数的8.5%见表8。

表8 八项指标均不同程度涉及的组织

序号	名称
1	中国红十字基金会
2	中国扶贫基金会
3	中华慈善总会
4	中国红十字会总会
5	中国残疾人福利基金会
6	中国儿童少年基金会
7	中国妇女发展基金会

由此可见，当前中国慈善组织通过网络平台公开信息的程度较低，而且公开的信息不完善、不及时的情况较为普遍。在社会公众最关心的“5·12”款项使用方面做得远远不到位，只有12家全国性慈善组织在其网站上公开了有关款项使用情况。

（二）机构常规信息的公开度相对比“5·12”捐赠信息的公开度高

经过统计发现，有20家约24.4%的组织完成了机构常规信息披露指标，但只有8家机构对“5·12”四项信息披露指标均进行了不同程度的涉及。这在很大程度上与两者信息的易得性和敏感性有关，机构常规信息作为机构自身的基本信息，在公布上易得性较高且工作量相对较小，而“5·12”捐赠信息不仅包括建立明细数据库，还涉及到款项的具体使用等等，工作量较大且敏感性更高，但钱款的使用恰恰是捐赠方和社会公众最关注的。

（三）机构组织网络信息化程度还不够

特别值得反思的是，在82家机构组织中，目前还有6家全国性基金会甚至没有官方网站，或者网站无法打开，因此不能通过自己的网络平台公开其相关信息，公众也无法了解其运作等情况，不能对其进行监督。而其他有官方网站的机构，也存在网站信息更新不及时、信息不够完整等问题。这说明部分机构没有充分利用网络这一现代化信息平台，发挥其在慈善事业发展中的作用。

鉴于上述调查结果，建议民政部尽快对此问题进行专项的深入调研，并在此基础上出台我国慈善信息披露办法，加快慈善信息化建设工作，并探索建立慈善捐助信息公开透明工作机制；督促各地、各有关机构加强慈善捐助信息的社会公示工作，特别是充分利用网络平台进行公开公示。同时，全国慈善组织应加强行业自律，尽快完善行业的信息透明披露工作，做到接收捐赠与使用透明化，从而提高慈善组织的公信力，更快促进慈善事业发展进步。

2010年度中国慈善透明报告
——全国慈善信息披露现状抽样调查①

第一部分　报告说明

一、调查概述

近年来，伴随着经济社会的飞速发展，我国慈善行业也呈现出加速发展趋势：全国慈善捐赠总量大幅增长（2010年达到540多亿元），慈善组织数量规模大增（截至10月社会组织总数达到43.5万家），慈善活动日渐频繁，慈善事业在为社会提供公共服务、构建现代价值等方面，发挥了重要的作用。

同时，慈善行业的不断发展，也引起媒体和国内外社会的广泛重视，而慈善信息透明问题，更是成为社会关注的热点。特别是近年来我国灾害救助工作频繁，大量有关救灾的慈善信息披露，甚至成为重大政治问题。

党和国家领导人，多次就加强慈善信息披露和监管工作作出重要指示，民政部于2009年下发了《民政部关于进一步加强社会捐助信息公示工作的指导意见》，对社会捐助信息公示工作加大指导力度。

作为一家全国性的慈善信息中心，中民慈善捐助信息中心自2006年成立以来，就以行业自律为目标，以建立透明、高效、及时回应社会需求的中国慈善界为愿景，致力于推动我国慈善信息披露制度建设，率先制订我国捐助信息统计标准，搭建全国性慈善行业信息披露与传播的公共信息服务平台，在推动我国慈善信息公开方面，做出不懈努力。

---

① 撰稿：冯晶，审稿：刘佑平

2009年8月，中民慈善捐助信息中心发布了我国第一份《全国性慈善组织信息披露监测报告》（以下简称《2009年度透明报告》），对全国性慈善组织信息透明情况进行了监测分析。这份全国慈善行业信息披露情况的首份监测报告发布后，立即引起了政府相关监管部门、媒体和社会各界的高度关注，在慈善领域产生了广泛影响。国务院、民政部有关领导作出指示，要求加强慈善信息的监测与研究工作。

为了落实国务院和民政部相关领导关于加强对全国慈善信息监测工作的指示，中民慈善捐助信息中心决定，将发布“慈善信息披露监测分析报告”工作常态化，每年定期发布一次该类报告。我们期望通过持续发布年度慈善信息披露监测分析报告，来推动我国慈善信息透明，从而促进我们慈善事业规范化、高效率发展。

本次的监测和分析报告，是《2009年度透明报告》的自然延续。

相比《2009年度透明报告》，本监测分析报告具有以下特点：首先监测对象的覆盖范围更广更全面，由上次报告的全国性公募组织，扩展到整个全国性和地方性的基金会、社会团体、民办非企业单位、国际组织等各类非营利性社会组织；其次使用的数据采集手段更多，由去年的网络监测，拓展到以网络监测为主，辅助以向慈善组织直接问卷调查和向公众随机调查相结合的方法；最后，调研方法更为系统，我们建立了一个由4项一级指标、37项二级指标构成的透明慈善指数，用来全面评估慈善组织的信息透明度。

二、目标

我们编制发布本报告的目的，是希望通过对当前全国慈善组织信息披露状况进行一次年度总的梳理和分析，并与上年的报告结果相比较，记录我国慈善组织信息透明公开的现状，发现存在的问题，提出解决的方法，进而为促进我国慈善组织的公信力和整个行业效率的提高，以及我国慈善披露制度的建立进行有益的探索。

慈善信息披露问题，事关慈善组织的公信力和慈善事业的整体效率。慈善组织的公益性质决定了它需要充分利用社会资源，这就要求其必须赢得公众的信任，如果信任缺失，慈善组织就失去了存在的基础。为了取得公众（包括政府）的信任，慈善组织必须提高对捐赠款物筹集、管理与使用的透明度，从而选择主动披露相关信息。

完备的信息披露制度，反过来又能够帮助慈善组织提高公信力，更有效地整合社会资源；外界的监督，也会督促慈善组织不断加强自身组织能力建设。慈善信息披露制度建设，会促进整个慈善行业资源配置效率的提高，和行业透明度、公信力的增强，信息公开透明可以保障捐赠者和受赠者合法权益，保护公众参与慈善活动积极性，从而促进慈善事业健康有序发展。

三、调研对象

本次分析报告，我们从信息披露主体和信息披露对象两端来进行分析。

本报告中所分析的信息披露主体，为在我国境内开展业务的慈善组织（以慈善为宗旨的非营利性社会组织）。具体包括以下五种：

（1）基金会；

（2）民办非企业单位；

（3）社会团体；

（4）国际组织；

（5）其他组织（以从事慈善事业为宗旨的工商注册或未注册的组织）。

本报告中所分析的信息披露对象，为社会公众。

四、调查内容

我们通过调查问卷，直接向作为信息披露主体的慈善组织了解如下主要内容：慈善组织对信息披露的认知情况；慈善组织信息披露的主要内容和方式；慈善组织开展信息披露的障碍。

同时，我们通过网络调查方式，对作为信息披露对象之一的社会公众（网民），了解社会公众对于慈善组织信息披露的关注点和满意度。

本报告所采集的相关信息，截至2010年10月；其中，机构年度报告和财务报告为2009年度。

五、调研样本

为了使监测分析的对象更具有代表性，我们综合考虑之前列举的五种慈善组织的组织数量、资金规模、从业人员数量等因素，估算其影响力以确定各类慈善组织样本数量，再按照全国、东部、中部、西部确定不同地域范围抽样数量，最后通过随机抽样确定最终样本。

本次监测分析，共选取慈善组织99家，具体情况见表1。

表1　慈善组织调研样本结构

	全国	东部	中部	西部	合计
基金会	10	10	5	7	32
社团	5	14	10	6	35
民非	2	7	3	3	15
其他	--	7	4	3	14
国际组织	3	--	--	--	3
总计	20	38	22	19	99

作为监测分析的辅助手段，我们在对社会公众调查方面，采取在线调查和随机抽样的方式。参与本次调研的社会公众总数为988人，其年龄、学历结构分布如表2和表3所示。

表2　参与网络调查的社会公众年龄结构

年龄	小于18	19—29	30—39	40—49	大于50
比例	12%	17%	33%	31%	7%

表3　参与网络调查的社会公众学历结构

学历	高中及以下	大专	本科	研究生及以上
比例	13.75%	15%	51.25%	20%

六、调研方法

本报告采用监测数据分析、组织问卷调查结果分析和公众（网民）抽样结果分析相结合的方法。

监测数据方面，我们在对所有抽样数据进行基于网络信息披露情况监测的基础上，重点对全国性公募组织进行了信息监测：由调查人员通过对调查对象机构主页、监管机构网站、第三方机构网站以及其他网站进行主动监测，获得慈善组织信息披露的相关数据信息。

在组织问卷调查方面，我们通过邮箱、传真等方式直接向慈善组织发放《慈善组织信息披露情况调查问卷》，由慈善组织主要负责人填写。这次问卷发放99份，回收65份，回收率65.7%。

在公众抽样调查方面，我们通过中国捐助网、搜狐网、人民网、百度网进行在线调查。再从在线调查结果中随机抽样988人，对其结果进行分析。最后，由分析人员网络监测基础上，综合问卷调查结果，对慈善组织信息披露情况进行分析，得出相应的透明指数。本报告的透明指数，从低到高分为1——完全不披露、2——少量披露、3——部分披露、4——大部分披露、5——完全披露五个等级。

第二部分　慈善组织信息披露情况

一、慈善组织对信息披露认知情况

1. 96%的慈善组织认为信息披露非常重要或比较重要

从总体上来看，当下中国慈善组织对信息披露和信息透明的重要性已经有足够的认识。调查数据显示，慈善组织中认为信息披露非常重要的占到65%，比较重要的占到31%。可见，信息公开透明的重要性，已经被整个行业充分认识，并已基本达成共识。

2. 慈善组织认为财务信息和组织基本信息是最重要的应披露信息

我们在给慈善组织的调查问卷中，将慈善组织信息披露的主要内容分成四项，即基本信息、内部管理信息、业务活动信息和财务信息，让所有组织对四项应披露内容的重要性进行排序。结果显示，有35%的组织认为，披露内容中财务信息最重要；33%的组织认为基本信息最重要；认为业务活动信息和内部管理信息最重要的分别占到18%和4%。

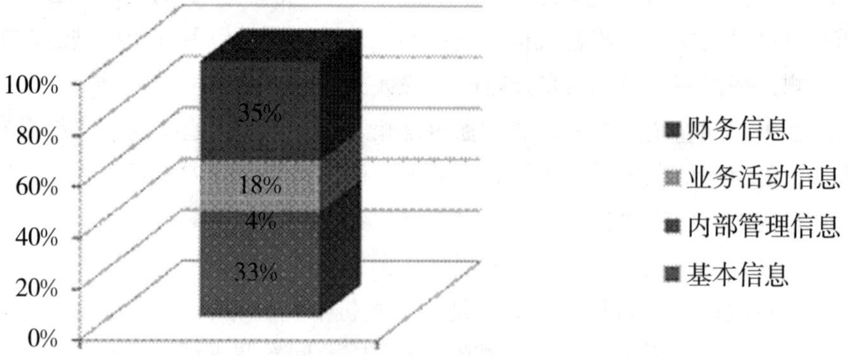

图1　慈善组织信息披露内容的重要性比重

3. 33%的慈善组织认为捐赠人是首要的披露信息对象

在给慈善组织的调查问卷中，我们要求慈善组织对四项披露对象，即捐赠人、监管机构、议事机构和社会公众的重要性进行排序。结果显示：33%组织认为向捐赠人披露最重要，认为监管机构和社会公众最重要的分别占到25%和23%，认为议事机构（如理事会、会员代表大会等）最重要的占到10%。对我国慈善组织来说，捐赠是资金的主要来源之一。而对捐赠主体及时、完整的信息反馈，是保证捐赠人持续捐赠的重要条件，因此向捐赠人披露信息的重要性，被慈善组织放到首位。

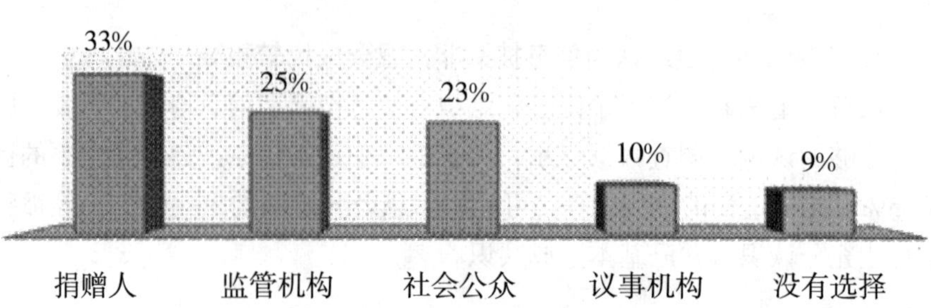

图2　披露对象重要性比重

二、慈善组织信息披露实际监测现状

从认识到具体行为，有一个过程。我们的慈善组织问卷调查，主要了解他们的认识情况，而基于独立第三方立场的信息监测，则是我们中心的职责所在。对慈善组织的信息透明程度、披露工作进行评估，必须将组织自己的认识情况和公众的评价和中民慈善捐助信息中心作为独立第三方的动态监测结果相结合。

我们的慈善透明指数分析体系，将慈善组织信息披露的4个一级指标（基本信息、内部管理信息、业务活动信息、财务信息），分解为具体的37个指标。

1. 仅有25%的慈善组织信息透明度较高。

慈善组织的调查问卷数据统计结果显示，组织自我评价信息透明指数达到3级以上的比例为82%。

我们的监测数据结果却显示，组织信息透明指数达到3级以上（即信息大部分披露和完全披露）的比例仅为25%，而3级以下（即完全不披露和仅少量披露信息）的却高达75%。

慈善组织信息透明指数在1—2、2—3、3—4、4—5四个区域的分布范围为。

表4　慈善组织信息披露情况监测结果

透明指数等级	组织数量
4—5	3
3—4	22
2—3	51
1—2	23

可见，目前中国慈善组织的信息透明情况总体仍然不乐观，同时也说明慈善组织对自身信息透明度的主观认识与实际情况监测结果有较大差距。

表5 （抽样数据中）“信息透明指数”前十名组织名单

1	中国预防性病艾滋病基金会	6	中国红十字总会
2	南都公益基金会	7	中国益民文化建设基金会
3	中国妇女发展基金会	8	中华慈善总会
4	中远慈善基金会	9	宁波市慈善总会
5	北京市华夏慈善基金会	10	湖北省慈善总会

2. 当前慈善组织基本信息公开透明度最高，财务信息透明度最低

监测结果显示，在全国慈善组织透明指数的4个一级指标中，基本信息一项的整体透明指数最高，为3.31，而财务信息一项的整体透明指数最低，为1.52。

前面我们的组织调查问卷统计结果显示，大多数慈善组织表示最应该披露的信息内容为财务信息，但监测结果却显示财务信息的实际披露程度却最低。因此可以得出，组织的主观认识不足，并不是目前慈善信息披露面临的首要问题，实际操作过程中存在更大的困难阻碍了信息披露的畅通。

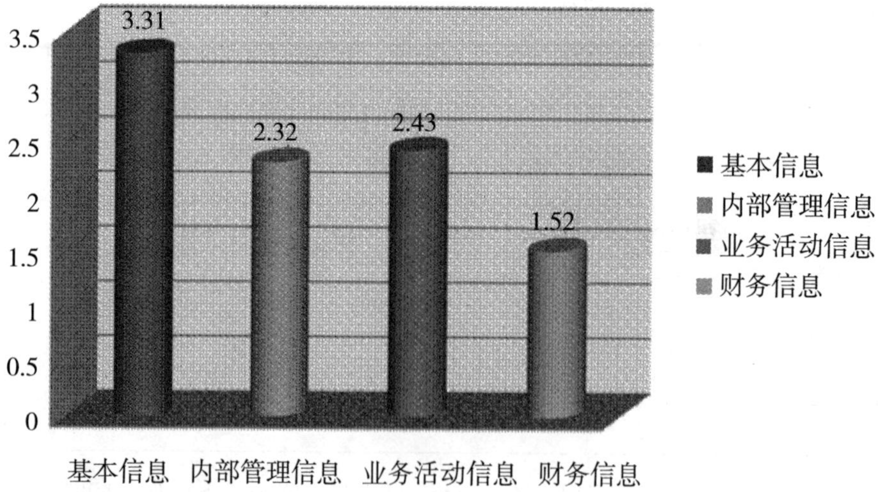

图3 4项信息透明指数

具体来说，“慈善组织基本信息”透明指数，包含11项二级指标，分别为慈善组织名称、性质、法人代表、成立时间、注册地址、工作领域及宗旨、注册资金、联系方式、机构主页、章程以及2009年度工作报告。

其中，我国慈善组织的名称和性质两项信息的公开情况最好，综合透明指数分别高达4.99和4.80，而2009年机构年度工作报告的公开情况最差，综合透明指数为1.62。

跟踪监测数据显示，与《2009年度透明报告》相比较，全国性慈善组织的机构年报信息公开情况，有了明显改进。例如，中国妇女发展基金会机构年报披露，改变了上年度“在《大事记》中披露”[①]的做法，而是公开披露了指定媒体上的“2009年年报摘要”；此外，其2010年度机构官方网站上的信息也比2009年更为及时、全面。

表6 （抽样数据中）“基本信息透明指数”前五名组织名单

上海文化发展基金会
中国益民文化建设基金会
中国预防性病艾滋病基金会
中国西部人才开发基金会
中远慈善基金会

“慈善组织内部管理信息”透明指数，包含10项具体二级指标，分别是职能设置（包括议事机构、执行机构、咨询机构、分支机构）、主要负责人背景信息、主要负责人薪酬情况、主管机构名称、发起方名称、主要捐赠方名称、主要合作伙伴名称、机构战略、议事机构决议、重大人事变动。

监测数据统计显示，其中主管机构名称信息披露情况做得最好，透明指数达为3.57；机构职能设置的披露情况次之，透明指数为3.00。内部管理信息中主要负责人薪酬情况公开比例最低，没有一家组织公开，重大人事变动公开程度也很低，透明指数为1.21。

样本中的江西红十字会对其职能设置进行了详细公示，除了介绍机构设置的历史、详细的组织结构图以外，对各部门的职责和联系方式分别进行了详细说明，是在机构职能设置信息披露方面的典型。

① 来自2009年《全国性慈善组织信息披露监测报告》。

表7 （抽样数据中）“内部管理信息透明指数”前五名组织名单

中国红十字总会
中华慈善总会
江西省红十字会
南都公益基金会
宁波市慈善总会

“慈善组织业务活动信息”透明指数，包括12项二级指标，分别是项目名称、项目受益人群、项目目标、项目实施计划、项目资金使用计划、项目资金使用情况、项目实施效果、募款资质、筹款活动时间地点、捐赠渠道、所筹款项用途、合作方代为接收捐款的情况。

监测数据统计显示，业务活动信息一类中，项目名称一项公开程度最高，透明指数到4.03，而合作方代为接收捐款的情况公开程度最低，仅中慈社会捐助服务中心一家机构公开了少量相关信息，其他机构均未涉及。另外，捐赠人和社会公众非常关注的慈善款物用途、项目实施效果的信息，披露情况也非常不乐观，透明指数分别为2.30和2.43。

表8 （抽样数据中）“业务活动信息”透明指数前五名组织名单

中国妇女发展基金会
中国预防性病艾滋病基金会
中华社会救助基金会
中国红十字总会
南都公益基金会

“财务信息”透明指数一类，包括2009年度财务会计报告、2009年度审计报告、人力成本占总体支出比重、行政成本占总体支出比重4项二级指标。

监测结果显示，财务信息4项指标的公开公开程度都较低，透明指数分别为1.62、1.44、1.51、1.51。

表9 （抽样数据中）财务信息透明指数前五名组织名单

中国妇女发展基金会
中国预防性病艾滋病基金会
中远慈善基金会
南都公益基金会
重庆孤残儿童援助基金会

从以上监测数据分析，我们可以发现，透明指数较高的指标有机构职能和性质、主管机构名称、项目名称等，基本上都是对慈善组织发展无实质影响的一些信息，而外界普遍较为关注的年度机构工作报告、筹款用途、项目实施效果、年度财务会计报告等信息，慈善组织则表现得“吝啬”许多，透明指数明显偏低。

3. 各类慈善组织中，基金会信息披露相对较好

监测结果显示，从信息披露主体的性质上来看，各类慈善组织中，基金会的信息披露相对而言做得较好，其透明指数最高，为2.85。原因在于目前《基金会管理条例》和民政部《基金会信息公布办法》对基金会信息公开透明作出了明确规定，同时政府对基金会的监管较为严格。

各基金会中，信息公开较好的组织如南都公益基金会，透明指数为4.20。在南都基金会机构网站上，对其开展的新公民计划项目的受益人群、项目目标、实施计划、财务报告、实施效果、资助情况等均有较完整的公开。

社会团体信息透明总体情况居第二，信息透明指数为2.66，高于民非组织和国际组织的2.22和2.48，其他组织透明指数最低，为1.84。

各类组织中，信息披露情况参差不齐，披露较好的组织如“社区参与行动服务中心”，透明指数为3.35，其2003到2009年的机构年报均有完整公开，同时其在机构网站上定期发布机构简讯和动态。

图4　五类组织信息透明指数

我们特别将社会公众较为关注的公募组织（包括公募基金会、慈善会、红十字会）的信息披露情况进行了分析，结果显示，目前我们公募组织总体透明指数为2.83。《基金会信息公布办法》规定公募基金会法定披露内容为年度工作报告、组织募捐活动的信息、开展公益资助项目的信息，参照这三项内容对公募组织披露情况进行分析发现，三项内容公开透明指数分别为1.53、2.86、2.85。

将2010年的监测情况，与《2009年度透明报告》所监测的全国性慈善组织的情况相比较，我们有如下发现[①]（见表10）。

表10　四项分析指标公开情况对比[②]

分析指标	公开组织比例	
	2009年	2010年
机构章程	90%	100%
机构年报	76.8%	33%
机构财务报告	35.4%	33%

可见，2010年的机构章程披露程度较好，而机构年报和机构财务报告披露程度均有所下降。

① 《2009年度透明报告》指标中，只有机构章程、机构年报、机构财务报告三项具有可比性，此处就这三项数据进行比较。

② 对机构年报与机构财务报告两项，2009年评价标准为：只要公开2008年以前各年度报告均认为已公开，而2010年监测对象仅为2009年度报告。

4. 全国性慈善组织信息披露状况好于地方慈善组织

根据我们的监测结果，全国性慈善组织的信息披露状况要好于地方慈善组织。全国性慈善组织的透明指数为3.40，地方慈善组织透明指数为2.35，可见信息透明度与慈善组织的规模级别相关。

同时，对比发现，东部地区慈善组织的信息披露情况，相对比中西部略好，透明指数为2.52，高于中部和西部的2.23和2.31。而东部地区是我国的社会经济较发达地区，可见，慈善信息的透明度与地区经济发展程度有一定关联。

表11　不同地域组织信息透明指数

地域	透明指数
全国	3.40
东部	2.52
中部	2.23
西部	2.31

三、慈善组织信息披露方式

慈善组织信息披露渠道涵盖了网络、纸质媒介、广播电视、户外广告以及其他各种途径。

我们监测的结果显示，99家抽样机构中，有20家没有机构网站，43家的机构网站页面更新不及时或者信息很难查找。

1. 慈善组织信息披露渠道多元化，网络最为常用

综合给慈善组织的问卷调查数据和日常监测情况，我们发现，当前我国慈善组织进行信息披露的渠道较为多元，其中采用过网络途径进行披露的组织占到91%，高于采用过纸质媒介、广播电视、其他渠道组织比例，后三项分别为88%、71%、74%。

表12　使用不同披露渠道的组织比例

披露渠道	使用此渠道的组织比例
网络（机构主页，监管机构网站、第三方机构网站、其他网站等）	91%
纸质媒介（机构内部出版物、报刊、公开出版物等）	88%
广播电视（电视广告、广播节目等）	71%
其他（新闻发布会、电话热线等）	74%

可见，积极开发和有效利用网络资源已经成为慈善事业发展的新动力。网络提供了更多元化的交流渠道，同时提供更为便捷的了解信息和捐赠款物的途径，可以促进更多的人参与到慈善事业中来。

2. 针对不同披露对象所使用的披露渠道有所侧重

慈善组织问卷调查结果显示，针对四类披露对象，其采用的披露渠道，又各有侧重，具体情况见图5。

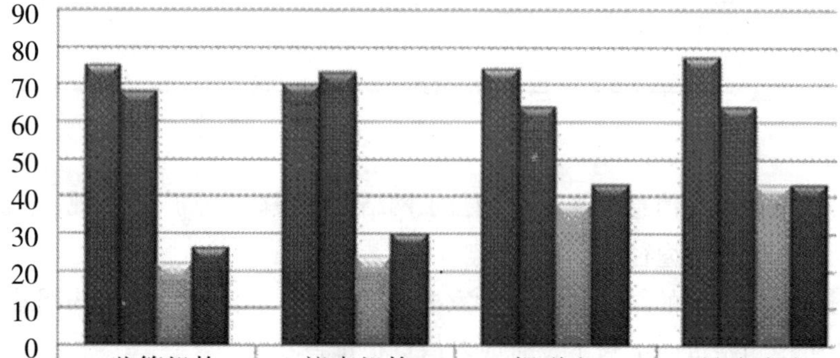

	监管机构	议事机构	捐赠人	社会大众
网络	75	70	74	77
纸质媒介	68	73	64	64
广播电视	22	24	38	43
其他	26	30	43	43

图5　对四类披露对象通过不同渠道公开的信息比例

如图5所示，无论针对哪些披露对象，我国慈善组织采用网络和纸质媒体披露信息的比例均在60%以上；对捐赠人和社会大众，慈善组织采用广播电视和其他渠道（新闻发布会等）的比例，要高于对监管机构和议事机构。这与捐赠人和社会大众的数量规模更大、地域分布范围更广的特点是相符的。

我们的抽样监测发现，有些地方的慈善机构会定期举办慈善信息公开的活动，如山东省威海市慈善总会根据实际需要，定期举办慈善公开周活动。活动期间，慈善组织会现场摆放公开内容材料，以保证捐赠人和社会公众能够快速、便捷地查阅资料，并进行提问、咨询，提出意见、建议。该地的慈善组织还会定期召开新闻发布会，或通过广播、电视、报刊等渠道，向社会公布善款募集、支出及活动开展情况，公布审计报告、刊登爱心榜、公示救助对象、发布救助项目实施进展情况，广泛接受社会各界监督。①

3. 23%的慈善组织在信息公示前没有征求相关方意见

我们在2010年的调查监测中，特别关注了慈善信息披露工作中“尊重信息相关方权益”的问题。我们认为，在慈善信息公开的过程中，利益相关方如捐赠人、受益人的隐私权保护问题，应该引起高度重视，如何尽量平衡信息公开与保护隐私权二者的关系，既是国际上慈善信息透明化浪潮中各国特别重视的一个问题，也是我国慈善信息透明制度建设中不能回避的重大问题。

从慈善组织问卷调查统计结果发现，只有42%的组织能够做到在慈善信息发布时提前征求捐赠人和受益人的意见，而23%的组织则从未采取过这些措施。

表13　征求相关方意见的组织比例

	所占比例
捐赠人相关信息公示前，征求捐赠人意见	68%
受益人相关信息公示前，征求受益人意见	50%
二者都有	42%
二者都没有	23%

4. 42%的慈善组织未制定慈善信息披露标准

加强信息披露事务的管理，是慈善信息透明化、规范化过程的重要方

① 来自《威海建慈善信息公开制度》，载《齐鲁晚报》。

面。我们的慈善组织问卷调查结果显示，58%的组织表示针对本组织信息披露制定了专门的管理办法，42%的组织表示没有制定。另外，63%的组织表示设立专人负责组织信息披露工作，37%的组织表示没有采取此项措施。缺乏信息披露标准和办法，会导致信息公开的随意性，阻碍信息公开制度化发展。

表14 制定信息披露标准的组织比例

	所占比例
针对不同类型捐赠人，制定不同信息披露标准	39%
针对不同类型受益人，制定不同信息披露标准	34%
二者都有	26%
二者都没有	53%

第三部分 公众对慈善组织信息透明满意度情况

一、半数社会公众对慈善组织信息披露很关注

我们在中国捐助网、搜狐网、人民网、百度网的在线调查结果显示，在接受调查的社会公众中，表示很关注慈善信息披露的人数占54%，明确表示不关注或不太关注的人数只占到27%。可见，公众对于慈善信息关注热情是较高的。

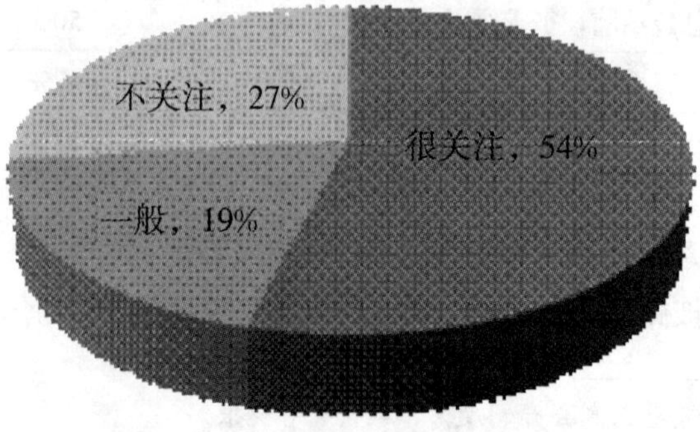

图6 社会公众对信息公开的关注度

二、公众最关注组织的业务活动信息与财务信息

在线调查显示，分别有79%和73%的公众希望了解慈善组织的业务活动信息和财务信息，而对于基本信息、内部管理信息的关注比例分别为44%和36%。这表明，一方面社会公众普遍希望能够对慈善组织有更为全面的了解，另一方面社会公众特别关注慈善组织对捐赠款物的使用情况、使用效果以及慈善组织的财务信息。而慈善组织信息披露实际情况与公众的期望不符，如前所述，财务信息透明指数最低，为1.52，业务活动信息透明指数为2.43。

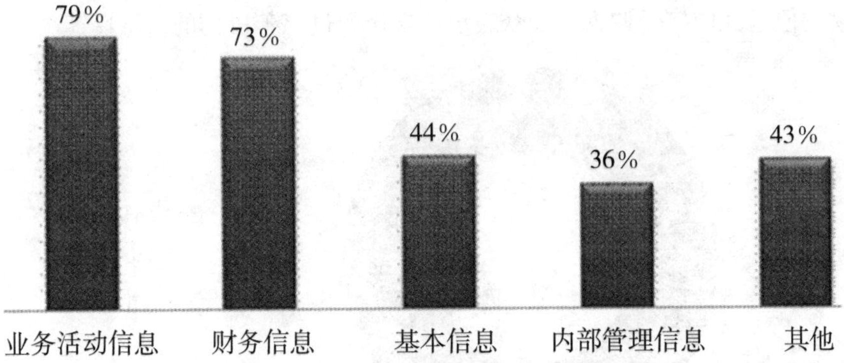

图7　社会公众对公开信息内容的关注度

三、公众获取信息渠道以网络为主

在线调查结果显示，近60%接受网络调查的公众表示会经常通过网络来了解慈善信息，而采用纸质媒体和其他方式的只占到25%和20%。可见，公众接受信息具有一定的惯性。事实上随着信息技术的发展，会有越来越多的公众习惯通过网络等现代信息技术接收信息。而且网络具有更为快捷、方便的优势，已经成为慈善信息传播渠道的首选。

表15　公众了解慈善信息渠道比例

传播渠道	人数比例
网络	58%
纸质媒介	25%
其他	20%

四、近九成公众从未接到过慈善机构的信息反馈

在线调查结果显示，有一半以上接受调查的公众，会经常性的捐款捐物，但近九成接受调查的公众表示从未接受过慈善机构的信息反馈。

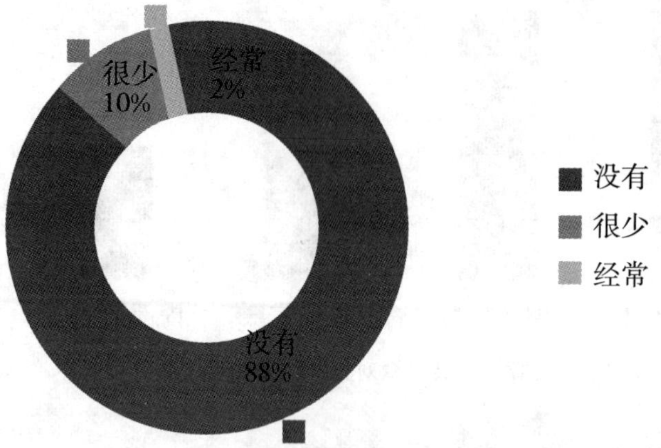

图8　社会公众接受过慈善信息反馈的比例

五、九成社会公众对慈善信息公开满意度偏低

世界各国经验表明，慈善领域出现的很多问题和矛盾，重要原因之一就是慈善信息不够公开透明。我们的公众在线调查显示，超过九成社会公众表示对当前我国慈善信息公开情况不满意或不太满意。

慈善事业是建立在自愿和信任基础上的事业，只有完善慈善信息公开制度，加强慈善机构公信力建设，才能维护社会公众的信任与信心，从而保证慈善事业的顺利发展。公众对当前我国慈善信息公开透明度的严重不满，值得引起有关方面高度重视。

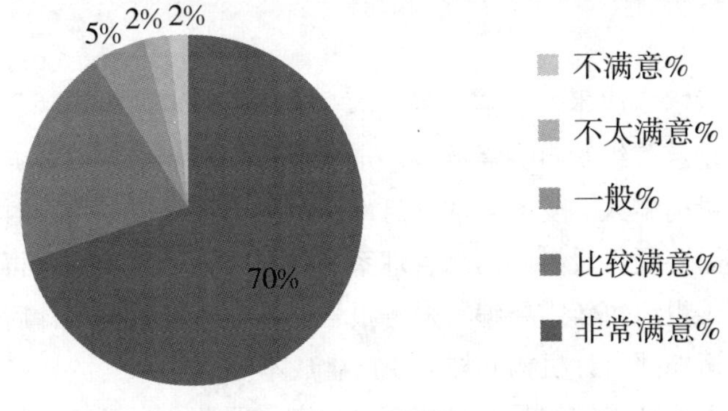

图9 社会公众对信息公开的满意度

第四部分 慈善组织信息披露面临的困境

综合慈善组织问卷调查、社会公众满意度调查和我们的抽样监测结果，目前我国慈善组织在信息披露程度、披露方式、披露范围等各方面都有待完善。

对造成这种状况的原因，也在给慈善组织的问卷调查中特别进行了调查了解，结果显示如图10所示：

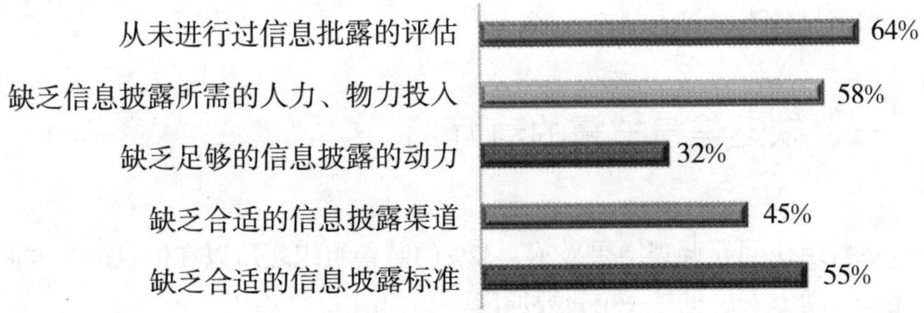

图10 慈善组织信息披露障碍比例

一、缺乏信息披露所需的人力和物力投入

信息披露需要成本，所谓“零成本”运作是不可能实现的。信息披露的前提条件是慈善组织自身需要有一定的信息处理能力。以业务活动信息为例，大批量捐赠人、受益人的信息，以及各个项目点项目实时进展信息的汇总，都需要硬件设备、信息管理系统以及人力予以支撑；再以财务信息为例，慈善组织每年需要编写财务报告，并经审计机构审计后形成审计报告，而聘请外部审计机构同样需要产生成本。

此外，无论慈善组织是通过建立机构官方网站、自己建立传播渠道，还是使用已有的传播渠道，信息的传播同样需要成本。

但目前我国的慈善组织，大多没有对信息披露提供必要的资源保障，相关制度也只强调信息披露的重要性，未能从资源上提供制度的保障。

二、缺乏统一的信息披露标准

目前慈善领域信息透明相关法律法规和行业准则还没有形成，缺乏可操作性的标准，慈善组织怎样去公开信息、公开到什么程度，是否有义务公开、不公开有什么责任等，都没有统一的规定和标准。使得慈善组织在信息披露问题上无章可循，也在一定程度上造成了捐赠者、公众与接受捐赠组织信息的不对等。

三、缺乏信息披露的动力

慈善组织问卷调查结果显示，32%的慈善组织之所以在信息公开方面不完善，动力不足也是一个重要原因。

目前慈善领域市场竞争机制不足，资源整合能力不够，缺乏信息公开的内在动力。因此要激发慈善组织信息披露的内在动力，有待于营造健康的慈善文化环境，建立充分而有效的慈善市场竞争机制，慈善组织将会为了获取资源、提高效率，而产生履行信息披露的动机。

四、缺乏公共的信息披露平台

合适的信息披露渠道才能保证信息披露对象有效接受慈善组织所披露的信息。对于社会公众而言，公共的信息披露渠道的社会影响力至关重要。但目前我国慈善行业还缺乏权威、系统的信息披露渠道，缺乏公共的信息披露平台，各慈善组织的信息披露呈现出“各自为政”的局面，造成资源重复投入，效果也不甚理想。

五、缺乏对信息披露的评估

慈善组织问卷调查结果发现，从未进行过信息披露评估的慈善组织占到了64%。无论通过独立的第三方机构评估或者是机构内部自我评估，不断审视和完善信息公开方面存在的欠缺，有助于组织的自我完善并吸引到更多的外部资源。可见这方面同样是影响信息披露的因素之一。

第五部分　改进慈善组织信息披露的几点建议

随着社会财富的积累和公众意识的进步，公益慈善事业在社会资源分配中发挥着越来越积极的作用。但目前普遍存在的慈善信息公开不够、透明不够、反馈不够的情况，已经严重影响了慈善事业的健康发展。只有依靠制度保证，才能真正发挥出慈善事业的价值。

结合这次的调查问卷和监测结果，我们就如何构建完善的慈善信息披露制度，提出如下建议：

一、加快出台相关法律法规，统一慈善信息披露标准

地方立法实践中，江苏、湖南等地在慈善信息披露法制建设方面已经走在前列。2010年5月1日实施的《江苏省慈善事业促进条例》首次以立法

的形式明确规定了慈善组织的信息披露义务和信息披露范围。目前已提交湖南省人大审议的《湖南省募捐条例（草案）》也对募捐行为前后的信息公示做出规定。这些举措都得到了社会各界的广泛好评。慈善事业发展需要加快推动全国性慈善信息披露立法进程。

借目前慈善法制定的契机，完善慈善信息披露行业的法律规定，对慈善信息公开的主体资格、披露范围、披露程序、监督体系、法律责任等都应作出原则性规定。同时，对慈善组织公开透明的刚性规定进一步具体化，尽快出台统一的披露标准，增强程序的可操作性。改变众多慈善组织信息披露混乱、无序、参差不齐的现状。

二、建立全国慈善信息报送制度

在全国慈善组织与政府机构中，建立慈善信息报送制度，可以充分实现慈善信息的上情下达、下情上达。同时有助于慈善信息的公开和透明，便于政府和社会更好地监督慈善信息披露情况。在建立慈善信息报送工作制度方面，吉林省慈善总会的做法具有代表性，2009年吉林省慈善总会下发《关于加强慈善信息报送工作的通知》，对于信息报送工作的重要意义、信息通讯员制度、主要范围、工作要求均提出明确要求。[①]

下一步有必要建立全国慈善信息报送制度，明确相应的报送机构及其职责信息、采集范围、程序要求、定期通报和考核措施等，实现慈善信息及时、顺畅的传播和交流。

三、打造慈善行业的公共信息平台

本次调查的99家慈善组织没有机构网站的占到五分之一，43%的机构页面更新不及时或者信息很难查找。2010年成立的基金会中心网所收录的信息中，1900多家基金会中没有网站的1307家，占总数的三分之二。而那些有网站的还有170家页面已经不再更新[②]。

---

① 来自吉林省慈善总会机构网站http://www.jlscsw.cn/show_zxdt.asp?actionid=384

② 来自腾讯网：《解读中国式慈善：慈善种子需仰仗良好制度环境》，http://finance.

因此，借助现代网络技术，建立多个慈善行业公共信息平台，具有很大的现实需求。目前慈善组织开始重视慈善公共信息平台的建设，除了上面提到的基金会中心网外，河南省慈善总会在2010年1月6日开通的真爱网站上分期分批公布困难孤儿信息，动员社会各界人士向孤儿提供资金物质帮助和亲情关怀，为海内外慈善机构提供信息交流平台。①

公共信息平台可以改变分散而不规范的慈善信息网络公示制度，方便慈善组织在统一的网络上定期公布捐赠资金和物品的来源与流向，同时使社会公众能够快捷地进行信息查询和监督。有助于提高慈善的透明度、参与度、灵活度、效率和响应速度，成为社会公众和捐赠者监督慈善捐款使用的透明窗口，成为捐赠人和受益人便捷的沟通渠道，也成为政府强化监督管理的有效渠道。

四、加强对慈善组织信息披露能力的培训

慈善组织需要通过培训不断加强自身能力建设，完善的内部治理是信息公开的前提和基础；而信息披露又是一个专业性要求较高的工作，无论信息采集、处理能力，还是信息管理和传播，都需要专业的培训。我们要求慈善组织建设程序规范、运作透明的工作机制；建立健全内部管理制度，推行决策、执行和监督分离的运行机制；建立规范、公开的财务管理制度，捐赠款物使用的追踪、反馈机制和公示制度；加强人力资源管理和团队建设等。同时通过培训，由慈善组织对专业的信息加以处理，使慈善信息可以被广大社会公众更易接受。

五、建立慈善信息披露评估与奖励机制

国内慈善行业缺乏独立的第三方评估机构。独立、公正和专业的第三方评估，可以提供公允的信息，并将评估资料及结果直接告之公众。可以帮助慈善机构解决自身信息披露能力不足的问题，有助于整个行业自律机

---

qq.com/a/20100921/002295.htm

① 来自社会组织网：《河南省慈善总会真爱网站搭平台分批推出孤儿信息》。

制的建立和推动慈善行业规范化发展。

目前以民政部中华慈善奖为代表的多层次表彰激励机制已初步建立，可以考虑将信息披露作为奖项考核的指标之一。相应的奖励激励机制可以激发慈善组织信息披露的热情和动力。

（六）完善信息披露监管体系

慈善信息披露的主体是多元的，包括捐赠人、受捐人、监管者等，其中最大的披露主体就是受捐赠方，也就是广大的慈善组织，其慈善信息披露需要接受政府、行业协会、捐赠人、媒体和社会公众的监督。然而，目前中国消除贫困奖“以捐赠票据为准的评选标准”引起质疑，以及先前的明星“诈捐门”事件，都混淆了信息披露监督的主次问题，我们应该把监督的目光更多的投向受赠方，而非捐赠方。在信息披露问题上，有必要建立完善的监管体系，充分发挥行业协会，捐赠人，报纸、刊物、广播、电视等大众传媒以及社会舆论的监督作用，在促进信息披露不断完善方面发挥积极作用。

2011年度中国慈善透明报告[①]

第一部分　报告说明

一、研究背景

2011年，我国公益慈善事业继续呈现出快速发展的态势，在调节利益分配、缓解社会矛盾、促进社会公平、增进社会和谐，提高公民社会责任意识、营造良好社会风气、促进社会主义精神文明建设、增强民族凝聚力，服务社会建设、文化发展、环境保护等方面发挥了重要作用。

2011年，我国社会组织总量达到45万家（截至2011年第三季度数据），其中基金会数量增长较快，公益慈善组织作为一种重要的社会力量在服务社会的同时受到社会关注；而持续半年之久的媒体"透明问责风暴"中暴露出来的一系列的涉及公益慈善组织的社会公共事件，将"慈善透明"这一行业和专业问题推到了社会公众面前，成为2011年度中国的最大社会热点问题之一。

2011年度，民政部《中国慈善事业发展指导纲要（2011-2015年）》正式颁布，为十二五时期我国慈善事业的发展指明了方向，其中就明确提出"推进慈善信息公开制度建设，完善捐赠款物使用的查询、追踪、反馈和公示制度，逐步形成对慈善资金从募集、运作到使用效果的全过程监管机制。"而2011年年底发布的《公益慈善捐助信息公开指引》，更对慈善信息公开提供了具体的参考性规范。

---

① 撰稿：何斌 孙志香 唐立君 杨飞，审稿：刘佑平

在此大背景下，《2011年度中国慈善透明报告》的发布，就具有更加特殊的意义。

作为第三方机构，对整个公益慈善与非营利行业的发展状况进行动态信息监测，是中民慈善捐助信息中心的基本业务和职能所在。自2009年，中民慈善捐助信息中心开始研发“中国慈善透明指数”体系，并以此指数体系对本年度慈善信息公开现状进行分析研究，编制、发布第一份《中国慈善透明报告》。从此，编制发布“年度中国慈善透明报告”，就成为一项常态的工作。本报告是中民慈善捐助信息中心发布的第三份“年度中国慈善透明报告”。

《2011年度中国慈善透明报告》继承了2009以及2010年度报告的研究思路和方法，并在此基础上，在以下几个方面进行了完善：

①扩大了公益慈善组织样本量，由2010年的99家增加到1000家；②增加了对监测样本组织的重点访谈，以核实数据、校正指数；③“中国慈善透明指数”在原有完整性的维度上，新添加了及时性、准确性、易得性三个维度；④在测评方法上，本年度报告增加了星级评估的方法，即将各组织的指数得分，对应换算为星级。

二、研究目的及意义

本报告将对2011年我国慈善信息公开状况进行分析研究，通过不同组织类型、不同地域、不同组织间的定量对比，生成年度中国慈善透明指数，向读者直观呈现2011年度我国慈善信息公开现状，慈善透明化的进展以及发展趋势，分析我国慈善信息公开面临的挑战，提出改进建议，为公益慈善组织信息化、透明化和公信力建设，为社会公众了解公益慈善组织及其透明度，为相关政府部门制定政策和加强监督，提供专业的服务。

三、研究对象

本报告的主要研究对象，是作为慈善信息披露主体的社会组织；同时为了反映整个透明现状，我们也涉及信息的受众即信息公开对象，包括捐赠人、受益人在内的社会公众。

1. 信息公开主体

本报告中的慈善信息披露主体，主要是指各种公益慈善组织，包括公益慈善类社会组织，以及其他形式的公益慈善组织，具体包括：①基金会，指民政系统注册登记（备案）或依法免登的公募基金会和非公募基金会；②社会团体，指民政系统注册登记（备案）或依法免登的公益慈善类社会团体，具体分为慈善会、红十字会和其他公益慈善类社会团体；③民办非企业单位单位，指民政系统注册登记（备案）或依法免登的公益慈善类民办非企业单位单位；④草根组织，指工商注册以及尚未注册但开展活动的公益慈善组织；⑤境外组织：在中国大陆地区登记注册（备案）以及未注册但开展活动的境外公益慈善组织。

2. 信息公开对象

本报告所称信息公开对象，是指社会公众，特指网络公众。

四、研究样本

1. 公益慈善组织

为了保证本报告研究工作的持续性和研究成果的可比性，我们建立了“中国公益慈善信息透明监测点”制度。本报告的公益慈善组织分析样本，即为中民慈善捐助信息中心的信息透明监测点。

监测点分为两类：固定监测点和随机抽样监测点。今年的固定监测点为99家，即2010年度作为分析样本的99家公益慈善组织；随机监测点为901家，是综合考虑各类公益慈善组织的组织数量、资金规模、从业人员数量以及社会影响力等因素，先按照组织类型和地域分布确定样本数量分布，最后通过随机抽样确定。为了使本报告的分析结果更加具有代表性，更加客观、科学、准确，我们今后还将对固定监测点的数量和样本作适当的调整。

本报告1000家监测点即分析样本数，分布情况详见表1。

表1　公益慈善组织样本分布情况

	全国	东部	中部	西部	总计
公募基金会	60	88	39	33	220
非公募基金会	40	101	28	11	180
慈善会	1	74	74	42	191
红十字会	1	70	70	60	201
其他社团	8	4	2	2	16
民办非企业单位	9	64	9	13	95
草根	0	47	13	17	77
境外组织	20	0	0	0	20
总计	139	448	235	178	1000

另外，在这1000家公益慈善组织中，我们选取了12家，作为重点访谈对象，详细名单见表2。

表2　访谈公益慈善组织名单

序号	类型	名称
1	公募基金会	中国红十字基金会
2		中国儿童少年基金会
3		中国妇女发展基金会
4		中华少年儿童慈善救助基金会
5		深圳壹基金公益基金会
6	非公募基金会	北京光华慈善基金会
7		南都公益基金
8		北京万通公益基金会
9	慈善会	中华慈善总会
10	民办非企业单位	兰州慧灵智障人士服务中心
11		凉山彝族妇女儿童发展中心
12	草根组织	北京北京红枫妇女心理咨询服务中心

2. 社会公众

由于未采取入户调查、街头随机抽样调查，只采取了网络抽样调查的方式；本报告中的社会公众，特指网络公众即网民。“社会公众”有效样本人数为1063人，其年龄、学历结构分布如表3和4所示。

表3　参与网络调查的社会公众年龄结构

年龄	小于18	19–29	30–39	40–49	大于50
比例	1%	23%	37%	29%	10%

表4　参与网络调查的社会公众学历结构

学历	小学	初中	高中	职校/中专	大专	大学	研究生及以上
比例	1%	2%	8%	8%	24%	45%	12%

五、研究方法

本报告采用定量分析方法，以“中国慈善透明指数”体系作为评估工具，对各公益慈善组织信息公开透明情况数据进行定量分析，得出本年度的各类透明指数。

数据采集：本报告的数据来源，包括常态监测数据、随机抽样监测数据和重点调研数据。考虑到本报告中以社会公众为公益慈善信息披露的主要对象，因此我们站在公众角度，主要通过百度、谷歌等搜索引擎，组织主页、政府网站、门户网站、行业网站等信息公开渠道，对公益慈善组织的信息公开情况进行监测。考虑到信息的时效性，本报告主要考察2010年11月1日至2011年10月31日之间公益慈善组织的信息公开情况。

重点访谈核实：为了更加深入了解公益慈善组织信息公开的真实情况，我们对12家慈善组织的公共传播事务负责人进行了访谈，以核实数据、校正指数。

网民问卷调查：为了了解作为信息披露对象的社会公众对公益慈善组织信息公开情况的满意度和关注点，我们对社会公众进行了问卷调查，主要通过中国公益慈善网、搜狐公益频道、腾讯公益频道、问卷星网站等进行在线调查。

六、中国慈善透明指数体系说明

在2010年报告的基础上，我们进一步完善“中国慈善透明指数”体系，按照完整性（59个指标，满分70分）、及时性（5个指标，满分10分）、准确性（3个指标，满分10分）、易得性（4个指标，满分10分）四个维度，分析公益慈善组织信息公开状况。该指数体系共包含71个指标，总分为100分。另外，考虑到不同类型组织的特点，我们对指标项和计分方式根据组织类型的不同进行了微调。各维度指标体系构成如下：

1. 完整性

完整性主要评估公益慈善组织公开的信息是否完整、全面，能否完整体现公益慈善组织的治理水平、专业化能力以及工作开展情况，本报告具体测评四个方面的内容：

（1）基本信息

“基本信息”具体包括注册信息（组织名称、登记证号、组织机构代码、纳税人识别号、登记机关、业务主管单位、法人代表、宗旨、业务范围、成立时间、注册资金、章程）；年度信息（机构年报、年检结果、社会组织评估等级）以及联系方式（地址、联系人、联系电话、传真、电子邮箱）。

（2）治理信息

“治理信息”具体包括组织结构(理事长/副理事长介绍、理事会成员名单、监事会成员名单、执行机构主要负责人、主要负责人薪酬、机构部门设置、专职工作人员数)、利益相关方（主要合作伙伴、主要捐赠方情况、主要资助对象）、重大决策（理事会决议）、管理制度（信息公开办法、财务管理办法、筹资管理办法）。

（3）业务信息

“业务信息”具体包括募捐活动信息（名称、募捐活动的方式、活动地域、时间、募捐合作伙伴、募捐款物使用计划、募捐款物数额或明细、募捐工作成本及开支情况）、日常捐赠信息（时间、捐赠来源、内容、捐赠用途、2010年度接受捐赠总额）、项目信息（项目名称、项目背景、项目受益对象、项目目标、项目周期、项目措施、合作伙伴、项目预算、项目资金使用情况、项目动态、项目效果）。

（4）财务信息

“财务信息”具体包括组织年度财务报告。

2. 及时性

“及时性”主要评估公益慈善组织信息披露是否快捷、及时，即能否在合理时间内尽可能迅速地公开信息，本报告具体测评下列五个方面的内容披露是否及时：理事会重大决策、日常捐赠接受信息、项目资金使用情况、项目报告以及组织年度财务报告。

3. 准确性

“准确性”主要考察公益慈善组织披露的信息是否真实、准确，是否用准确不含糊的语言，客观、真实地表达其含义，在内容与表达方式上不得使人误解，本报告具体测评日常捐赠接受时间、日常捐赠内容、项目资金使用情况等三个方面内容的真实准确性。

4. 易得性

“易得性”主要考察公益慈善组织公开的信息是否能被公众方便获取，是否采取多种方式公开信息，尽力保障社会公众能够方便、完整地查阅和获取公开的信息，本报告具体测评组织在官方网站、网络媒体、纸质媒体、电视媒体四个披露渠道的使用情况。

七、研究局限性

经过三年的沉淀，《2011年度中国慈善透明报告》已经形成了自身较为完备的研究体系——“中国慈善透明指数”体系。但由于我国慈善行业发展现状，以及慈善信息公开主体、对象、渠道多元化特点的限制，本报告难以覆盖所有的慈善信息公开主体、对象以及渠道；另外，由于我国法律体系中没有“公益慈善组织”这一法人形态，这就使得在样本的选择中，难以确定每类公益慈善组织的总样本量，以此为基础的抽样工作也会受到影响；再有，由于公众满意度只采取了网络问卷调查方法，其结果在严格意义上只代表网络大众即网民，与实际上的社会大众的意见有差距。对于以上几个方面，将会在以后的研究中不断改进。

第二部分　公益慈善组织信息公开情况

一、年度发现

2011年，是中国公益慈善透明问责年：既是中国社会对慈善事业特别是公益慈善组织信息透明关注度最高的一年，也是中国公益慈善组织在信息透明方面推动力度最大的一年，还是政府在公益慈善事业特别是信息透明监督力度最大的一年。

（一）组织透明度明显提升

我们对99家固定监测点的跟踪监测结果显示，与2010年度相比，本年度我国公益慈善组织的信息透明度有较大幅度的提升。2010年度，99家公益慈善组织透明指数平均分为39.0分（换算为100分制），今年这99家公益慈善组织透明指数平均分为40.6分（换算为100分制），比去年上升了1.6分，透明度增长了4.1%。

（二）行业透明化显著加力

本年度报告中，虽然没有像去年一样，就公益慈善组织自身的信息认知程度，对监测对象进行问卷调查，但中民慈善捐助信息中心对慈善信息透明的常态监测结果显示，本年度我国公益慈善组织对信息透明的重视程度，有显著提高。这应该与政府加强对公益慈善组织的监督力度，微博等新媒体技术的发展增加了捐赠人和社会公众的问责意识和获取信息渠道，以媒体为代表的社会大众对公益慈善组织的问责风暴持续开展有关。这个进步，主要表现在三个方面：

一是大型公募组织加大信息披露力度和加速建设自己的信息披露平台。中华慈善总会计划投入2000万元建设慈善捐助信息公开平台，关于慈善捐助信息公开平台的建设方案已经上报民政部。中国红十字会也在今年7月31日，上线试运行“中国红十字会总会捐赠信息发布平台”；随后，该组织宣布投入3000万元，建设未来覆盖整个红十字会系统的信息发布平台。

二是独立第三方的行业性、专业性的公共信息平台建设和专业评估取得较大突破。中国公益慈善网、基金会中心网等行业性信息平台发展迅速，影响力不断扩大。慈善指南、中国慈善导航、自律吧等一批新生的民间独立公益慈善信息网络平台相继推出。中民慈善捐助信息中心于2011年11月，正式启动中国公益慈善信息报送平台建设项目，在原有慈善监测系统的基础上，对慈善信息采集方式进行改革、升级、优化，通过建立覆盖全国的慈善捐助信息报送制度和报送网络，实现公益慈善信息的进一步完备，推动公益慈善信息在慈善组织和社会公众之间有效传播。同时，在原有基础上，进一步完善“中国慈善透明指数”体系，开展公益慈善组织透明度评估工作。

三是由公益慈善组织和学界发起的信息透明和自律行动增多。中华慈善总会、中国红十字基金会、中民慈善捐助信息中心等100余家公益慈善组织联合发起“透明慈善联合行动”，通过行业自律，提升整个慈善行业的透明度和公信力。中国红十字基金会、中国扶贫基金会、南都公益基金会等24家基金会联合发布公益领域首个与商业合作的自律行为准则《公益组织与商业合作九大行为准则》。包括中国扶贫基金会、中国宋庆龄基金会、中国人口福利基金会等在内的100多家中国公益组织和企业，共同发布“社会责任与诚信联盟”宣言，以“践行责任，恪守诚信”的行为促进全社会诚信水平的提高，展现“负责任，讲诚信”的形象。

（三）慈善组织信息透明与公众要求仍有较大差距

与往年相比，本年度我国公益慈善组织信息公开透明状况有了较大改善，特别是99家固定监测样本组织在财务信息、业务信息的披露改进方面，成绩较大；但与公众的要求相比，公益慈善行业的整体表现仍有较大差距。

对网络公众开展的问卷调查结果显示，8%的受调查公众对公益慈善组织的信息公开状况表示满意，这一比例与2010年的9%相比，略有下降。造成这种结果的原因，一方面与今年持续的慈善问责风暴和网民对整个社会诚信的质疑情绪蔓延有关；另一方面也说明包括捐赠人和受益人在内的社会公众权利意识、问责意识提高较快，微博等新媒体技术使信息获取方式改善较大，而组织的透明建设速度赶不上这几个方面的发展速度。

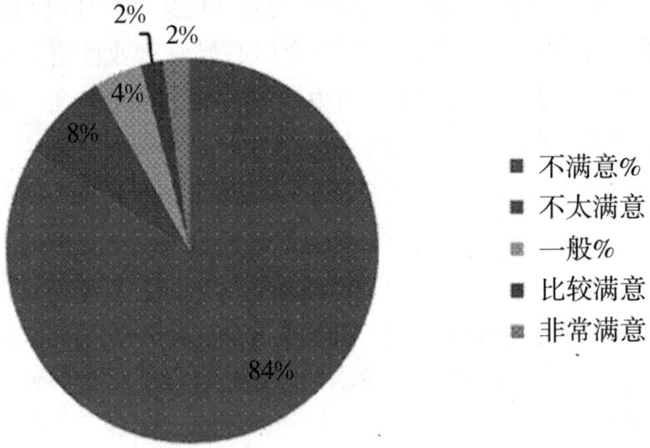

图1 网络公众对慈善信息公开的满意度

在关注点上，问卷调查结果显示，分别有84%和82%的网络公众希望了解公益慈善组织的财务信息和业务信息（去年分别是73%和79%），有53%和56%的公众希望了解公益慈善组织的基本信息和治理信息①（去年分别是44%和36%）。由此可以看出，与往年相比，公众更加关注公益慈善组织的财务信息（如机构人力及行政成本、审计报告等）和业务信息（如求助信息、筹款活动、资金使用情况等）。这说明网络公众对信息的核心内容关注度越来越高，公众对公益慈善信息披露的专业性要求也在快速提高。

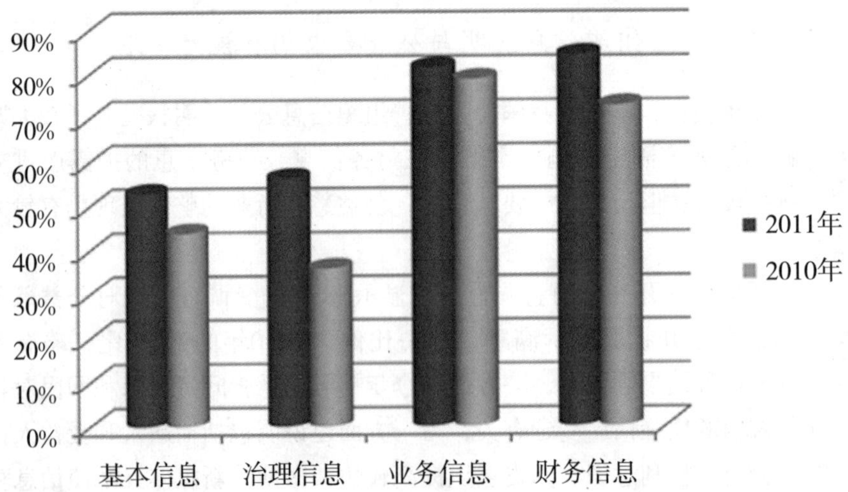

图2 网络公众对公益慈善组织信息公开内容的关注度对比

① 治理信息，即为《2010年度中国慈善透明报告》中的“内部管理信息”

而对1000家公益慈善组织样本的监测显示，公益慈善组织在以上四个方面，基本信息表现最好，业务信息次之，治理信息和财务信息较差，与公众的要求仍有一定差距。

二、2011年度中国慈善透明指数

（一）年度发展指数：增长4.1%

以 99家公益慈善组织固定监测样本为分析对象，对比年度慈善指数发现，今年99家组织的透明指数平均为40.6分（换算为100分制），比去年上升了1.6，透明度增长了4.1%。

本年度，这99家组织完整性透明指数达到50分（即信息大部分公开）以上的有30家，与去年相比增加了5家，增长率为20%。

另外，在基本信息、治理信息、业务信息、财务信息四个一级指标披露方面，99家组织的整体表现也好于去年。其中，增长幅度最大的是财务信息的披露，分数增加26.9分；其次是业务信息，分数增加13.4分。由此可见，公益慈善组织在核心信息的披露方面，改进力度最大，详见表5。（备注：2010年的监测指标体系只考虑了信息公开的完整性，因此在此处只进行完整性的对比）

表5　99家组织透明指数完整性一级指标对比（换算为100分制）

	2010年	2011年	增长率
基本信息	57.8	60.5	4.7%
治理信息	33.0	35.4	7.3%
业务信息	35.8	49.2	37.4%
财务信息	12.4	39.3	216.9%

另外，这99家组织在章程、组织年度报告、组织年度财务报告等关键指标上的表现也好于去年，详见表6。

表6　99家组织透明指数完整性关键指标对比

	2010年		2011年		增长幅度
	组织数量	所占比例	组织数量	所占比例	
章程	35	35.4%	42	42.4%	20.0%
组织年报	15	15.2%	21	21.2%	40.0%
组织年度财务报告	14	14.1%	17	17.2%	21.4%

在这99家公益慈善组织中，北京市协作者文化传播中心、安徽义工联盟、北京农家女发展文化中心三家组织排名上升最快。

表7　排名上升最快的10家公益慈善组织

序号	名称	类型
1	北京市协作者文化传播中心	民办非企业单位单位
2	安徽义工联盟	草根组织
3	北京农家女发展文化中心	民办非企业单位单位
4	北京市石景山区乐龄老年社会工作服务中心	民办非企业单位单位
5	梅里埃基金会（法国）北京办事处	境外组织
6	爱之桥服务社	民办非企业单位单位
7	北京百年农民工子弟职业学校	民办非企业单位单位
8	重庆麦子扶贫基金会	非公募基金会
9	昆明野地环境发展研究所	草根组织
10	凤凰助苗网	草根组织

（二）年度整体指数：33分

测评结果显示，1000家公益慈善组织样本2011年透明指数平均分为33分，各分数段的组织数量分布及对应星级分布情况见表8。

其中，年度透明指数在80分以上的组织（对应星级为5星级）有6个，占1000家测评样本的0.6%，分别是友成企业家扶贫基金会、上海真爱梦想公益基金会、中国人口福利基金会、中国红十字基金会、中国青少年发展基金会、中国儿童少年基金会。

年度透明指数在60分以上（含60分），80分以下的组织（对应为4星级）有76个，占测评样本的7.6%，本分段前5名分别是云南大益爱心基金会、中华思源工程扶贫基金会、浙江省爱心事业基金会、中国妇女发展基金会、中华社会救助基金会。年度透明指数在40分以上（含40分），60以下的组织（对应3星级）273家，占监测样本的27.3%。

表8 各星级组织数量分布情况

星级	对应分数	组织数量	比例
★★★★★	80–100	6	0.6%
★★★★	60–80	76	7.6%
★★★	40–60	273	27.3%
合计		355	35.5%

（三）各类组织指数中，基金会较高

对1000家公益慈善组织样本研究显示，基金会的透明指数平均39.3分，高出1000家样本组织平均指数（33分）水平6.3分；其中公募基金会透明指数平均分为39.7分，非公募基金会透明指数平均分为38.7分。这种结果，与基金会在所有社会组织中的规范程度、专业化发展程度水平较高有关，也与政府监督力度有关。在所有社会组织中，民政部专门出台了《基金会信息公布办法》，并依此办法进行年检年审，而其他组织并未有类似信息披露办法可执行。

1000测评样本中，各类组织平均指数得分情况见图3。

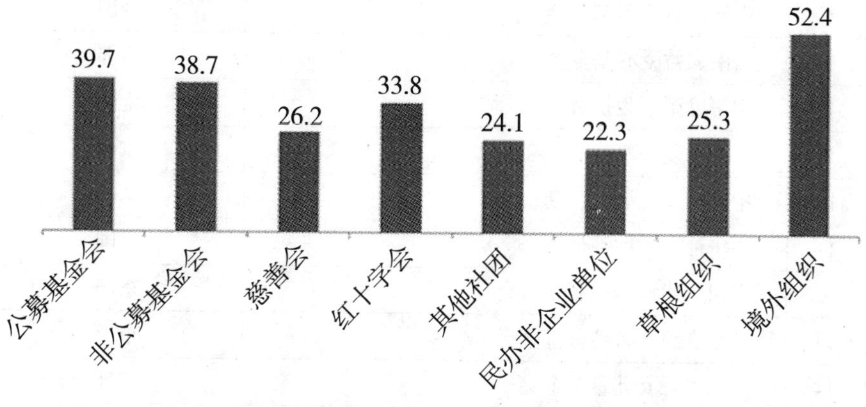

图3 各类公益慈善组织信息透明指数平均分

需要特别说明的一点是，在1000家总样本组织的透明指数中，境外组织得分最高，为52.4分。这受我们的境外组织监测样本选择方法局限影响，并不完全反映境外组织在中国信息透明的真实情况。本次抽样的20家境外组织，其中16家在民政部注册登录，只有4家未在民政部注册登记。而境外组织中，在民政部系统注登记的，只占其中的极少部分。由于注册与未注册组织抽样比例选择的失衡，导致整个境外组织信息透明指数失真。我们将在以后的研究中对此予以改进。

1. 基金会透明指数：39.3分

测评样本中所包含的400家基金会，透明指数平均分为39.3分，其中完整性平均分为31.3分，及时性平均分为1.6分，准确性平均分为1.4分，易得性平均分为5分。在完整性中，基本信息平均分为13.1分，治理信息平均分为6.7分，业务信息平均分为5.4分，财务信息平均分为6.1分。其中，透明指数最高的前20家组织见表9。

表9　基金会透明指数前20

序号	组织名称	地域
1	友成企业家扶贫基金会	全国
2	上海真爱梦想公益基金会	东部
3	中国人口福利基金会	全国
4	中国红十字基金会	全国
5	中国青少年发展基金会	全国
6	中国儿童少年基金会	全国
7	云南大益爱心基金会	西部
8	中华思源工程扶贫基金会	全国
9	浙江省爱心事业基金会	东部
10	中国妇女发展基金会	全国
11	中华社会救助基金会	全国
12	泰州市残疾人福利基金会	东部
13	广东省源本善慈善基金会	东部
14	广东省妇女儿童基金会	东部
15	武汉市青少年发展基金会	中部

续表

序号	组织名称	地域
16	中国扶贫基金会	全国
17	中国残疾人福利基金会	全国
18	南都公益基金会	全国
19	中华少年儿童慈善救助基金会	全国
20	福建省残疾人福利基金会	东部

（1）公募基金会透明指数：中国人口福利基金会最高

在样本包含的220家公募基金会中，透明指数最高的前20家组织见表10。其中，中国人口福利基金会、中国红十字基金会、中国青少年发展基金会、中国儿童少年基金会、中华思源工程扶贫基金会透明指数名列前五位。

表10 公募基金会透明指数前20

序号	组织名称	地域
1	中国人口福利基金会	全国
2	中国红十字基金会	全国
3	中国青少年发展基金会	全国
4	中国儿童少年基金会	全国
5	中华思源工程扶贫基金会	全国
6	浙江省爱心事业基金会	东部
7	中国妇女发展基金会	全国
8	中华社会救助基金会	全国
9	泰州市残疾人福利基金会	东部
10	广东省妇女儿童基金会	东部
11	中国残疾人福利基金会	全国
12	中国扶贫基金会	全国
13	武汉市青少年发展基金会	中部
14	中华少年儿童慈善救助基金会	全国
15	福建省残疾人福利基金会	东部
16	湖南省青少年发展基金会	中部
17	黑龙江省青少年发展基金会	中部

续表

序号	组织名称	地域
18	珠海市扶贫基金会	东部
19	中国西部人才开发基金会	全国
20	中国社会福利基金会	全国

（2）非公募基金会透明指数：友成企业家扶贫基金会最高

在样本包含的180家非公募基金会中，透明指数最高的前20家组织见表11。其中，友成企业家扶贫基金会、上海真爱梦想公益基金会、云南大益爱心基金会、广东省源本善慈善基金会、南都公益基金会透明指数名列前五位。

表11 非公募基金会透明指数前20

序号	组织名称	地域
1	友成企业家扶贫基金会	全国
2	上海真爱梦想公益基金会	东部
3	云南大益爱心基金会	西部
4	广东省源本善慈善基金会	东部
5	南都公益基金会	全国
6	慈济慈善事业基金会	全国
7	北京万通公益基金会	东部
8	安利公益基金会	全国
9	深圳市郑卫宁慈善基金会	东部
10	安徽韩再芬黄梅艺术基金会	中部
11	神华公益基金会	全国
12	老牛基金会	中部
13	江苏昌明教育基金会	东部
14	江西省光彩扶贫基金会	中部
15	福建省青少年发展基金会	东部
16	王振滔慈善基金会	全国
17	北京光华慈善基金会	东部
18	爱佑华夏慈善基金会	全国

续表

序号	组织名称	地域
19	北京大学教育基金会	全国
20	心平公益基金会	全国

2. 社会团体透明指数：29.9分

测评样本中所包含的408家社会团体，透明指数平均分为29.9分，低于1000家监测样本组织平均指数得分（33分）水平3.1分，与基金会透明指数（39.3分）相比，低9.4分。其中，社会团体完整性平均分为21.0分，及时性平均分为1.4分，准确性平均分为2.5分，易得性平均分为4.9分。在完整性中，基本信息平均分为9.2分，治理信息平均分为4.5分，业务信息平均分为6.9分，财务信息平均分为0.4分。

408家样本中，透明指数最高的前20家组织见表12。

表12　社会团体透明指数前20

序号	组织名称	地域
1	中华慈善总会	全国
2	绍兴市慈善总会	东部
3	济宁市慈善总会	东部
4	宝鸡市慈善总会	西部
5	烟台市慈善总会	东部
6	江苏省慈善总会	东部
7	中国红十字会	全国
8	舟山市慈善总会	东部
9	成都市红十字会	西部
10	威海市慈善总会	东部
11	广东省慈善总会	东部
12	潍坊市慈善总会	东部
13	珠海市红十字会	东部
14	中山市红十字会	东部
15	沈阳市慈善总会	东部
16	佛山市红十字会	东部

续表

序号	组织名称	地域
17	河北省慈善总会	东部
18	江门市红十字会	东部
19	昆明市慈善总会	西部
20	西安市红十字会	西部

（1）慈善会透明指数：中华慈善总会最高

在样本包含的191家慈善会中，透明指数最高的前20家组织见表13。其中，中华慈善总会、绍兴市慈善总会、济宁市慈善总会、宝鸡市慈善总会、烟台市慈善总会透明指数排名位列前五。（备注：考虑到上海市慈善基金会的特殊性，我们将其归入慈善会进行研究。）

表13　慈善会透明指数前20

序号	组织名称	地域
1	中华慈善总会	全国
2	绍兴市慈善总会	东部
3	济宁市慈善总会	东部
4	宝鸡市慈善总会	西部
5	烟台市慈善总会	东部
6	江苏省慈善总会	东部
7	舟山市慈善总会	东部
8	威海市慈善总会	东部
9	潍坊市慈善总会	东部
10	广东省慈善总会	东部
11	沈阳市慈善总会	东部
12	河北省慈善总会	东部
13	昆明市慈善总会	西部
14	宁波市慈善总会	东部
15	深圳市慈善会	东部
16	北京市慈善协会	东部
17	温州市慈善总会	东部

续表

序号	组织名称	地域
18	晋江市慈善总会	东部
19	汕头市慈善总会	东部
20	珠海市慈善总会	东部

（2）红十字会透明指数：中国红十字会最高

在样本包含的201家各级红十字会中，透明指数最高的前20家组织见表14。其中，中国红十字会、成都市红十字会、珠海市红十字会、中山市红十字会、佛山市红十字会透明指数排名位列前五。

表14　红十字会透明指数前20

序号	组织名称	地域
1	中国红十字会	全国
2	成都市红十字会	西部
3	珠海市红十字会	东部
4	中山市红十字会	东部
5	佛山市红十字会	东部
6	江门市红十字会	东部
7	西安市红十字会	西部
8	云南省红十字会	西部
9	南充市红十字会	西部
10	湖南省红十字会	中部
11	青岛市红十字会	东部
12	株洲市红十字会	中部
13	四川省红十字会	西部
14	昆明市红十字会	西部
15	陕西省红十字会	西部
16	广东省红十字会	东部
17	山西红十字会	中部
18	自贡市红十字会	西部
19	遵义市红十字会	西部

续表

序号	组织名称	地域
20	安徽红十字会	中部

（3）其他社团透明指数：中国国际民间组织合作促进会最高

在样本包含的16家其他社会团体中，中国国际民间组织合作促进会、中国SOS儿童村协会、广州市肢残人士联谊会、中国社会福利协会、中国社工协会透明指数排名前五位。

3. 民办非企业单位单位透明指数：22.3分

测评样本中所包含的95家民办非企业单位，透明指数平均分为22.3分，在所有社会组织类型中，透明指数最低，低于1000家样本组织平均指数（33分）水平10.7分；与基金会平均指数39.3分相比，低17分；与社会团体相比也低7.6分。其中，民办非企业单位透明指数完整性平均分为17分，及时性平均分为0.6分，准确性平均分为0.6分，易得性平均分为4分。在完整性中，基本信息平均分为7.3分，治理信息平均分为2分，业务信息平均分为5.3分，财务信息平均分为2.4分。其中，透明指数最高的20家组织见表15，北京农家女文化发展中心、北京市协作者社会工作发展中心、兰州慧灵智障人士服务中心、北京百年农工子弟职业学校、华益助弱服务中心透明指数排名前五位。

表15　民办非企业单位透明指数前20

序号	组织名称	地域
1	北京农家女文化发展中心	东部
2	北京市协作者社会工作发展中心	东部
3	兰州慧灵智障人士服务中心	西部
4	北京百年农工子弟职业学校	东部
5	华益助弱服务中心	中部
6	爱之桥服务社	全国
7	深圳市友爱社会工作服务中心	东部
8	广州慧灵智障人士服务机构	东部
9	中慈国际交流中心	全国
10	北京市石景山区乐龄老年社会工作服务中心	东部

续表

序号	组织名称	地域
11	当代基层民主促进中心	全国
12	现代社会工作人才发展服务中心	全国
13	昆明野地环境发展研究所	西部
14	华龄国际培训交流中心	全国
15	中慈社会捐助服务中心	全国
16	上海长寿慈善超市	东部
17	安琪之家康复教育活动中心	东部
18	恩派（NPI）公益组织发展中心	东部
19	北京市朝阳区金羽翼残障儿童艺术康复服务中心	东部
20	海口天翼特教培训中心	东部

4. 草根组织指数：25.3分

在所在类型的组织中，草根组织透明度水平较低，测评样本中所包含的77家草根组织，透明指数平均分为25.3分，仅排在民办非企业单位之上，低于样本平均分（33分）7.5分；与基金会相比低14分。其中完整性平均分为18.1分，及时性平均分为1.1分，准确性平均分为0.8分，易得性平均分为5.4分。在完整性中，基本信息平均分为8.1分，治理信息平均分为2.2分，业务信息平均分为7分，财务信息平均分为0.8分。其中，透明指数最高的20家组织见表16，担当者文化传播有限公司、北京星星雨教育研究所、爱心助学网、圣诺亚爱心公益网、百蹊助学透明指数排名位列前五。

表16 草根组织透明指数前20

序号	组织名称	地域
1	担当者文化传播有限公司	东部
2	北京星星雨教育研究所	东部
3	爱心助学网	西部
4	圣诺亚爱心公益网	东部
5	百蹊助学	西部
6	宝贝回家寻子网	中部

序号	组织名称	地域
c7	河洛志愿者协会	中部
8	萤火助学志愿服务中心	西部
9	中山大学人类学系公民与社会发展研究中心	东部
10	百色助学	东部
11	希望之光	东部
12	凤凰助苗网	中部
13	乐助会	东部
14	多背一公斤	东部
15	中国稀有血型之家	东部
16	北京红枫妇女心理咨询服务中心	东部
17	唐山市思达特殊儿童交流指导中心	东部
18	甘肃省绿驼铃环境发展中心	西部
19	南京博爱安养庇护中心	东部
20	东阳爱心联盟	东部

5. 境外组织透明指数：中国–默沙东艾滋病基金会（美国）北京代表处最高

测评样本中所包含的20家境外组织，透明指数平均分为52.4分。其中完整性平均分为40.6分，及时性平均分为1.4分，准确性平均分为4分，易得性平均分为6.4分。在完整性中，基本信息平均分为11.6分，治理信息平均分为4.8分，业务信息平均分为13.4分，财务信息平均分为10.9分。

其中，中国–默沙东艾滋病基金会（美国）北京代表处、世界自然基金会（瑞士）北京代表处、中华爱心基金会（香港）北京代表处、半边天基金会（美国）北京办事处、威廉·杰斐逊·克林顿总统基金会北京代表处透明指数位列前五。

（四）地域指数：全国性组织透明度高于地方

1000家样本组织的透明指数结果显示，全国性公益慈善组织透明指数平均分为45.6分，高于地方性公益慈善组织透明指数平均分31.0分。而地方性组织中，东部公益慈善组织透明指数平均分32.9分，高于中部（28.9

分）和西部（28.9分）。

1. 全国性指数：45.6分

测评样本中包含的139家全国性公益慈善组织，透明指数平均分为45.6分。其中完整性平均分为35.0分，及时性平均分为2.1分，准确性平均分为1.9分，易得性平均分为6.5分。在完整性中，基本信息平均分为13.2分，治理信息平均分为7.5分，业务信息平均分为6.9分，财务信息平均分为7.3分。透明指数排名前20位的全国性组织见表17，其中，友成企业家扶贫基金会、中国人口福利基金会、中国红十字基金会、中国青少年发展基金会、中国儿童少年基金会透明指数在全国性组织中排名前五位。

表17　全国性公益慈善组织透明指数前20

序号	机构名称	组织类型
1	友成企业家扶贫基金会	非公募基金会
2	中国人口福利基金会	公募基金会
3	中国红十字基金会	公募基金会
4	中国青少年发展基金会	公募基金会
5	中国儿童少年基金会	公募基金会
6	中华思源工程扶贫基金会	公募基金会
7	中国妇女发展基金会	公募基金会
8	中华社会救助基金会	公募基金会
9	中国-默沙东艾滋病基金会（美国）北京代表处	境外组织
10	中国残疾人福利基金会	公募基金会
11	中国扶贫基金会	公募基金会
12	南都公益基金会	非公募基金会
13	中华少年儿童慈善救助基金会	公募基金会
14	慈济慈善事业基金会	非公募基金会
15	世界自然基金会（瑞士）北京代表处	境外组织
16	安利公益基金会	非公募基金会
17	中华爱心基金会（香港）北京代表处	境外组织
18	中华慈善总会	慈善会

续表

序号	机构名称	组织类型
19	半边天基金会（美国）北京办事处	境外组织
20	威廉·杰斐逊·克林顿总统基金会北京代表处	境外组织

2. 地方性指数：31.0分

在样本包含的861家地方性公益慈善组织中，透明度数平均分为31.0分。其中完整性平均分为23.1分，及时性平均分为1.3分，准确性平均分为1.8分，易得性平均分为4.8分。在完整性中，基本信息平均分为10.1分，治理信息平均分为4.5分，业务信息平均分为6.1分，财务信息平均分为2.4分。

（1）东部指数：上海真爱梦想公益基金会最高

测评样本中包含的448家东部公益慈善组织，透明指数最高的20家组织见表18。其中，上海真爱梦想公益基金会、浙江省爱心事业基金会、泰州市残疾人福利基金会、广东省源本善慈善基金会、广东省妇女儿童基金会透明指数在东部组织中排名前五位。

表18　东部公益慈善组织透明指数前20

序号	机构名称	组织类型
1	上海真爱梦想公益基金会	非公募基金会
2	浙江省爱心事业基金会	公募基金会
3	泰州市残疾人福利基金会	公募基金会
4	广东省源本善慈善基金会	非公募基金会
5	广东省妇女儿童基金会	公募基金会
6	福建省残疾人福利基金会	公募基金会
7	北京万通公益基金会	非公募基金会
8	绍兴市慈善总会	慈善会
9	济宁市慈善总会	慈善会
10	北京农家女文化发展中心	民办非企业单位
11	深圳市郑卫宁慈善基金会	非公募基金会
12	烟台市慈善总会	慈善会
13	珠海市扶贫基金会	公募基金会
14	江苏省慈善总会	慈善会

续表

序号	机构名称	组织类型
15	北京市协作者社会工作发展中心	民办非企业单位
16	爱德基金会	公募基金会
17	舟山市慈善总会	慈善会
18	山东省残疾人福利基金会	公募基金会
19	深圳壹基金公益基金会	公募基金会
20	北京市红十字基金会	公募基金会

（2）中部指数：武汉市青少年发展基金会最高

测评样本包含的235家中部公益慈善组织中，透明指数最高的20家组织见表19。其中，武汉市青少年发展基金会、湖南省青少年发展基金会、黑龙江省青少年发展基金会、安徽韩再芬黄梅艺术基金会、老牛基金会透明指数在中部组织中排名前五位。

表19 中部公益慈善组织透明指数前20

序号	机构名称	组织类型
1	武汉市青少年发展基金会	公募基金会
2	湖南省青少年发展基金会	公募基金会
3	黑龙江省青少年发展基金会	公募基金会
4	安徽韩再芬黄梅艺术基金会	非公募基金会
5	老牛基金会	非公募基金会
6	江西省光彩扶贫基金会	非公募基金会
7	安徽省儿童少年基金会	公募基金会
8	江西省革命老区爱心基金会	公募基金会
9	武汉闻一多基金会	非公募基金会
10	湖北省刘道玉教育基金会	非公募基金会
11	湖北省吴兆麟基金会	非公募基金会
12	华益助弱服务中心	民办非企业单位
13	河南省青少年发展基金会	公募基金会
14	湖南省红十字会	红十字会
15	黑龙江省妇女儿童基金会	公募基金会

续表

序号	机构名称	组织类型
16	株洲市红十字会	红十字会
17	河南省儿童希望救助基金会	非公募基金会
18	山西省慈善总会	慈善会
19	佳木斯市慈善总会	慈善会
20	山西红十字会	红十字会

（3）西部指数：云南大益爱心基金会最高

测评样本中包含的178家西部公益慈善组织，透明指数最高的20家组织见表20。其中，云南大益爱心基金会、宝鸡市慈善总会、成都市红十字会、重庆孤残儿童援助基金会、兰州慧灵智障人士服务中心透明指数在西部组织中排名前五位。

表20　西部公益慈善组织透明指数前20

序号	机构名称	组织类型
1	云南大益爱心基金会	非公募基金会
2	宝鸡市慈善总会	慈善会
3	成都市红十字会	红十字会
4	重庆孤残儿童援助基金会	公募基金会
5	兰州慧灵智障人士服务中心	民办非企业单位
6	云南省青年创业就业基金会	公募基金会
7	昆明市慈善总会	慈善会
8	西安交通大学教育基金会	公募基金会
9	西安市红十字会	红十字会
10	云南省红十字会	红十字会
11	成都市青少年发展基金会	公募基金会
12	南充市红十字会	红十字会
13	重庆市残疾人福利基金会	公募基金会
14	陕西省社会公益基金会	公募基金会
15	四川省红十字会	红十字会
16	昆明市红十字会	红十字会

续表

序号	机构名称	组织类型
17	爱心助学网	草根组织
18	成都市残疾人福利基金会	公募基金会
19	四川省青少年发展基金会	公募基金会
20	陕西省红十字会	红十字会

（五）分项指数

“中国透明指数”体系包括完整性（59个指标，满分70分）、及时性（5个指标，满分10分）、准确性（3个指标，满分10分）、易得性（4个指标，满分10分）四个分析维度。

1000家样本组织透明指数分析结果显示，在这四个维度中，公益慈善组织易得性（平均分4.9分）做得最好，完整性（平均分24.8分）次之，而准确性（平均分1.7分）和及时性（平均分1.3分）较差。换算后的各维度平均分情况见图4。

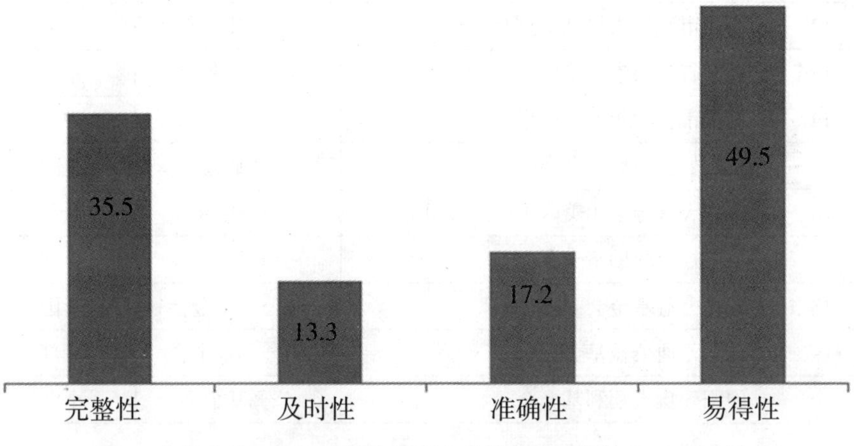

图4　公益慈善组织四个维度透明度比较（统一换算为100分制）

1. 完整指数：24.8分

完整性总分70分，而1000家组织样本完整性的平均分数为24.8分。其中，上海真爱梦想公益基金会的信息披露最完整，位列前5的分别是上海真爱梦想公益基金会、中国青少年发展基金会、友成企业家扶贫基金会、中国人口福利基金会和中国红十字基金会；完整性透明指数排名前20位的公益慈善组织名单见表21。

表21　透明指数完整性得分前20

序号	机构名称	组织类型	地域
1	上海真爱梦想公益基金会	非公募基金会	东部
2	中国青少年发展基金会	公募基金会	全国
3	友成企业家扶贫基金会	非公募基金会	全国
4	中国人口福利基金会	公募基金会	全国
5	中国红十字基金会	公募基金会	全国
6	中国儿童少年基金会	公募基金会	全国
7	广东省源本善慈善基金会	非公募基金会	东部
8	中华爱心基金会（香港）北京代表处	境外组织	全国
9	中华思源工程扶贫基金会	公募基金会	全国
10	云南大益爱心基金会	非公募基金会	西部
11	中国扶贫基金会	公募基金会	全国
12	泰州市残疾人福利基金会	公募基金会	东部
13	浙江省爱心事业基金会	公募基金会	东部
14	武汉市青少年发展基金会	公募基金会	中部
15	中国妇女发展基金会	公募基金会	全国
16	半边天基金会（美国）北京办事处	境外组织	全国
17	中华社会救助基金会	公募基金会	全国
18	南都公益基金会	非公募基金会	全国
19	北京万通公益基金会	非公募基金会	东部
20	中国残疾人福利基金会	公募基金会	全国

完整性维度包含基本信息（18分）、治理信息（18分）、业务信息（19分）和财务信息（15分）四个一级指标。公益慈善组织在这四个一级指标中，基本信息（平均分10.5分）做得最好，业务信息（平均分6.3分）次之，治理信息（平均分4.9分）和财务信息（平均分3.1分）较差。换算后的各一级指标平均分情况见图5。

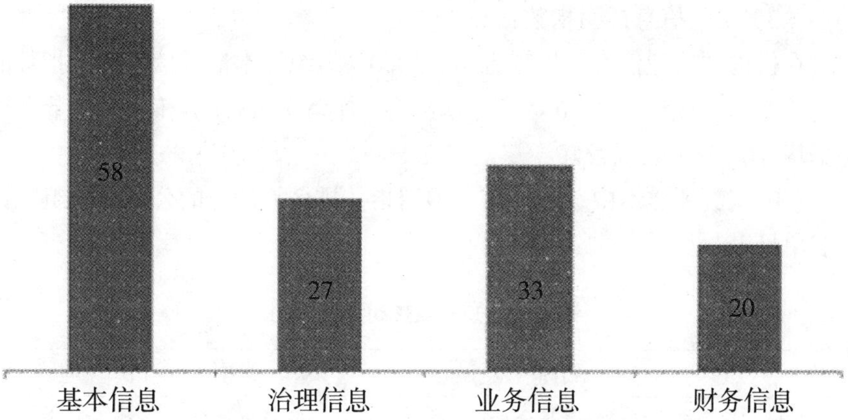

图5 完整性一级指标平均分情况（统一换算为100分制）

我们还对基本信息、治理信息、业务信息和财务信息四个一级指标中公益慈善组织的表现进行了统计，具体情况如下。

（1）基本信息透明指数：10.5分

测评结果显示，在“基本信息”的披露方面，1000家组织样本基本信息透明指数的平均分数为10.5分，其中公募基金会（平均分13.0分）和非公募基金会（平均分13.1分）表现较好。

在1000家测评样本中，有10家组织的基本信息得到了满分18分，且均是基金会，名单见表22。

表22 基本信息得分为满分的公益慈善组织

序号	机构名称	组织类型	地域
1	友成企业家扶贫基金会	非公募基金会	全国
2	中国人口福利基金会	公募基金会	全国
3	中国红十字基金会	公募基金会	全国
4	中国青少年发展基金会	公募基金会	全国
5	中华思源工程扶贫基金会	公募基金会	全国
6	广东省源本善慈善基金会	非公募基金会	东部
7	中国扶贫基金会	公募基金会	全国
8	武汉市青少年发展基金会	公募基金会	中部
9	南都公益基金会	非公募基金会	全国
10	广东省易方达教育基金会	非公募基金会	东部

（2）治理信息透明指数：4.9分

在机构“治理信息”披露方面，1000家组织样本治理信息透明指数的平均分数为4.9分，同样也是公募基金会（平均分6.8分）和非公募基金会（平均分6.5分）表现较好。

1000家测评样本中，治理信息透明指数排名前20位的公益慈善组织详细名单见表23。

表23 治理信息透明指数前20

序号	名称	类型	地域
1	广东省源本善慈善基金会	非公募基金会	东部
2	威海市慈善总会	慈善会	东部
3	上海真爱梦想公益基金会	非公募基金会	东部
4	沈阳市慈善总会	慈善会	东部
5	宁波市慈善总会	慈善会	东部
6	中国儿童少年基金会	公募基金会	全国
7	中国妇女发展基金会	公募基金会	全国
8	中国青少年发展基金会	公募基金会	全国
9	中国少数民族文化艺术基金会	公募基金会	全国
10	中华少年儿童慈善救助基金会	公募基金会	全国
11	北京光华慈善基金会	非公募基金会	东部
12	老牛基金会	非公募基金会	中部
13	大连市慈善总会	慈善会	东部
14	本溪市慈善总会	慈善会	东部
15	厦门市慈善总会	慈善会	东部
16	烟台市慈善总会	慈善会	东部
17	山西省慈善总会	慈善会	中部
18	宝鸡市慈善总会	慈善会	西部
19	新疆生产建设兵团慈善总会	慈善会	西部
20	珠海市红十字会	红十字会	东部

（3）业务信息透明指数：6.3分

在业务信息的披露方面，研究结果显示，1000家组织样本业务信息透明指数的平均分数为6.3分。1000家测评样本中，业务信息透明指数排名前20位的公益慈善组织详细名单见表24。

表24　业务信息透明指数前20

序号	名称	类型	地域
1	云南大益爱心基金会	非公募基金会	西部
2	中国-默沙东艾滋病基金会（美国）北京代表处	境外组织	全国
3	中华爱心基金会（香港）北京代表处	境外组织	全国
4	中华孤残儿童基金会(美国）北京办事处	境外组织	全国
5	山西红十字会	红十字会	中部
6	湖南省青少年发展基金会	公募基金会	中部
7	半边天基金会（美国）北京办事处	境外组织	全国
8	珠海市扶贫基金会	公募基金会	东部
9	广东省慈善总会	慈善会	东部
10	爱心助学网	草根组织	西部
11	凤凰助苗网	草根组织	中部
12	中国红十字基金会	公募基金会	全国
13	泰州市残疾人福利基金会	公募基金会	东部
14	黑龙江省青少年发展基金会	公募基金会	中部
15	舟山市慈善总会	慈善会	东部
16	江西省光彩扶贫基金会	非公募基金会	中部
17	梅里埃基金会（法国）北京办事处	境外组织	全国
18	潍坊市慈善总会	慈善会	东部
19	担当者文化传播有限公司	草根组织	东部
20	友成企业家扶贫基金会	非公募基金会	全国

（4）财务信息透明指数：3.1分

“财务信息”具体包括年度财务审计报告。研究结果显示，1000家组织样本财务信息透明指数的平均分数为3.1分，共有356家组织公布了其组织年度财务报告或摘要，其中，共有80家组织全文公布了组织年度财务报告，详细名单见表25。

表25　全文公布组织年度财务报告的组织

序号	机构名称	组织类型	地域
1	友成企业家扶贫基金会	非公募基金会	全国
2	上海真爱梦想公益基金会	非公募基金会	东部
3	中国人口福利基金会	公募基金会	全国
4	中国红十字基金会	公募基金会	全国
5	中国青少年发展基金会	公募基金会	全国
6	中国儿童少年基金会	公募基金会	全国
7	云南大益爱心基金会	非公募基金会	西部
8	中华思源工程扶贫基金会	公募基金会	全国
9	浙江省爱心事业基金会	公募基金会	东部
10	中国妇女发展基金会	公募基金会	全国
11	中华社会救助基金会	公募基金会	全国
12	泰州市残疾人福利基金会	公募基金会	东部
13	广东省源本善慈善基金会	非公募基金会	东部
14	中国-默沙东艾滋病基金会（美国）北京代表处	境外组织	全国
15	广东省妇女儿童基金会	公募基金会	东部
16	中国残疾人福利基金会	公募基金会	全国
17	中国扶贫基金会	公募基金会	全国
18	武汉市青少年发展基金会	公募基金会	中部
19	南都公益基金会	非公募基金会	全国
20	福建省残疾人福利基金会	公募基金会	东部
21	慈济慈善事业基金会	非公募基金会	全国
22	北京万通公益基金会	非公募基金会	东部
23	世界自然基金会（瑞士）北京代表处	境外组织	全国
24	中华爱心基金会（香港）北京代表处	境外组织	全国
25	中华慈善总会	慈善会	全国
26	绍兴市慈善总会	慈善会	东部
27	半边天基金会（美国）北京办事处	境外组织	全国

续表

序号	机构名称	组织类型	地域
28	济宁市慈善总会	慈善会	东部
29	宝鸡市慈善总会	慈善会	西部
30	北京农家女文化发展中心	民办非企业单位	东部
31	深圳市郑卫宁慈善基金会	非公募基金会	东部
32	江苏省慈善总会	慈善会	东部
33	威廉·杰斐逊·克林顿总统基金会北京代表处	境外组织	全国
34	中华孤残儿童基金会(美国）北京办事处	境外组织	全国
35	中国红十字会	红十字会	全国
36	北京市协作者社会工作发展中心	民办非企业单位	东部
37	神华公益基金会	非公募基金会	全国
38	世界健康基金会（美国）北京代表处	境外组织	全国
39	应善良福利基金会（香港）上海办事处	境外组织	全国
40	江苏昌明教育基金会	非公募基金会	东部
41	李嘉诚基金会(香港)北京办事处	境外组织	全国
42	梅里埃基金会（法国）北京办事处	境外组织	全国
43	重庆孤残儿童援助基金会	公募基金会	西部
44	兰州慧灵智障人士服务中心	民办非企业单位	西部
45	苏州市儿童少年基金会	公募基金会	东部
46	云南省青年创业就业基金会	公募基金会	西部
47	河北省慈善总会	慈善会	东部
48	北京百年农工子弟职业学校	民办非企业单位	东部
49	武汉闻一多基金会	非公募基金会	中部
50	湖北省刘道玉教育基金会	非公募基金会	中部
51	比尔及梅琳达·盖茨基金会北京代表处	境外组织	全国
52	能源基金会（美国）北京办事处	境外组织	全国
53	唐仲英基金会（美国）江苏办事处	境外组织	全国
54	广东省易方达教育基金会	非公募基金会	东部
55	中国国际文化交流基金会	公募基金会	全国

续表

序号	机构名称	组织类型	地域
56	湖北省吴兆麟基金会	非公募基金会	中部
57	华益助弱服务中心	民办非企业单位	中部
58	香港顺龙仁泽基金会顺德代表处	境外组织	全国
59	北京市西部阳光农村发展基金会	非公募基金会	东部
60	爱之桥服务社	民办非企业单位	全国
61	中国经济改革研究基金会	公募基金会	全国
62	中国人寿慈善基金会	非公募基金会	全国
63	深圳市友爱社会工作服务中心	民办非企业单位	东部
64	上海能近公益基金会	非公募基金会	东部
65	广州慧灵智障人士服务机构	民办非企业单位	东部
66	华润慈善基金会	非公募基金会	全国
67	中慈国际交流中心	民办非企业单位	全国
68	北京市石景山区乐龄老年社会工作服务中心	民办非企业单位	东部
69	河南省慈善总会	慈善会	中部
70	当代基层民主促进中心	民办非企业单位	全国
71	现代社会工作人才发展服务中心	民办非企业单位	全国
72	中山大学人类学系公民与社会发展研究中心	草根组织	东部
73	昆明野地环境发展研究所	民办非企业单位	西部
74	浙江省青年创业就业基金会	公募基金会	东部
75	华龄国际培训交流中心	民办非企业单位	全国
76	石狮市蔡友玉教育基金会	非公募基金会	东部
77	连云港市连云区见义勇为基金会	公募基金会	东部
78	苏州市残疾人福利基金会	公募基金会	东部
79	永州市慈善基金会	公募基金会	中部
80	重庆麦子扶贫基金会	非公募基金会	西部

2. 及时指数：1.3分

“及时性”维度具体包括5个一级指标：理事会重大决策、日常捐赠接受信息、项目资金使用情况、项目报告以及组织年度财务报告。

测评结果显示，在1000家样本组织中，及时性透明指数排名前20位的公益慈善组织具体名单见表26。

表26 及时性透明指数前20

序号	名称	类型	地域
1	中国人口福利基金会	公募基金会	全国
2	广东省妇女儿童基金会	公募基金会	东部
3	舟山市慈善总会	慈善会	东部
4	中国红十字基金会	公募基金会	全国
5	浙江省爱心事业基金会	公募基金会	东部
6	上海真爱梦想公益基金会	非公募基金会	东部
7	上海市红十字会	红十字会	东部
8	绍兴市慈善总会	慈善会	东部
9	烟台市慈善总会	慈善会	东部
10	晋江市慈善总会	慈善会	东部
11	福建省残疾人福利基金会	公募基金会	东部
12	圣诺亚爱心公益网	草根组织	东部
13	中华思源工程扶贫基金会	公募基金会	全国
14	中国扶贫基金会	公募基金会	全国
15	南都公益基金会	非公募基金会	全国
16	云南大益爱心基金会	非公募基金会	西部
17	广东省慈善总会	慈善会	东部
18	爱心助学网	草根组织	西部
19	珠海市扶贫基金会	公募基金会	东部
20	潍坊市慈善总会	慈善会	东部

3. 准确指数：1.7分

“准确性”维度主要包括日常捐赠接受时间、日常捐赠内容、项目资金使用情况三个一级指标。

测评结果显示，在1000家样本组织中，湖南省怀化市红十字会、广东汕头市慈善总会、广东中山市慈善总会等28家组织的信息披露最真实准确，得分均为满分，具体名单详见表27。

表27　准确性得分为满分的组织

序号	机构名称	组织类型	地域
1	舟山市慈善总会	慈善会	东部
2	烟台市慈善总会	慈善会	东部
3	潍坊市慈善总会	慈善会	东部
4	友成企业家扶贫基金会	非公募基金会	全国
5	安利公益基金会	非公募基金会	全国
6	深圳市慈善会	慈善会	东部
7	汕头市慈善总会	慈善会	东部
8	中山市慈善总会	慈善会	东部
9	中国-默沙东艾滋病基金会（美国）北京代表处	境外组织	全国
10	西安市红十字会	红十字会	西部
11	南充市红十字会	红十字会	西部
12	遵义市红十字会	红十字会	西部
13	遂宁市红十字会	红十字会	西部
14	巴中市红十字会	红十字会	西部
15	成都市红十字会	红十字会	西部
16	湖南省红十字会	红十字会	中部
17	昆明市红十字会	红十字会	西部
18	广安市红十字会	红十字会	西部
19	云南省红十字会	红十字会	西部
20	应善良福利基金会（香港）上海办事处	境外组织	全国
21	自贡市红十字会	红十字会	西部
22	株洲市红十字会	红十字会	中部
23	四川省红十字会	红十字会	西部
24	迪庆藏族自治州红十字会	红十字会	西部
25	怀化市红十字会	红十字会	西部
26	贵州省红十字会	红十字会	西部
27	黄冈市红十字会	红十字会	中部
28	贵阳市红十字会	红十字会	西部

4. 易得指数：4.9分

“易得性”维度主要衡量公益慈善组织对官方网站、网络媒体、纸质媒体、电视媒体四种信息披露渠道的使用情况。

测评结果显示，在1000家样本中，有中华慈善总会、中国红十字基金会、安利公益基金会等135家公益慈善组织信息披露最方便获得，易得性得分为满分，占样本总数的13.5%；有549家组织有自己的官方主页，占总数的54.9%。

三、网络公众接收慈善信息情况分析

（一）公众对公益慈善组织信息公开关注度进一步提高

问卷调查结果显示，在接受网络调查的公众中，选择“很关注”的人数占64%，与2010年相比，这一比例提高了10%，表示不关注的人数占14%，与2010年相比，这一比例降低了13%。可见，2011年，公众对慈善信息公开的关注度有了进一步提高。

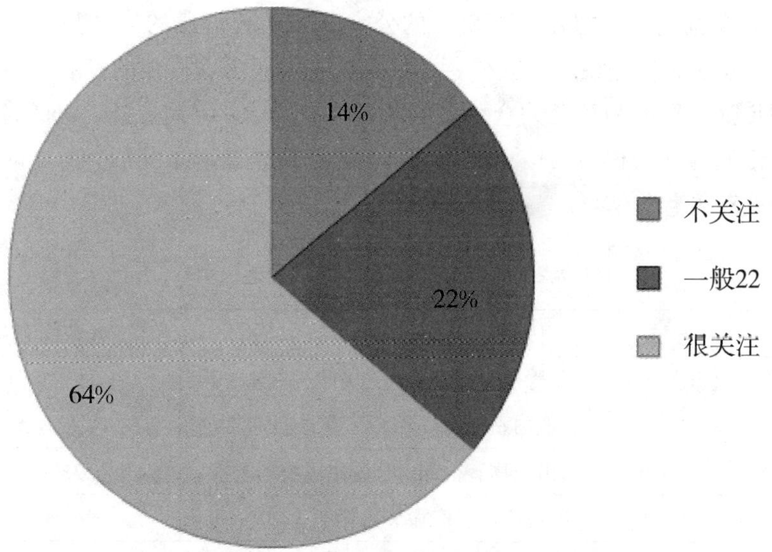

图6 社会公众对公益慈善组织信息公开的关注度

（二）公众接收公益慈善组织信息状况好于去年，但仍有较大提升空间

通过问卷调查发现，有24%的公众表示曾经获得过公益慈善组织的信息，相比于去年的12%有了较大提升。但仍有76%的被调查公众表示未收到任何慈善组织信息，而对于社会公众最为关注的财务信息，仅有3%的受调查公众表示获得过。公益慈善组织在这方面还有很大的提升空间。

表28　社会公众获得各项慈善信息的比例

公众目前已经获得的公益慈善组织信息	人数比例
基本信息（如机构名称、工作领域、宗旨、年检情况等）	21%
治理信息（如机构职能设置、主要负责人背景信息等）	6%
业务信息（如求助信息、筹款活动、资金使用情况等）	8%
财务信息（如机构人力及行政成本、审计报告等）	3%
以上均无	76%

（三）公众获得公益慈善组织信息的主要渠道是网络与电视广播

问卷调查结果显示，有89%的公众获取慈善信息的途径是网络，有61%的公众通过电视广播获得慈善信息，这说明随着科技的发展，网络与电视传播已经成为社会大众获得信息的主要途径，除此之外，35%的公众通过纸质媒介获得慈善信息，仅有14%的公众通过新闻发布会、电话热线等方式获得慈善信息。

表29　公众获得慈善信息的渠道比例

传播渠道	人数比例
网络（组织官方主页、监管机构网站、第三方机构网站、其他网站等）	89%
纸质媒介（组织内部出版物、报刊、公开出版物等）	35%
电视广播（电视广告、广播节目等）	61%
其他（新闻发布会、电话热线等）	14%

第三部分　挑战和建议

一、面临的挑战

公益慈善组织慈善信息公开面临的挑战，从表面上看，是缺乏资源投入、公开的动力、权威的标准以及高效的信息平台，但在更深层次，则是由社会各界对慈善事业提供社会服务、参与社会建设的期望与慈善事业发展滞后、服务能力有限之间的矛盾造成的。

1. 社会服务能力的挑战

信息公开不是公益慈善组织的目的，公益慈善组织的目的是通过信息公开增强与社会各界之间的沟通、交流，了解社会需求，传播自身品牌，从而整合更多的社会资源，促进自身发展。公益慈善组织作为社会建设的重要力量之一，其使命是提供优质的社会服务。从长远来看，社会服务能力强的组织，开展信息披露虽然需要一定的成本，但通过良好的社会传播，能够得到更多的社会资源，开展信息披露的动力充足，投入也会更多，而社会服务能力不强的组织则反之。

在我们对公益慈善组织的访谈中，我们也发现，面对今年一系列的慈善公共事件，有的公益慈善组织捐赠接受量受到了负面影响，但也有一部分公益慈善组织由于一直以来重视自身服务能力建设和捐赠服务，抓住了机会，捐赠接受量反而呈现出增长。社会各界对于慈善事业的关注，对公益慈善组织社会服务能力提出了更高的要求，有利于慈善事业的良性竞争和健康发展。

2. 慈善文化的挑战

从今年一系列的慈善公共事件，我们可以看出传统慈善文化与现代慈善文化之间的碰撞。在慈善组织运营成本，慈善行业从业人员薪酬，公益慈善组织参与市场化运作等方面都有具体体现。传统慈善文化的认为慈善发自于人内心的善，强调慈善的道德因素，而现代慈善文化，则更多地将慈善看做是社会化大分工的一部分，强调慈善在道德基础上发展而来的专业性。

正是这种文化之间的冲突，使得公众对于什么是好的慈善判断标准不统一。现在的一些观点，例如：捐赠款物必须全部用于项目而不能提取管理费用；慈善行业从业人员应该领取很低的工资，甚至不领取报酬；公益慈善组织一开展市场化活动就被视为以慈善的名义谋利等等，都是这种文化冲突的具体表现。

3. 权威慈善信息公开标准的缺失

本报告对现有慈善信息公开标准的专项研究（详见第四部分）表明，我国慈善行业在信息公开方面已经出现了36个各种类型的标准，特别是2011年，各地密集出台了一系列与慈善信息公开有关的法律法规。这些标准对慈善信息公开的内容、时限、途径等各个方面都有规定，但各个标准相互之间缺乏统一，也没有一个权威标准得到普遍认可。这就使得公益慈善组织在开展具体工作、进行自我评估，以及媒体、社会公众评价公益慈善组织时，面临多重标准的选择，产生困扰。

4. 高效慈善信息公开平台的缺失

本报告对现有慈善信息公开平台的专项研究（详见第四部分）表明，现有较大的慈善信息公开平台已经达到32个，2011年，各级政府部门、大众媒体增加了对慈善信息公开的投入，中国公益慈善网、基金会中心网等行业性网站也得到很大发展，现有的三类慈善信息公开平台：政府平台、行业平台、大众媒体平台，在权威性、专业性、广泛性方面形成了各自的特点和优势，但各类型平台相互之间的交流合作较少。这就使得尽管现阶段各类慈善信息公开平台不断涌现，社会影响力日益扩大，但慈善信息传播效率不高、效果有限，公益慈善组织与社会公众之间缺乏互动，社会公众对于慈善的了解认识以及整个社会慈善文化的传播也有待提高。

5. 现有法律法规的束缚

近年来，我国慈善行业发展迅速，而部分现行法律法规出台已有数年时间，已经难以适应如今慈善行业的发展需求。

我国现有法律体系对于公益慈善组织运营成本更多的是强调如何降低和限制，而忽视了由成本而带来的社会效益，并不能完整反映组织的运营效率。而社会上的很多观点，正是基于这样的立法思想，对公益慈善组织的正常运营需求提出了质疑。公益慈善组织的信息公开也同样如此，没有必要的成本投入，就很难有好的信息公开效果，进而影响组织透明度和公信力。

6. 信息处理能力的挑战

公益慈善组织要进行有效的信息公开，首先要有专业的信息处理能力，自身能够掌握组织相关信息，特别是业务活动信息和财务信息。而在对公益慈善组织的访谈中，我们发现部分公益慈善组织由于自身能力建设不足，加之所开展业务的复杂性，往往自身都很难掌握相关信息，特别是捐赠接受、使用信息，项目信息，财务信息，而在信息公开环节，还有很大一部分组织没有自己的官方网站，就更谈不上专业的公共传播人员。从信息收集到公开，公益慈善组织都还有很大的提升空间。

二、建议

1. 建立统一的权威慈善信息公开标准

在《公益慈善捐助信息公开指引》等已有标准的基础上，相关部委尽快出台更具法律约束力的全国性信息公开标准，细化信息公开的范围，具体信息公开的方式和程序，完善信息披露的监督和保障，从立法的角度，对慈善信息公开进行刚性规范，以实现慈善信息公开的可行性与可操作性。从而，为各级地方政府部门制定适合本地区慈善事业发展的地方性法律法规；为各类公益慈善组织开展信息公开，进行自我评估；为第三方专业机构制定更加详细、更具操作性的指导性文件，提供相关培训，开展第三方专业评估、为社会公众衡量、判断公益慈善组织的信息透明度提供依据。通过以上措施，树立权威、科学的慈善信息公开标准，提高行业透明度，传播健康的慈善文化，促进行业可持续性发展。

2. 搭建高效的慈善信息公开平台

公益慈善组织、政府、媒体、企业等社会各方力量相互合作，整合信息技术资源，搭建覆盖全国的慈善信息报送制度和网络，建立并共享慈善信息数据库，发挥大众媒体的渠道优势，将政府平台的权威性、行业平台的专业性与大众媒体平台的广泛性相结合，搭建高效的慈善信息公开平台，打造专题活动、明星项目等慈善品牌，推动公益慈善信息在慈善组织和社会公众之间有效传播。

3. 建立行业性透明自律组织

在全国范围内，建立各级行业性透明自律组织。在法律法规的基础上，进一步研究制定更加详细、具体的行业信息公开标准，为公益慈善组织开展信息公开，进行自我评估提供依据和工具，实现慈善信息公开的可行性与可操作性。并以此标准为依据，组织开展公益慈善组织透明度自我评估与第三方评估，从而激励公益慈善组织提升自身透明度。通过建立行业自律性组织，有效整合资源，提升行业的整体透明度。

4. 搭建公益慈善组织能力建设平台

公益慈善组织的社会服务和信息处理能力，不仅需要组织自身的努力，同样也需要政府、企业、媒体等社会力量的支持。企业在商业领域的广泛实践，可以为公益慈善组织提供宝贵的经验，而不少公益慈善组织也在社会服务和慈善信息处理领域走在了行业前端，积累了宝贵的实践经验。行业自律组织应该广泛吸取、总结这些宝贵的经验，并通过培训、交流、工具共享等方式进行推广。而政府部门作为行业主管单位，应通过政策倾斜、政府购买服务等方式，鼓励、扶持此类活动的开展，搭建公益慈善组织能力建设平台。

5. 营造良好的慈善文化氛围

理性看待传统慈善文化与现代慈善文化之间的冲突，根据我国经济社会现阶段发展特点，以及慈善事业的现实情况，公益慈善组织、政府、企业、媒体等社会各方力量加强沟通，相互合作，直面现阶段慈善事业发展的焦点问题，不断探索，共同构建具有中国特色的慈善文化，营造良好的慈善文化氛围，为慈善事业发展培育良好的文化土壤。

第四部分　专项研究

一、慈善信息公开标准

本报告所研究的慈善信息公开标准，主要指公益慈善组织在信息公开时需要遵守以及可以参考的现行标准，具体分为强制性标准、半强制性标准、行业自律标准以及组织内部标准四类。本报告研究的慈善信息公开标准共有36个，其中强制性标准15个、半强制性标准7个、行业自律标准4个、组织内部标准10个。本报告采用文献分析法，按照八个维度，对各标准进行对比分析。

1. 在公开内容上，现有标准对公益慈善组织各方面信息都有涉及

在强制性标准方面，已有标准对于组织基本信息、治理信息、业务信息、财务信息都有涉及，尤其是财务信息、基本信息、募捐活动信息较为详细。近两年地方出台的一系列慈善相关法律法规，对信息公开内容进行了较为详细的规定，但也参差不齐，各地方性法规达成一致的公开内容有4项，包括①法定代表人等基本情况；②募捐和受赠财产的使用和管理情况；③慈善项目开展情况和效果；④年度工作报告、财务与审计报告。而在全国层面，一致的信息公开内容很少，几乎仅有年度工作报告一项。

值得注意的是，作为半强制性标准的民政部《公益慈善捐助信息公开指引》是第一个在全国层面上，以较为详细的方式规定公益慈善组织信息公开内容的政府文件。而行业自律标准，则在详细程度上更进一步，为组织开展信息披露提供了更具操作性的参考文件。

在组织内部标准中，各级组织根据自身特点制定，详尽程度不一。其中，《威海市慈善总会社会公开暂行办法》规定的公开范围最广，内容最为细致，甚至包括“各项管理制度、办事规则、服务程序；接收捐赠原始登记和原始记录；救助原始审批材料；全市慈善组织网络建设情况”等。济南市慈善总会、昆明市慈善总会、中国妇女发展基金会等组织将信息公开分成了日常信息公开和重大活动信息公开。《华民慈善基金会章程》还要求公开半年工作报告。

2. 各类信息公开主体的权利和义务有待进一步明确、统一

现有标准中，涉及到的信息公开主体较为广泛，除了募捐人、公益慈善类社会组织外，部分强制性标准进行了突破，将地方政府部门、民政部门、审计部门纳入信息公开主体。如《江苏省慈善事业促进条例》第四十五条、《救灾捐赠管理办法》第三十二条、《宁夏回族自治区慈善事业促进条例》第三十六条以及《湖南省募捐条例》第三十六条等。但各类信息披露主体的权利和义务具体是什么，有何不同等具体问题还没有统一、明确的标准。

3. 信息公开时限有待统一

信息公开时限主要有年报/财务报告公开时限、募捐活动信息公开时限、接受捐赠信息公开时限、慈善项目信息公开时限以及其他信息公开时限。以年报公开时间为例，根据强制性法规规定社会团体与民非应在5月31日前将年报送登记管理机关，基金会的年报报送时间是3月31日前，登记管理机关通过后30日内公布。部门文件《公益慈善捐助信息公开指引》规定年度财务会计报告，应当于次年1月1日起5个月内（即5月31日前）对外公开，或按登记管理机关的要求公开。关于募捐活动信息公开时间，各地方性法规也不尽相同。江苏、宁夏规定募捐结束后15日内公布募捐情况；宁波为20日；湖南为30日。

4. 信息公开对象区别对待

现有标准中，信息公开的详细程度、时限、渠道根据信息公开对象的变化而不同。现有标准中的公开对象主要包括捐赠人、社会公众、登记管理与业务主管部门、其他政府部门如税收、审计等，甚至包括受益人、项目合作伙伴等。

5. 鼓励多渠道进行信息公开

在信息公开渠道上各地规定不一。行政法规均未指定，只是粗略地说明“向社会公布”；有的地方性法规指定具体的公布渠道，如《湖南省募捐条例》指定了募捐人网站和当地人民政府民政部门网站；有的规定通过新闻媒体或相关网站，如《宁波市慈善事业促进条例》《公益慈善信息公开指引》。

6. 组织内部信息公开制度建设有所涉及

在组织内部建立信息公开制度上，包括建立信息公开理办法、设立信

息公开工作机构/工作人员、建立信息公开档案、设立信息公开流程/格式，以及建立信息公开后的修改程序。《基金会信息公布办法》在这方面进行了规定，但只对基金会有强制力。《中国公益性非营利组织自律准则》规定应当具备完善的信息管理制度。广东省源本善慈善基金会与中国妇女发展基金会在其信息公开办法中明确规定要建立内部信息公开制度。

7. 法律责任相对明确

截至目前，信息公开的法律责任主体包括慈善组织以及相关的政府部门。信息公开法律责任针对的行为主要涵盖两种：不履行信息公布义务或者公布虚假信息的以及泄露捐赠人、被救助人个人信息或者隐私，造成侵权后果的。但是，“不履行信息公开义务”缺乏可操作的判断标准，执法过程中，主观性较强，自由裁量权过大。另外，现行法律法规中信息公开法律责任的性质主要是行政责任，有的涉及刑事责任，民事责任较少，因此对受害人的弥补功能发挥太少。

针对慈善组织信息公开不合法的行政责任种类包括：登记管理机关给予警告、责令停止活动；责令限期返还募捐财产，难以返还的，责令用于原募捐用途或者其他慈善项目；责令限期改正；情节严重的，可以撤销登记或吊销许可证等；《江苏慈善事业促进条例》对信息公开不合法的最高处罚最重，规定构成犯罪的要依法追究刑事责任。《宁夏回族自治区慈善事业促进条例》还对相关政府部门信息公开的法律责任进行了规定。

8. 部分地区出台了信息公开激励措施

双重管理体制下，地方性法规的激励方式比较具体但也比较单一，宁夏通过免费发布信息的方式激励慈善组织信息公开，江苏将建立信息公开制度设为募捐资质之一。《公益慈善捐助信息公开指引》的激励措施虽有涉及，但也笼统，仅将慈善组织的信息公开状况作为评价与奖励的指标之一。

二、慈善信息公开平台分析

本报告所研究的慈善信息公开平台是指为公益慈善组织服务，面向社会公众专门公开慈善信息的网站，具体分为政府平台、大众媒体平台、行业平台三类。本报告研究的慈善信息公开平台通过互联网搜索所得，共32

个，其中政府平台19个，大众媒体专栏9个，行业网站4个。本报告主要通过Alexa网站计算各平台访问量，并通过定性分析分析各平台特点。

1. 58.1%的省级政府建立了专门的慈善信息披露平台

通过网络监测发现，全国除港澳台以外的31个省（直辖市、自治区）中，共有18个省（直辖市、自治区）开通了专门的慈善信息公开平台，占总数的58.1%。而主流的9个门户网站，均开设了专门的公益频道。

2.各平台公开内容各有侧重点

在这32个慈善信息公开平台上，均包含了大量与慈善有关的新闻，包括公益慈善组织的活动新闻，重大人事变动以及部分项目信息等。其中，政府平台侧重于政策信息、政府活动和年审等信息；大众媒体平台新闻数量多、更新快，侧重于新闻事件、名人明星；行业平台以专业见长，侧重于行业动态、专业知识。

除提供基本的新闻之外，有15个网站提供数据库检索功能，其中政府主办的信息公开平台有14个，慈善行业信息公开平台1个。在政府主办的信息公开平台上，公众可以查询本级民政部门管理的慈善组织的基本信息，包括注册信息和联系方式等。

3. 公众更多访问大众媒体上的慈善信息平台

在本次研究中，通过权威的Alexa网站，对32个慈善信息公开平台进行了一周内的独立IP访问量和一周内的页面浏览量（PV）查询统计，统计时间为2011年11月22日。

统计数据表明，有13个平台访问量较大、数据比较完整，可以被统计到独立IP访问量和页面浏览量（PV），占平台总数的41%。

在19个政府平台中，有6个被统计到独立IP访问量和页面浏览量（PV），除中国公益慈善网外，其他平台的一周平均每日IP访问量低于500，一周平均每日页面流量（PV）低于1000。4个行业平台均被统计到独立IP访问量和页面浏览量（PV），各网站一周平均每日页面流量（PV）在1000左右，这表明通过政府平台和行业平台获取慈善信息的社会公众有限。

而9个大众媒体平台，一周平均每日IP访问量在5至10万之间，一周平均每日页面流量在10万至20万之间，这表明更多的社会公众通过大众媒体获取慈善信息。

2012年度中国慈善透明报告①

第一部分　报告说明

一、简介

作为独立第三方机构，依据相关法律法规和本机构章程、宗旨，对整个中国公益慈善行业的发展状况进行信息监测，是中民慈善捐助信息中心的基本职能和主要业务所在。

四年前，我们参照国际公益慈善行业的信息透明监测评估体系，并参考了中国政府和上市公司信息透明监测评估体系，开始着手研发一套与中国公益慈善行业发展现状相适应的“中国公益慈善组织透明度评估体系”，并在2009年首次依据此体系，对当年全国性公益慈善组织信息公开现状进行监测、分析、研究，编制、发布了第一份《中国慈善透明报告》。从此，每年编制“中国慈善透明指数”，发布年度“中国慈善透明报告”，就成为中民慈善捐助信息中心的一项常态工作。

本报告则是中民慈善捐助信息中心持续发布的第四份年度“中国慈善透明报告”。

《2012年度中国慈善透明报告》继承了前三年工作的研究思路和方法，并在此基础上，对以下两个方面的工作进行了完善。

第一，规范“中国慈善透明指数”研究样本组织的选取。进一步明确了公益慈善组织的判定方法，调整了样本的覆盖组织类型。抽样方法由往

① 撰稿：孙叶竹 何斌，审稿：刘佑平

年使用的随机抽样，改为主观抽样，主要选取占有资源较多的公益慈善组织，以更好地回应社会关注，反映公益慈善行业的整体资源透明度情况。

第二，对“中国慈善透明指数”的评估体系进行了完善。在工具名称上做了细分，根据使用对象，将评估体系正式命名为“中国公益慈善组织透明度评估体系”，而“中国慈善透明指数”，则是根据这套体系来分析、计算、评估公益慈善组织透明度的结果记录。我们在严格遵循科学性原则下，同时充分考虑到数据的可得性和客观性原则，去掉了评估体系中操作性较低的 “准确性”维度，新增加“规范性”维度。另外，根据今年新出台的一系列法律法规和行业发展趋势，对评估体系中其他三个维度的少部分具体指标进行了微调。

二、研究目的及意义

本报告对2011年底到2012年底我国慈善信息公开状况进行了分析研究，通过不同组织类型、不同地域及不同组织间的定量对比，形成2012年度中国慈善透明指数及各分项指数，向读者直观呈现过去一年我国慈善信息公开现状、变化以及发展趋势，进一步分析我国慈善信息公开工作面临的挑战，提出改进建议，为公益慈善组织信息公开工作提供专业服务，为政府政策制定提供参考，促进公众参与和监督公益慈善行业的工作。

三、研究对象

本报告的主要研究对象包括作为慈善信息公开主体的公益慈善组织，同时，为了反映整个信息公开工作链条，我们也对信息公开的对象进行调查，即包括捐赠人、受益人在内的社会公众。

（一）信息公开主体

本报告中的慈善信息公开主体，即各类公益慈善组织，具体包括：①基金会，指在各级民政部门注册登记的公募基金会和非公募基金会；②社会团体，指各级民政部门注册登记的公益慈善类社会团体以及部分依法免于登记的社会团体，具体分为慈善会、红十字会和其他公益慈善类社会团体（下文简称“其他社团”）；③民办非企业单位，指在各级民政部门注册登记的公益慈善类民办非企业单位（下文简称“民非”）。

在具体判定一社会组织是否为公益慈善类社会组织时，主要通过其宗旨、业务范围、2011年度工作报告中列出的业务活动及财务收支情况，2012年度公开的业务活动情况等方面来进行判断。

因我国目前的法律法规体系未对在工商注册或尚未注册的公益慈善组织，以及在中国大陆地区登记注册（备案）或未注册的境外公益慈善组织的信息公开工作进行规范，故本次报告暂不对此两类组织进行研究。

（二）信息公开对象

本报告所研究的信息公开对象是社会公众，考虑到本报告研究方法的特殊性，本报告所研究的社会公众主要指网络公众。

四、抽样方式

（一）公益慈善组织

在过去三年的研究中，我们发现慈善信息公开工作的社会关注热点为捐赠接收和使用情况，而非单个组织的基本信息，因此，我们在抽样时采取了主观抽样，以某一类或单个组织占有的慈善资源量为主要权重，而不再是以组织数量为主要权重。

本报告的监测组织样本量为500家，其中350家与上年度报告监测样本重合，占研究样本总量的70%，以保证本报告研究工作的连续性、可操作性和研究成果的可比性。根据组织的法人类型、行业特点、治理结构，我们将公益慈善组织划分为基金会（包括公募基金会、非公募基金会）、社会团体（包括慈善会、红十字会和其他社团），以及民办非企业单位共三大类六小类。然后，依照民政部、中国红十字会、中民慈善捐助信息中心等机构的相关统计数据，按照各类组织在过去三年中平均接收捐赠总额的比例来确定每类组织应抽取的样本量。但由于我们掌握的数据不够全面，对部分数据我们进行了估算，并在抽样过程中根据实际情况适当进行微调。

在单个组织的具体选择中，我们根据掌握信息的情况，以及在此基础上的估算，对各类组织按照以下方式进行抽样。公募基金会和非公募基金会的样本名单主要根据在已掌握数据中各组织最近一年度捐赠收入、公益支出、净资产，以及社会影响力进行抽样；慈善会样本主要根据部分慈善会最近一年度捐赠接收总额以及行政级别、当地经济发展水平进行抽样；红十字会系统主要根据行政级别高低进行抽取，共选取中国红十字会总会和27家省（自治区、直辖市）级红十字总会，五个计划单列市和 18个省会城市以及41家其他地市级城市红十字会；其他社会团体和民办非企业单位按照已掌握的组织最近一年度捐赠接收总额进行抽样；最后，对于部分组织，虽未掌握其年度捐赠接收情况，但通过信息监测，发现其在过去一年中，有较大数额的捐赠接收情况，或在业内具有较大的影响力，我们将其补充纳入到研究样本中，从而得到本次研究的研究样本（研究样本数量分布情况详见表1）。

根据我们的计算，这500家公益慈善组织在2010年获得的捐赠收入约为330亿[①]，约占当年全国社会组织接收捐赠总收入的51%[②]。因此，这些组织的透明情况可以在很大程度上反映2012年度我国公益慈善行业的总体资源使用透明度。这500家公益慈善组织也构成了反映2012年度我国公益慈善行业透明情况的“权重慈善组织”，在此基础上，计算得出“中国慈善透明指数”。

表1　公益慈善组织抽样样本数量分布情况

	全国	东部	中部	西部	总计
公募基金会	56	51	12	19	138
非公募基金会	22	63	7	6	98
慈善会	1	64	31	28	124
红十字会	1	37	25	29	92
民办非企业单位	4	19	0	5	28
其他社团	11	4	1	4	20

① 数字来自中国基金会网、中民慈善捐助信息中心捐赠数据库

② 根据《中国慈善捐赠报告（2011）》，2010年红十字总会与省级红会募捐67亿，基金会捐赠收入为340.53亿，慈善会募捐242亿。

续表

	全国	东部	中部	西部	总计
总计	95	238	76	91	500

（二）社会公众

对于社会公众采取的是偶遇抽样，主要为网络用户。有效样本人数为416人，其年龄、学历结构分布如下见表2、表3。

表2　社会公众样本年龄分布

年龄	≤18岁	19-29岁	30-39岁	40-49岁	≥50岁	总计
数量	5	211	157	33	10	416

表3　社会公众样本学历分布

学历	小学及以下	初中	高中或中专	本科或大专	研究生及以上	总计
数量	2	7	39	264	104	416

五、研究方法

本报告采取定量分析与定性分析相结合的方式，以“中国公益慈善组织透明度评估体系”为工具，对各个公益慈善组织信息公开情况进行监测和评分，计算得到本年度的各类慈善透明指数。同时，通过访谈与问卷调查对组织信息公开工作展开深入研究，与监测结果进行相互印证。对社会公众，则采用网络问卷调查的方式。

在公益慈善组织透明度监测方面，我们与上一年度报告监测相衔接，监测时间段为2011年11月1日至2012年11月30日。与往年报告一样，考虑到本报告中信息公开的主要对象是社会公众，我们立足于普通公众，采取网络搜索的方式，通过网页搜索引擎、组织主页、政府网站、门户网站和行业网站等信息公开渠道采集数据。在得到单个组织透明指数的基础上，通过计算算术平均数，得出年度慈善透明指数及各单项指数。

在公益慈善组织访谈方面，我们选取9家透明度较高的组织，对其信息公开工作负责人进行访谈，希望对公益组织信息公开工作有更深入的了解。另外，对22家公益慈善组织进行的问卷调查，以拓展研究视角，解释监测数据。

在社会公众调查方面，为了了解作为信息公开对象的社会公众对公益慈善组织信息公开情况的满意度和关注点，我们主要通过中国公益慈善网、门户网站的公益频道（新浪公益、网易公益、腾讯公益、搜狐公益）以及微博平台，对社会公众进行了在线问卷调查。

六、《中国公益慈善组织透明度评估体系》说明

经过几年的积累，我们对公益慈善组织透明度的评估体系日渐成熟，2012年度《中国公益慈善组织透明度评估体系》，按照完整性、及时性、易得性和规范性四个维度评估一个公益慈善组织的信息公开状况，共包含74个指标，总分为100分。考虑到各个组织类型的特点，如非公募基金会无公开募捐业务，我们对不同类型组织设置了不同的指标项目与计分方式。各维度指标体系构成如下：

（一）完整性

完整性主要评估公益慈善组织公开的信息是否完整全面，能否完整体现公益慈善组织的管理、业务和财务状况。本维度具体包括四个方面的内容：基本信息、治理信息、业务信息和财务信息。

（二）及时性

及时性主要评估公益慈善组织信息公开是否快捷、及时，即能否在合理时间内尽可能迅速地公开信息。本维度具体测评以下三个方面的信息公开是否及时：日常捐赠接受信息、项目报告和组织年度财务报告。

（三）易得性

易得性主要考查公益慈善组织公开的信息是否能被公众便捷地获取，是否充分利用了多种网络平台，使公众能够轻松获取所关注的组织信息。本维度具体测评组织是否合理提供了用户友好的官方网站以及是否利用微博平台。

（四）规范性

规范性主要考察公益慈善组织是否建立了完备的信息公布相关内部管理制度，以及是否有专人处理相关事务。本维度具体考察组织信息公布制度的内容以及信息公布岗位设置。

今年，我们第一次将《中国公益慈善组织透明度评估体系》全文作为本报告的一部分，希望能够成为公益慈善组织开展自我评估，改善信息公开工作，特别是搭建信息化平台的一个参考。

七、研究局限性

经过了三年多的不断努力，本报告日趋完善，但由于客观条件的限制，在以下几个方面，依然存在着不足：

第一，在研究总体的确定过程中，由于信息掌握有限以及行业标准的缺失，难以覆盖全部的公益慈善组织，而在研究样本的选取过程中，同样由于掌握信息的局限性，需要通过估算，来确定各公益慈善组织资源的占有量。

第二，在监测的信息公开渠道方面，依然只能覆盖目前最为主流的互联网，对于其他信息公开渠道难以做到全覆盖。

第三，在单个组织的透明度评估过程中，尽管主观性不断降低，但在完整性维度的业务信息方面，只能采用偶遇抽样的方式，依然受到研究人员的主观影响。

第四，在年度“中国慈善透明指数”的计算中，由于掌握信息的限制，难以确定单个组织的权重，仍然只能通过计算500家单个组织透明指数的算术平均数得出年度及各分项透明指数，无法计算加权平均数。

第五，在对社会公众的调查中，由于受人力和时间限制，采用网络问卷调查方法，参与人数有限，其结果在严格意义上只能代表部分网络用户，与实际社会大众的意见有差距。

对于以上几个方面，我们将会在以后的研究中不断改进。

第二部分　年度综述

对整个行业而言，2012年，是中国公益慈善行业经历了2011年暴风骤雨般的社会关注和问责后，苦练内功和脱胎换骨的一年，是努力突出重围、走出低谷和重建公信力之年。

这一年，社会各界对于公益慈善行业的关注热度依然持续，随着信息技术的快速发展和社会的不断开放，媒体和社会大众的监督权、知情权，特别是捐赠人的权利意识不断觉醒，对公益慈善组织的信息透明要求越来越高。公益慈善组织，面临着来自政府监管机构、捐赠人、受益人、媒体和社会大众、行业第三方机构的多重监督和问责，许多大型公益慈善组织和著名的公益慈善项目，如中国红十字会、中华慈善总会、中华少年儿童慈善救助基金会、新华都慈善基金会、施乐会、天使妈妈、免费午餐、芒果V基金等，都继续受到来自媒体和社会大众不同程度的问责和挑战。

为了应对社会公众不断增长的慈善信息透明要求，政府、公益慈善组织、行业组织都开始了前所未有的透明慈善行动，行业的透明化建设成绩可圈可点。

一、政府监管空前加强

中央和各级政府在促进公益慈善行业透明度方面不断出台创新举措。

加强信息透明和提升中国公益慈善行业公信力，首次进入中央决策层的视野，成为政治局会议的年度工作内容。2012年2月初，国家预防腐败局印发了2012年工作要点，其中“加强社会领域防治腐败工作”位列第三，内容包括“抓紧制定社会领域防治腐败工作指导意见；会同有关部门整治公益类社会组织、行业协会、市场中介组织违法违规突出问题；引导社会力量有序参与预防腐败工作。”“公益慈善类社会组织”首次纳入了对违法违规突出问题整治的范围。国家民政部更是采取了众多政策措施，来提升中国公益慈善行业的公信力，如广泛宣传和贯彻落实2011年底发布的《公益慈善捐助信息公开指引》，为公益慈善组织在募捐、接受捐赠、使用捐赠等环节的信息公开工作提供了指导性规范；7月，民政部印发《关于规范基金会行为的若干规定（试行）》，在《基金会信息公布办法》的基础上进行了补充，就信息公开方面对基金会和其他具有公益性捐赠税前扣除资格的社会团体提出了更具可操作性的指导规范，体现了政府对慈善信息公开工作的重视。

各地政府对于公益慈善组织信息公开也出台了一系列政策。2012年2月，《广州市募捐条例》获得广州市人民代表大会常务委员会通过，2012年6月，《上海市募捐条例》获得上海市人民代表大会常务委员会通过，2012年9月，内蒙古自治区亦出台了《内蒙古自治区慈善捐助管理办法》，对组织在募捐活动前、募捐活动时、募捐活动后的信息公开工作进行了规范。这一系列规章和规范的出台，无疑使我国信息公开的规范体系更加完善。

二、行业透明化建设提速

除了政府方面的积极推动，公益慈善组织也积极行动起来。

首先是那些在上年度的透明问责中受到质疑的组织，纷纷出台了许多增加信息透明和提升组织公信力的有力措施。其中，中国红十字会系统的改革最受社会关注。除此之外，中华慈善总会、中国宋庆龄基金会、中国残疾人福利基金会、上海市慈善基金会、北京市慈善协会等全国知名公益慈善组织纷纷开始或即将搭建各自的信息化平台。

2011年公益慈善行业透明化显著加力，主要与社会公众问责意识提高、新媒体传播力量的增加和政府监督力度加强有关。公益慈善组织各项透明化工作的首要目的是回应社会问责，提升行业形象，工作比较被动。而2012年的调查结果显示，虽然取信于社会公众仍是公益慈善组织透明化工作中不容置疑的重点，但亦有多家大型组织在访谈中表示，由于组织的业务领域广泛且合作伙伴众多，加强信息公开工作的主要动力是通过透明化来规范自身的业务流程，提高管理水平，是组织自身的内部工作需求。我国公益慈善组织的信息公开工作已经不单纯是被动应对，而是对透明化理解深入后的自发行动。

除了单个组织的信息透明，中国公益慈善行业也开始联合起来，通过联合行动，提升整个行业透明度。1月8日，中华慈善总会、中国青少年发展基金会、中国红十字基金会、中民慈善捐助信息中心等112家公益慈善组织在2011“中国慈善年会”上共同发起“透明慈善联合行动”，倡导通过搭建慈善信息化能力建设平台、信息披露平台，推动建立透明慈善评估标准，营造良好慈善文化环境，共同提升整个慈善界的透明度与公信力。8月，深圳壹基金公益基金会联合百余家公益慈善组织共同开展“自律壹夏晒公益”活动，通过官方网站、微博等渠道披露机构财务信息，包括捐赠收入、业务活动成本、管理成本、人员薪酬等公众普遍关注的关键数据及其所占比例；通过财务解读的方式帮助公众理解财务数据对公益组织发展的意义。

三、公共信息平台发力

《2011年度中国慈善透明报告》指出，2011年公益慈善行业加大了信息平台建设的投入，而这项工作的成效在今年有明显体现。

建立了自有信息平台的公益慈善组织，对信息公开工作更为重视，组织的透明化水平也远高于没有自建信息平台的组织。2012年4月，改版后的河南省慈善总会官方网站——“河南慈善网”正式上线，社会公众通过该网站可实现快速捐赠或求助，并对每一笔善款的去向都可以随时查阅。9月，中国扶贫基金会改版后的新网站上线试运行，社会公众可以通过网站进行在线捐赠和项目信息、捐赠实用信息查询。11月，青海省红十字会信息发布平台正式上线，社会公众可以通过本平台查询详细项目信息及资金使用情况。

在单个组织自建信息网站平台的同时，为全行业或者部分组织服务的行业信息平台——公共慈善信息平台，在今年发挥了更大作用，产生了积极的影响。行业性信息平台方面的建设体现在两个方面：

一是提供组织的基本信息，如中民慈善捐助信息中心倾力打造的全国性慈善信息平台——中国公益慈善网，中国社会组织促进会打造的中国基金会网和北京恩玖非营利组织发展研究中心打造的中国基金会中心网。7月，中国社会组织促进会基金会分会负责维护的“中国基金会网”正式上线，社会公众可以通过该平台查询2000余家基金会的相关信息。中国基金会网积累了丰富的基金会有关信息，直接提升了基金会的整体透明程度。

中民慈善捐助信息中心自主研发的公益慈善组织信息管理平台则是为不同类型公益慈善组织所设计的专业化信息平台，使组织信息披露实现快速、便捷、及时、高效。

二是依托大量用户和自身网络技术，围绕具体项目，提供善款捐赠和使用的细节信息，如新浪微公益、腾讯公益和支付宝公益。这些大型商业网站提供的公益项目信息平台，降低了公益慈善组织信息公开成本，促进了捐助人与受助机构之间的信息交流。

四、第三方监测评估体系初成

2012年度，中国公益慈善行业的透明化建设形成的另一个成果，就是基于行业透明的第三方监测与评估体系初步形成。

中国公益慈善行业信息透明的独立第三方监测评估体系，起始于2009年中民慈善捐助信息中心发布第一份年度慈善透明报告——《2009年度中国慈善透明报告》，以及这个报告的建立的评估体系——中国公益慈善组织透明度评估体系。

去年，在我们继续发布第三个年度慈善透明报告的同时，财经媒体《福布斯》杂志中文版加入了第三方慈善透明监测评估行列，发布他们的监测结果——2011年度慈善基金会透明度榜单。

今年，第三方透明监测评估的路上，又增加了一家专业第三方机构，基金会中心网发布了他们的“中基透明指数”。至此，中国公益慈善组织信息透明的第三方监测评估体系初步形成了三足鼎立的局面。

这三家第三方机构，都建立起了自己的慈善透明指数标准体系，这三个标准既有很多共同之外，也有较大差异。由于标准不一，同样的组织，其透明指数在各个评估体系中结果也不一；因此，在求同存异的基础上，建立统一的、适合整个行业的慈善透明行业标准，就成为整个公益慈善行业发展的共同需要。

五、组织透明度大幅上升

“2012年度中国慈善透明指数”的结果显示，样本组织（500家）平均透明指数45.1分，与去年平均透明指数33分相比，原始分数提高了12.1分。将透明指数与去年进行同指标换算后，指数提高幅度达46%。这说明不但整个公益慈善组织的透明度继续增加，而且提高的速度比去年更快（去年与前年相比透明度只增长了4%）。在这350家连续监测组织中，慈善会、红十字会、其他社会团体、民办非企业单位这些透明度在2011年度不甚理想的几类组织，今年透明度都出现了不同幅度的改善。

六、公众满意度显著提高

和去年相比，今年公众对公益慈善组织信息公开状况的满意度有显著提高。

2011年进行调查时，92%的人表示不满意公益慈善组织的信息公开工作。通过一年的努力，2012年调查时表示不满意的人数下降到61%。

同时，有56%的人认为公益慈善组织的信息公开工作有进步，说明公益慈善组织这一年来的工作确实已见成效（见图1）。

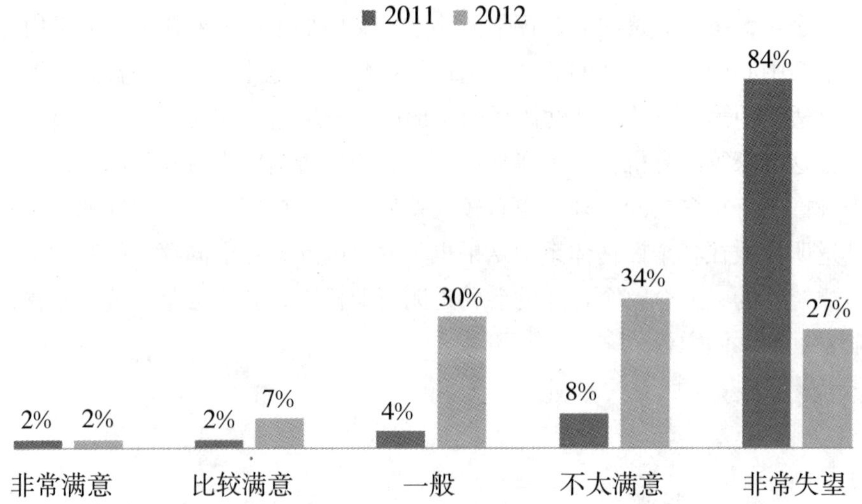

图1　社会公众对公益慈善组织信息公开满意度比较

第三部分　年度透明指数详述

一、2012年度中国慈善透明指数：45.1

以100分为满分，我们对500家样本组织的监测计算结果显示，2012年度中国公益慈善组织年度透明指数平均值为45.1。

500家公益慈善组织监测样本中，年度透明指数在80分以上（含80分）的组织有20家，占4%；年度透明指数在60分以上（含60分）80分以下的组织有82家，也就是说，60分以上的组织共计102家，占500家样本的20.4%；年度透明指数在60分以下的组织398家，占整个样本的79.6%，其中，年度透明指数在40分以上（含40分）60分以下的组织有236家。整体分布情况如表4所示。

表4　各分数段组织数量分布情况

分数区间	组织数量	比例
80—100	20	4.0%
60—80	82	16.4%
40—60	236	47.2%
20—40	106	21.2%
0—20	56	11.2%
总计	500	100%

二、组织透明度TOP20

在500家公益慈善组织样本中，年度透明指数在80分以上的20个组织，以基金会为主，仅一家民办非企业单位，没有社会团体（名单见表5）。

表5 监测样本内年度透明指数在80分以上的公益慈善组织

序号	类型	机构名称
1	非公募基金会	南都公益基金会
2	非公募基金会	上海真爱梦想公益基金会
3	公募基金会	中国残疾人福利基金会
4	非公募基金会	安利公益基金会
5	公募基金会	中华思源工程扶贫基金会
6	非公募基金会	友成企业家扶贫基金会
7	公募基金会	中华少年儿童慈善救助基金会
8	公募基金会	中国红十字基金会
9	非公募基金会	北京交通大学教育基金会
10	非公募基金会	心平公益基金会
11	公募基金会	中国人口福利基金会
12	非公募基金会	北京万通公益基金会
13	公募基金会	中国妇女发展基金会
14	公募基金会	中国扶贫基金会
15	公募基金会	爱德基金会
16	公募基金会	湖南省青少年发展基金会
17	民办非企业单位	北京恩玖非营利组织发展研究中心
18	公募基金会	中国儿童少年基金会
19	公募基金会	中国光华科技基金会
20	公募基金会	中国青少年发展基金会

三、年度透明度提升46%

（一）透明度快速增长

对今年年度慈善透明指数进行换算，结果为45.4分，去年年度慈善透明指数为31分，也就是说透明度比去年整体上增长46%。

与去年相比，不但整个行业的透明度提高，而且更多组织在透明度上有进步。其中，今年，透明指数达到80分以上公益慈善组织数，由去年的6家上升到今年的20家；在样本中的占比则由0.6%上升到4%；60分以上的组织，由82家上升到102家，比例由8.2%上升到20.4%。

（二）信息披露的及时性改进最显著

在今年公益慈善行业透明指数的四个维度中，有三个维度的提升幅度可以进行比较。其中，如表6数据所示，公益慈善组织在慈善信息公开的及时性方面改进最大，由去年的1.3分上升到2.9分，平均值上升123%；其次是信息的完整性也有较大的改进，平均值上升43%；易得性由去年的4.9分上升到7.0分，上升43%，也有很大进步。及时性与易得性的巨大提高改进，与一年中各组织格外重视互联网在信息公开中的作用有关。

表6　年度透明指数对比①

	2011年	2012年	增长率
总分	31	45.4	46%
完整性	24.8	35.5	43%
及时性	1.3	2.9	123%
易得性	4.9	7.0	43%

（三）治理信息和业务信息的透明提升最快

从信息透明公开的完整性内容方面来看，治理信息的改进最为明显，平均值由去年的27分上升到今年的50.7分，增长率为88%，进步巨大；其次是业务信息的公开上也有较大改进，平均值由去年的33分上升到今年的50.2分，增长52%。详见表7。

① 为进行合理对比，我们选择除去去年独有的准确性与今年新增的规范性，只保留完整性、及时性和易得性维度。将与去年相同的指标的分数按照去年的标准进行换算，各维度权重不变，财务信息仅保留会计报表指标，易得性仅保留官网指标。本报告中2011年与2012年的比较中，如无特殊说明，均使用换算后的分值。

表7 完整性分项指标增长情况（百分制）[①]

	2011年	2012年	增长率
基本信息	58.0	67.7	17%
治理信息	27.0	50.7	88%
业务信息	33.0	50.2	52%
财务信息	20.0	26.1	31%

在关键指标[②]方面，发布章程的组织比例由49.9%上升到80.2%，发布年度会计报表摘要的组织比例由27.6%下降到18.2%，但发布会计报表全文的组织比例由8%上升到17.4%。发布组织年度工作报告的组织比例由12.5%上升到30.8%（详见表8）。

表8 关键指标情况对比[③]

	发布章程组织		仅发布会计报表摘要组织		发布会计报表全文组织		发布年报组织	
	数量	比例	数量	比例	数量	比例	数量	比例
2011	499	49.9%	276	27.6%	80	8%	125	12.5%
2012	401	80.2%	91	18.2%	87	17.4%	154	30.8%

在350家连续监测组织样本中，有169家组织的透明指数与去年相比有所上升。基金会、慈善会和红十字会，都有近半数组织透明指数与去年相比有所上升。

表9 透明指数上升情况

	透明指数上升的组织数量	样本量
公募基金会	49	90
非公募基金会	24	50
慈善会	49	106

① 基本信息满分22分，治理信息满分18分，业务信息满分15分，财务信息满分15分。
② 关键指标包括组织章程，2011年会计报表，2011年年度报告。
③ 本报告监测时间段为2011年11月至2012年11月，监测数据收集截止日期为11月30日，监测方式为网络信息搜集。部分组织可能未在监测时间段内公布2011年度报告和会计报表，或未通过网络公布，因此监测结果和实际披露情况有一定差距。

续表

	透明指数上升的组织数量	样本量
红十字会	32	85
民办非企业	12	16
其他社团	3	3
总计	169	350

四、透明度改进TOP10

在500家样本组织中，年度透明指数增长幅度最大的为浙江省慈善总会。表10是连续监测样本内透明指数增幅最大的10家公益慈善组织，这10家组织在完整性、及时性和易得性三个维度上均有较大进步。去年这10家组织无一家及时公布年度报告，而今年有6家组织及时公布了年度报告（全文或摘要）。去年这10家组织仅3家公布了会计报表摘要，今年有7家公布了会计报表（全文或摘要）。在信息化建设方面，去年仅有4家组织有官方主页，今年这10家全部有自己的官方主页。

表格10　连续监测样本内透明指数增幅最大的10家公益慈善组织

排序	名称	类型	分数增幅
1	浙江省慈善总会	慈善会	49.5
2	上海乐群社工服务社	民办非企业	43
3	上海市民帮困互助基金会	公募基金会	41.5
4	北京交通大学教育基金会	非公募基金会	40
5	上海映绿公益事业发展中心	民办非企业	39
6	中远慈善基金会	非公募基金会	38
7	抚州市慈善总会	慈善会	30
8	辽阳市慈善总会	慈善会	30
9	淄博市慈善总会	慈善会	28
10	北京市朝阳区金羽翼残障儿童艺术康复服务中心	民办非企业	27.5

五、组织规模与透明度

（一）不同规模公募公益慈善组织透明度情况

我们发现，公益慈善组织的资金规模对透明度有明显的影响。

500家监测样本中，公募基金会、慈善会、红十字会、其他社团共374家，对于这5类组织，我们以2010年度捐赠收入[①]为衡量其资金规模的指标，来考查其规模与透明度之间的关系。我们发现，374家组织中，有44家组织的年捐赠收入过亿。

这44家年捐赠收入过亿的公益慈善组织，其年度透明指数平均值为56。其中，中国残疾人福利基金会、中国红十字基金会、中国妇女发展基金会等7家的组织年度透明指数超过80分（含80分）；年度透明指数超过60分（含60分）的18家；超过40分（含40分）的35家。

表11　2010年捐赠收入过亿组织透明指数排名前15

排名	机构名称
1	中国残疾人福利基金会
2	中国红十字基金会
3	中国妇女发展基金会
4	中国扶贫基金会
5	中国光华科技基金会
6	中国儿童少年基金会
7	中国青少年发展基金会
8	上海市慈善基金会
9	中华慈善总会
10	河南省慈善总会
11	中国红十字会总会
12	中国初级卫生保健基金会

① 抽样阶段为2011年8月至9月，公布2011年捐赠收入的组织数量较少，无法抽样，故选取2010年捐赠收入为指标。

续表

排名	机构名称
13	长沙慈善会
14	北京市慈善协会
15	中国宋庆龄基金会

以公募基金会为例，我们发现组织年度捐赠收入量与其透明度情况有明显的正相关关系，越是规模大的组织，越重视信息公开工作，透明度情况越好。

表12 不同规模捐赠收入的公募基金会透明度情况

捐赠收入	透明指数平均值	样本量
>1亿	65.2	19
5千万–1亿	56.5	25
1千万–5千万	49.6	69
<1千万	47.1	25
总计	52.6	138

（二）不同规模非公募公益慈善组织透明度情况

500家监测样本中，共有非公募基金会98家，民办非企业单位28家。考虑到非公募基金会在募捐特点与公益支出比例方面与公募基金会有较大差异，我们选择以非公募基金会的年度净资产作为衡量其资金规模的主要指标。126家样本非公募公益慈善组织中，净资产过亿的共有26家。

年度透明指数的结果表明，这26家净资产过亿的非公募基金会，其年度透明指数平均值为57.7分。其中，有15家年度透明指数在60分以上（含60分）；而南都公益基金会和友成企业家扶贫基金会，年度透明指数在80分以上。

表13 监测样本内净资产上亿的非公募基金会透明指数前15

排序	机构名称
1	南都公益基金会
2	友成企业家扶贫基金会

续表

排序	机构名称
3	中远慈善基金会
4	上海复旦大学教育发展基金会
5	广东省易方达教育基金会
6	南京大学教育发展基金会
7	北京大学教育基金会
8	华民慈善基金会
9	清华大学教育基金会
10	苏州大学教育发展基金会
11	宝钢教育基金会
12	中国人寿慈善基金会
13	老牛基金会
14	神华公益基金会
15	上海同济大学教育发展基金会

六、各组织类型年度透明指数

从整体情况看，公募基金会和非公募基金会年度透明指数接近，都明显好于慈善会和红十字会的表现。民非和其他社团的透明指数平均值很高，但两者的样本量总数只有48个。在抽取样本时，由于民非与其他社团的总样本量难以确定，我们只能选择知名度较高的组织进行监测，这些优秀的民非与其他社团的透明指数不能反映同类组织的整体真实情况。

表14　监测样本不同类型组织的年度透明指数情况

组织类型	年度透明指数平均值	样本量
公募基金会	52.6	138
非公募基金会	52.5	98
慈善会	35.4	124
红十字会	35.2	92
民办非企业单位	53.4	28

续表

组织类型	年度透明指数平均值	样本量
其他社团	50.5	20

（一）2012年度基金会透明指数：52.6

公募基金会与非公募基金会的年度透明指数基本相同，公募基金会在规范性维度上表现更好，非公募基金会在及时性维度上表现更好。

表15　监测样本基金会透明指数情况

	基金会	公募基金会	非公募基金会
年度透明指数平均值	52.6	52.6	52.5
完整性透明指数平均值	40.5	40.4	40.7
及时性透明指数平均值	3.6	3.4	4.1
易得性透明指数平均值	6.5	6.6	6.4
规范性透明指数平均值	1.9	2.2	1.4

去年名列基金会透明指数前20的组织，今年有12家仍然在前20之列，新上榜的组织包括：安利公益基金会、北京交通大学教育基金会、心平公益基金会、北京万通公益基金会、湖南省青少年发展基金会、爱德基金会、中国光华科技基金会、北京市企业家环保基金会。

表16　监测样本内基金会透明指数前20名

排序	机构名称	类型
1	南都公益基金会	非公募基金会
2	上海真爱梦想公益基金会	非公募基金会
3	中国残疾人福利基金会	公募基金会
4	安利公益基金会	非公募基金会
5	中华思源工程扶贫基金会	公募基金会
6	友成企业家扶贫基金会	非公募基金会
7	中华少年儿童慈善救助基金会	公募基金会
8	中国红十字基金会	公募基金会
9	北京交通大学教育基金会	非公募基金会

续表

排序	机构名称	类型
10	心平公益基金会	非公募基金会
11	中国人口福利基金会	公募基金会
12	北京万通公益基金会	非公募基金会
13	中国妇女发展基金会	公募基金会
14	中国扶贫基金会	公募基金会
15	爱德基金会	公募基金会
16	湖南省青少年发展基金会	公募基金会
17	中国儿童少年基金会	公募基金会
18	中国光华科技基金会	公募基金会
19	中国青少年发展基金会	公募基金会
20	北京市企业家环保基金会	非公募基金会

1. 2012年度公募基金会透明指数：52.6

本报告监测的公募基金会共138家，有44家公募基金会的年度透明指数高于60分（含60分），其中有12家在80分以上（含80分）。公募基金会与非公募基金会在年度透明指数平均值上非常接近，但公募基金会在及时性维度上的表现不如非公募基金会，而在规范性维度上的表现优于非公募基金会。

表17 监测样本内公募基金会透明指数情况

类型	总分	完整性	及时性	易得性	规范性	样本量
慈善会	35.4	26.3	2.0	5.1	2.0	124
非公募基金会	52.5	40.7	4.0	6.4	1.4	98
公募基金会	52.6	40.4	3.4	6.6	2.2	138
红十字会	35.2	26.6	1.9	5.5	1.2	92
民办非企业	53.4	40.5	4.1	7.6	1.1	28
其他社团	50.5	35.9	3.0	7.5	4.2	20
总计	45.1	34.2	2.9	6.1	1.8	500

在本报告监测的138家公募基金会中，有13家组织连续两年进入年度透明指数前20名。新入榜的组织有：爱德基金会、中国光华科技基金会、

上海宋庆龄基金会、上海市慈善基金会、江苏省儿童少年福利基金会、中国初级卫生保健基金会、北京京华公益事业基金会。

表18　监测样本内公募基金会透明指数前20名

排序	机构名称	地域
1	中国残疾人福利基金会	全国
2	中华思源工程扶贫基金会	全国
3	中华少年儿童慈善救助基金会	全国
4	中国红十字基金会	全国
5	中国人口福利基金会	全国
6	中国妇女发展基金会	全国
7	中国扶贫基金会	全国
8	爱德基金会	东部
9	湖南省青少年发展基金会	中部
10	中国儿童少年基金会	全国
11	中国光华科技基金会	全国
12	中国青少年发展基金会	全国
13	江苏省儿童少年福利基金会	东部
14	黑龙江省青少年发展基金会	中部
15	中华社会救助基金会	全国
16	上海宋庆龄基金会	东部
17	上海市慈善基金会	东部
18	中国初级卫生保健基金会	全国
19	北京京华公益事业基金会	东部
20	广东省妇女儿童基金会	东部

与2011年相比，公募基金会在及时性和完整性上都有明显的提升，在易得性上略有进步。年度透明指数增长幅度最大的前五名依次是：上海市民帮困互助基金会、上海市老年基金会、宁夏青少年发展基金会、上海市教育发展基金会、上海市慈善基金会。

表19　监测样本公募基金会透明指数增长情况①

	总分		完整性		及时性		易得性	
年份	2011	2012	2011	2012	2011	2012	2011	2012
公募基金会透明指数	38.6	53.4	31.6	42.5	1.8	3.3	5.2	7.5
增长率	38%		34%		83%		44%	

2. 2012年度非公募基金会透明指数：52.5

在本报告监测的98家非公募基金会中，有31家组织的年度透明指数高于60，其中7家组织在80以上。非公募基金会在完整性上的表现优于公募基金会，但在易得性维度上的表现略逊，而规范性维度的透明指数低于公募基金会、慈善会和其他社团。

表20　监测样本非公募基金会透明指数情况

类型	总分	完整性	及时性	易得性	规范性	样本量
慈善会	35.4	26.3	2.0	5.1	2.0	124
非公募基金会	52.5	40.7	4.0	6.4	1.4	98
公募基金会	52.6	40.4	3.4	6.6	2.2	138
红十字会	35.2	26.6	1.9	5.5	1.2	92
民办非企业	53.4	40.5	4.1	7.6	1.1	28
其他社团	50.5	35.9	3.0	7.5	4.2	20
总计	45.1	34.2	2.9	6.1	1.8	500

在本报告监测的98家非公募基金会中，有9家基金会连续两年进入年度透明指数前20名，有11家新上榜的组织，即：北京交通大学教育基金会、中远慈善基金会、广东省华南理工大学教育发展基金会、北京桂馨慈善基金会、腾讯公益慈善基金会、天津大学北洋教育发展基金会、北京市企业家环保基金会、北京市仁爱慈善基金会、上海复旦大学教育发展基金会、广东省易方达教育基金会、南京大学教育发展基金会。

① 本表数据为换算后数据

表21 监测样本内非公募基金会透明指数前20名

排序	机构名称	地域
1	南都公益基金会	全国
2	上海真爱梦想公益基金会	东部
3	安利公益基金会	全国
4	友成企业家扶贫基金会	全国
5	北京交通大学教育基金会	全国
6	心平公益基金会	全国
7	北京万通公益基金会	东部
8	北京市企业家环保基金会	东部
9	中远慈善基金会	全国
10	广东省华南理工大学教育发展基金会	东部
11	北京桂馨慈善基金会	东部
12	爱佑慈善基金会	全国
13	腾讯公益慈善基金会	全国
14	天津大学北洋教育发展基金会	东部
15	上海复旦大学教育发展基金会	东部
16	北京市仁爱慈善基金会	东部
17	广东省易方达教育基金会	东部
18	北京大学教育基金会	东部
19	南京大学教育发展基金会	东部
20	华民慈善基金会、	东部

与2011年相比，非公募基金会在及时性维度上的表现有很大提升，而在完整性和易得性上也有较大进步。其中透明指数增长幅度最大的前五名依次是：北京交通大学教育基金会、中远慈善基金会、亨通慈善基金会、心平公益基金会、华民慈善基金会。

表22　监测样本非公募基金会透明指数增长情况[①]

	总分		完整性		及时性		易得性	
	2011	2012	2011	2012	2011	2012	2011	2012
非公募基金会透明指数	37.7	53.1	31.4	41.6	1.4	4.1	4.9	7.5
增长率	41%		32%		193%		53%	

（二）2012年度社会团体透明指数

1. 2012年度慈善会透明指数：35.4

慈善会在完整性维度上较差，在规范性维度表现较好。在全部124家慈善会中，有11家的透明指数高于60分（含60分）。

表23　监测样本内慈善会透明指数情况

类型	总分	完整性	及时性	易得性	规范性	样本量
慈善会	35.4	26.3	2.0	5.1	2.0	124
非公募基金会	52.5	40.7	4.0	6.4	1.4	98
公募基金会	52.6	40.4	3.4	6.6	2.2	138
红十字会	35.2	26.6	1.9	5.5	1.2	92
民办非企业	53.4	40.5	4.1	7.6	1.1	28
其他社团	50.5	35.9	3.0	7.5	4.2	20
总计	45.1	34.2	2.9	6.1	1.8	500

在监测的124家慈善会中，有8家组织连续两年进入年度透明指数前20名[②]，新入榜的组织有13家，即：河南省慈善总会、长沙慈善会、天津市慈善协会、北京市朝阳区慈善协会、湖州市慈善总会、浙江省慈善总会、陕西省慈善总会、南京市慈善总会、重庆市慈善总会、江西省慈善总会、福州市慈善总会、山东省慈善总会、荆州市慈善总会。

① 本表数据为换算后数据。
② 荆州市慈善总会、山东省慈善总会、潍坊市慈善总会的透明指数相同。

表24 监测样本内慈善会透明指数前20名[①]

排序	机构名称	地域
1	中华慈善总会	全国
2	河南省慈善总会	中部
3	长沙慈善会	中部
4	北京市慈善协会	东部
5	天津市慈善协会	东部
6	宁波市慈善总会	东部
7	江苏省慈善总会	东部
8	北京市朝阳区慈善协会	东部
9	浙江省慈善总会	东部
10	南京市慈善总会	东部
11	湖州市慈善总会	东部
12	宝鸡市慈善总会	西部
13	陕西省慈善协会	西部
14	昆明市慈善总会	西部
15	重庆市慈善总会	西部
16	广东省慈善总会	东部
17	江西省慈善总会	中部
18	福州市慈善总会	东部
19	荆州市慈善总会	中部
20	山东省慈善总会	东部

与2011年相比，慈善会在完整性维度上的表现有很大进步。慈善会年度透明指数增长幅度最大的前五名依次是：浙江省慈善总会、抚州市慈善总会、辽阳市慈善总会、淄博市慈善总会、河南省慈善总会。

① 潍坊市慈善总会。

表25　监测样本慈善会透明指数增长情况[①]

	总分		完整性		及时性		易得性	
	2011	2012	2011	2012	2011	2012	2011	2012
慈善会透明指数	24.1	35.1	17.0	27.0	1.7	2.0	5.4	6.1
增长率	46%		59%		18%		13%	

2. 2012年度红十字会透明指数：35.2

红十字会在易得性上的表现略优于慈善会，可能得益于红十字会系统的信息平台建设。在本报告监测的92家红十字会中，有75家有官方网站。

表26　监测样本红十字会透明指数情况

类型	总分	完整性	及时性	易得性	规范性	样本量
慈善会	35.4	26.3	2.0	5.1	2.0	124
非公募基金会	52.5	40.7	4.0	6.4	1.4	98
公募基金会	52.6	40.4	3.4	6.6	2.2	138
红十字会	35.2	26.6	1.9	5.5	1.2	92
民办非企业	53.4	40.5	4.1	7.6	1.1	28
其他社团	50.5	35.9	3.0	7.5	4.2	20
总计	45.1	34.2	2.9	6.1	1.8	500

本次调查监测的红十字会共92家，其中透明指数高于60分的共两家。有7家红十字会连续两年进入透明指数前20名，新上榜的红十字会有14家[②]，即：上海市红十字会、郑州市红十字会、甘肃省红十字会、大同红十字会、厦门市红十字会、宜宾市红十字会、河北省红十字会、长沙市红十字会、青海省红十字会、江苏省红十字会、广西省红十字会、宁夏回族自治区红十字会、呼和浩特市红十字会、舟山市红十字会。

① 本表数据为换算后数据。
② 荆州市慈善总会、山东省慈善总会、潍坊市慈善总会的透明指数相同。

表27 监测样本内红十字会透明指数前20名

排序	机构名称	地域
1	中国红十字会总会	全国
2	上海市红十字会	东部
3	郑州市红十字会	中部
4	成都市红十字会	西部
5	甘肃省红十字会	西部
6	大同红十字会	中部
7	珠海市红十字会	东部
8	中山市红十字会	东部
9	云南省红十字会	西部
10	广东省红十字会	东部
11	厦门市红十字会	东部
12	宜宾市红十字会	西部
13	河北省红十字会	东部
14	长沙市红十字会	西部
15	陕西省红十字会	西部
16	青海省红十字会	西部
17	江苏省红十字会	东部
18	广西省红十字会	西部
19	宁夏回族自治区红十字会	西部
20	呼和浩特市红十字会①	西部
21	舟山市红十字会	东部

红十字会虽然整体表现不如其他组织，但及时性维度和易得性维度的表现有明显提升。透明指数增长幅度最大的前五名依次是：济南市红十字会、内蒙古自治区红十字会、上海市红十字会、湖北省红十字会、江苏省红十字会。

① 呼和浩特市红十字会与舟山市红十字会透明指数相同。

表28　监测样本红十字会透明指数增长情况①

	总分		完整性		及时性		易得性	
	2011	2012	2011	2012	2011	2012	2011	2012
红十字会透明指数	30.2	35.4	24.8	26.9	0.9	1.9	4.5	6.5
增长率	17%		8%		111%		44%	

3. 2012年度其他社会团体透明指数：50.5

由于其他社团的研究总体难以确定，加之掌握的捐赠信息有限，使得此类组织样本容量较小，故本次研究抽样的20家其他类社会团体均为知名度较高的组织，对于还有多少接受较多捐赠但我们未掌握相关信息的其他社团，我们不得而知。就本次研究的20家其他类社会团体而言，其透明度情况表现良好（详见表29）。

表29　监测样本其他社团透明指数情况

类型	总分	完整性	及时性	易得性	规范性	样本量
慈善会	35.4	26.3	2.0	5.1	2.0	124
非公募基金会	52.5	40.7	4.0	6.4	1.4	98
公募基金会	52.6	40.4	3.4	6.6	2.2	138
红十字会	35.2	26.6	1.9	5.5	1.2	92
民办非企业	53.4	40.5	4.1	7.6	1.1	28
其他社团	50.5	35.9	3.0	7.5	4.2	20
总计	45.1	34.2	2.9	6.1	1.8	500

表30　监测样本其他社团透明指数排名前5

排序	机构名称	地域
1	青海格桑花教育救助会	西部
2	广东省汉达康福协会	东部
3	中国国际民间组织促进会	全国
4	中国狮子联会	全国
5	贵州省扶贫助学促进会	西部

① 本表数据为换算后数据。

（三）2012年度民办非企业单位透明指数：53.4

和其他类社会团体一样，民办非企业单位由于研究总体难以确定，捐赠接受信息掌握有限，此类组织样本容量较小，本次研究的28家组织多为业内较为知名的组织，尤其以民间背景的组织为多，对于还有多少接受较多捐赠但我们未掌握相关信息的民办非企业单位，我们不得而知。此次研究的28家民办非企业单位，信息公开工作表现优秀，排名前11的民办非企业单位透明指数都在60分以上（含60分），一家组织透明指数高于80分，这也一定程度反映出，民间背景的知名公益慈善组织透明度情况表现较好。

表31　监测样本民办非企业单位透明指数情况①

类型	总分	完整性	及时性	易得性	规范性	样本量
慈善会	35.4	26.3	2.0	5.1	2.0	124
非公募基金会	52.5	40.7	4.0	6.4	1.4	98
公募基金会	52.6	40.4	3.4	6.6	2.2	138
红十字会	35.2	26.6	1.9	5.5	1.2	92
民非	53.4	40.5	4.1	7.6	1.1	28
其他社团	50.5	35.9	3.0	7.5	4.2	20
总计	45.1	34.2	2.9	6.1	1.8	500

民办非企业单位透明指数情况的另一个特点是，全国性组织透明指数明显低于地方性组织。这与目前大部分民间背景的公益慈善组织为地方注册有一定关系。

表32　监测样本内民办非企业单位透明指数前5名

排序	机构名称	地域
1	北京恩玖非营利组织发展研究中心	东部
2	北京百年农工子弟职业学校	东部
3	上海乐群社工服务社	东部
4	北京市朝阳区金羽翼残障儿童艺术康复服务中心	东部
5	北京市大兴区蒲公英中学	东部

① 本表数据为换算后数据。

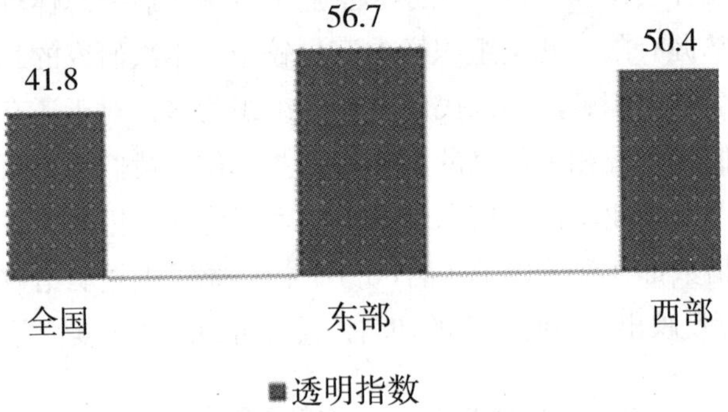

图2 不同地域民办非企业单位透明指数情况

本次报告调查在抽样时，考虑到不同组织的捐赠收入，最终抽取的民办非企业单位仅28家，而且是比较知名的组织，故透明指数较2011年有极大提升。其中透明指数增长幅度最大的前五名依次是：上海乐群社工服务社、上海映绿公益事业发展中心、北京市朝阳区金羽翼残障儿童艺术康复服务中心、北京市东城区社区参与行动服务中心、北京百年农工子弟职业学校、西安慧灵智障人士服务工作站①。

表33 监测样本民办非企业单位透明指数增长情况

	总分		完整性		及时性		易得性	
	2011	2012	2011	2012	2011	2012	2011	2012
民办非企业单位透明指数	34.8	54.5	17.0	42.8	0.6	4.1	4.0	7.6
增长率	57%		152%		583%		90%	

七、透明指数地域分析

500家监测样本组织的透明指数结果显示，全国性公益慈善组织的透明指数明显高于地方性公益慈善组织。在地方性组织中，东部公益慈善组织的透明指数要高于中部和西部的公益慈善组织。

① 百年职校与西安慧灵透明指数增幅相同。

表34　地域透明指数

	全国性	东部	中部	西部	总计
样本量	95	238	76	91	500
透明指数平均值	57.6	45.7	35.0	38.6	45.1

（一）全国性组织透明指数情况

在95家全国性公益慈善组织中，有40家组织的透明指数高于60分（含60分），有15家组织的透明指数在80分以上（含80分）。全国性组织在四个维度的趋势都与地方性组织相同，但表现都好于地方性组织。

表35　监测样本内全国性公益慈善组织透明指数前20

排序	机构名称	类型
1	南都公益基金会	非公募基金会
2	中国残疾人福利基金会	公募基金会
3	安利公益基金会	非公募基金会
4	中华思源工程扶贫基金会	公募基金会
5	友成企业家扶贫基金会	公募基金会
6	中华少年儿童慈善救助基金会	非公募基金会
7	中国红十字基金会	公募基金会
8	北京交通大学教育基金会	非公募基金会
9	心平公益基金会	非公募基金会
10	中国人口福利基金会	公募基金会
11	中国妇女发展基金会	公募基金会
12	中国扶贫基金会	公募基金会
13	中国儿童少年基金会	公募基金会
14	中国光华科技基金会	公募基金会
15	中国青少年发展基金会	公募基金会
16	中华社会救助基金会	公募基金会
17	中远慈善基金会	非公募基金会
18	中华慈善总会	慈善会

续表

排序	机构名称	类型
19	中国红十字会总会	红十字会
20	中国初级卫生保健基金会	公募基金会

（二）地方性组织透明指数情况

地方性组织共405家，其中62家组织的透明指数高于60分（含60分），前5名组织的透明指数在80分以上。

表36　监测样本内地方性组织年度透明指数前5名

序号	机构名称	类型	地域
1	上海真爱梦想公益基金会	非公募基金会	东部
2	北京万通公益基金会	非公募基金会	东部
3	爱德基金会	公募基金会	中部
4	湖南省青少年发展基金会	公募基金会	东部
5	北京恩玖非营利组织发展研究中心	民办非企业单位	东部

表37　地域透明指数情况

	总分	完整性	及时性	易得性	规范性
全国性组织	57.6	43.3	3.7	7.1	3.4
地方性组织	42.1	32.1	2.7	5.9	1.4

1. 东部透明指数

东部是监测样本最多的地区，共包含238家公益慈善组织。其中有52家组织透明指数高于60分（含60分），有4家组织透明指数在80分以上。

表38　东部透明指数情况

	总分	完整性	及时性	易得性	规范性
地方性组织	42.1	32.1	2.7	5.9	1.4
东部	45.7	34.8	3.4	6.2	1.5

与2011年相比，2012年东部前20名中民办非企业单位增多。

表39 监测样本内东部公益慈善组织透明指数前20

排序	机构名称	类型
1	上海真爱梦想公益基金会	非公募基金会
2	北京万通公益基金会	非公募基金会
3	爱德基金会	公募基金会
4	北京恩玖非营利组织发展研究中心	民办非企业单位
5	北京市企业家环保基金会	非公募基金会
6	江苏省儿童少年福利基金会	公募基金会
7	上海宋庆龄基金会	公募基金会
8	上海市慈善基金会	公募基金会
9	广东省华南理工大学教育发展基金会	非公募基金会
10	北京百年农工子弟职业学校	民办非企业单位
11	上海乐群社工服务社	民办非企业单位
12	北京京华公益事业基金会	公募基金会
13	广东省妇女儿童基金会	公募基金会
14	北京桂馨慈善基金会	非公募基金会
15	北京青少年发展基金会	公募基金会
16	北京市慈善协会	慈善会
17	江苏省发展体育基金会	公募基金会
18	天津市慈善协会	慈善会
19	天津大学北洋教育发展基金会	非公募基金会
20	北京市朝阳区金羽翼残障儿童艺术康复服务中心	民办非企业单位

2. 中部透明指数

在监测样本包含的76家中部公益慈善组织中，有5家组织透明指数高于60分，1家组织透明指数在80分以上。

表40 中部透明指数情况

	总分	完整性	及时性	易得性	规范性
地方性组织	42.7	32.1	2.7	5.9	1.4
中部	35.0	27.0	1.8	4.8	1.4

表41　监测样本内中部公益慈善组织透明指数前20

排序	机构名称	类型
1	湖南省青少年发展基金会	公募基金会
2	黑龙江省青少年发展基金会	公募基金会
3	河南省慈善总会	慈善会
4	长沙慈善会	慈善会
5	长江大学教育发展基金会	非公募基金会
6	郑州市红十字会	红十字会
7	河南省残疾人福利基金会	公募基金会
8	江西省慈善总会	慈善会
9	荆州市慈善总会	慈善会
10	武汉大学教育发展基金会	非公募基金会
11	大冶市慈善总会	慈善会
12	吉林省慈善总会	慈善会
13	安徽大学教育基金会	非公募基金会
14	大同红十字会	红十字会
15	长沙市青少年发展基金会	公募基金会
16	安徽省青少年发展基金会	公募基金会
17	江西省青少年发展基金会	公募基金会
18	湖北省慈善总会	慈善会
19	安徽韩再芬黄梅艺术基金会	非公募基金会
20	黑龙江省慈善总会	慈善会

3. 西部透明指数

在监测样本包含的91家西部公益慈善组织中，有5家组织透明指数高于60分（含60分），无一家组织透明指数在80分以上。

表42　西部透明指数情况

	总分	完整性	及时性	易得性	规范性
地方性组织	42.7	32.1	2.7	5.9	1.4
西部	38.6	29.4	1.9	5.9	1.5

表43 监测样本内西部公益慈善组织透明指数前20

排序	机构名称	类型
1	青海格桑花教育救助会	其他社团
2	宁夏青少年发展基金会	公募基金会
3	兰州慧灵智障人士服务中心	民办非企业单位
4	老牛基金会	非公募基金会
5	西安市碑林区拉拉手特殊教育中心	民办非企业单位
6	宝鸡市慈善总会	慈善会
7	南宁市西乡塘区安琪之家康复教育活动中心	民办非企业单位
8	成都市红十字会	红十字会
9	陕西省慈善协会	慈善会
10	昆明市慈善总会	慈善会
11	贵州省扶贫助学促进会	其他社团
12	云南大益爱心基金会	非公募基金会
13	重庆市慈善总会	慈善会
14	云南省青少年发展基金会	公募基金会
15	广西红十字基金会	公募基金会
16	甘肃省红十字会	红十字会
17	四川省扶贫开发协会	其他社团
18	西安交通大学教育基金会	公募基金会
19	重庆大学教育基金会	非公募基金会
20	云南省红十字会	红十字会

八、分项透明指数

《中国公益慈善组织透明度评估体系》包括四个分析维度，即：完整性（56个指标，满分70）、及时性（3个指标，满分10）、易得性（8个指标，满分10）、规范性（7个指标，满分10）。

500家监测样本透明指数分析结果显示，在这四个维度中，易得性和完整性表现较好，而及时性和规范性较差。

表44 各维度透明度情况

	完整性	及时性	易得性	规范性
透明指数平均值	34.2	2.9	6.1	1.8
百分制透明指数平均值	48.9	29	61	18

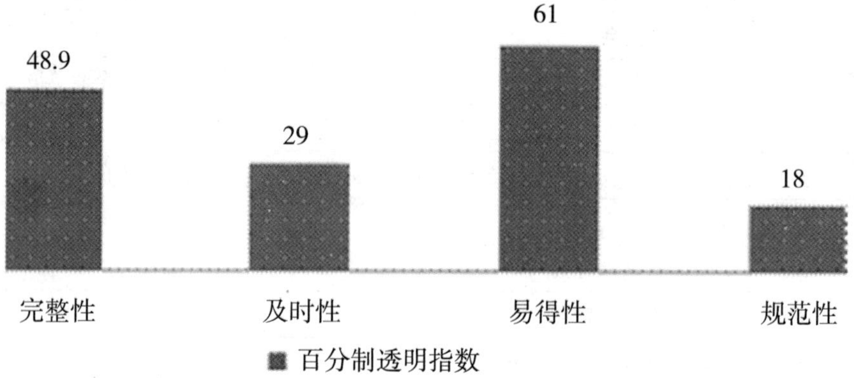

图3 透明指数的四个维度

（一）完整性透明指数

完整性维度包括基本信息（满分22）、治理信息（满分18）、业务信息（满分15）和财务信息（满分15）四部分，其中基本信息公开情况最好，治理信息的公开情况有明显改善，财务信息公开情况仍然相对较差。

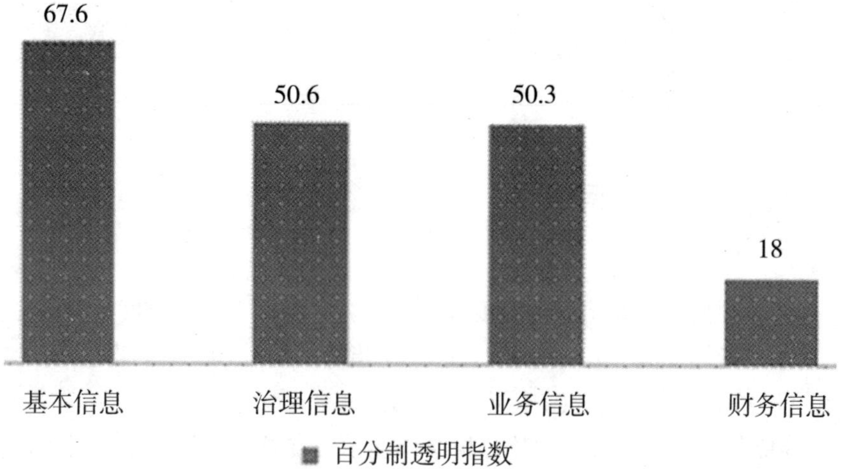

图4 完整性维度透明情况

在完整性维度上，考虑到样本量的影响，不同类型组织之间透明程度相近，基金会、其他社团和民非组织的表现较好。差距主要在于基本信息和治理信息的公开。

表45 监测样本透明指数完整性平均值

机构类型	完整性平均值
公募基金会	40.4
非公募基金会	40.7
慈善会	26.3
红十字会	26.6
民办非企业单位	40.5
其他社团	35.9

表46 监测样本各类组织完整性维度透明情况

机构类型	基本信息	治理信息	业务信息	财务信息
公募基金会	17.9	11.4	7.1	4.0
非公募基金会	17.3	10.5	9.4	3.4
慈善会	10.4	7.3	6.8	1.8
红十字会	13.6	6.1	6.5	0.6
民办非企业单位	15.5	9.9	10.1	5.1
其他社团	14.9	10.5	7.8	2.6

表47 监测样本完整性透明指数得分前20

排序	机构名称	类型	地域
1	南都公益基金会	非公募基金会	全国
2	中华思源工程扶贫基金会	公募基金会	全国
3	上海真爱梦想公益基金会	非公募基金会	东部
4	安利公益基金会	非公募基金会	全国
5	北京恩玖非营利组织发展研究中心	民办非企业单位	东部
6	北京交通大学教育基金会	非公募基金会	全国

续表

排序	机构名称	类型	地域
7	心平公益基金会	非公募基金会	全国
8	江苏省儿童少年福利基金会	公募基金会	东部
9	中国残疾人福利基金会	公募基金会	全国
10	中华少年儿童慈善救助基金会	公募基金会	全国
11	友成企业家扶贫基金会	非公募基金会	全国
12	黑龙江省青少年发展基金会	公募基金会	中部
13	北京市企业家环保基金会	非公募基金会	东部
14	中国人口福利基金会	公募基金会	全国
15	中远慈善基金会	非公募基金会	全国
16	北京万通公益基金会	非公募基金会	东部
17	中国红十字基金会	公募基金会	全国
18	中国妇女发展基金会	公募基金会	全国
19	中国青少年发展基金会	公募基金会	全国
20	北京京华公益事业基金会	公募基金会	东部

1. 基本信息透明指数

表48　监测样本的基本信息透明情况（统一换算为百分制）

	基本信息	治理信息	业务信息	财务信息
透明指数平均值	67.6	50.6	50.3	18

在完整性维度中，基本信息是组织透明程度相对较高的部分。

表49　各类组织基本信息透明情况

基本信息	透明指数
公募基金会	17.9
非公募基金会	17.3
慈善会	10.4
红十字会	13.6
民办非企业单位	15.5
其他社团	14.9

在“基本信息”的披露方面，在500家监测组织中，最高分为满分22分，共20家，都是基金会。

表50　监测样本内基本信息得分为满分的公益慈善组织

机构名称	类型	地域
南都公益基金会	非公募基金会	全国
中华思源工程扶贫基金会	公募基金会	全国
北京交通大学教育基金会	非公募基金会	全国
心平公益基金会	非公募基金会	全国
中国残疾人福利基金会	公募基金会	全国
中华少年儿童慈善救助基金会	公募基金会	全国
中国人口福利基金会	公募基金会	全国
北京万通公益基金会	非公募基金会	东部
中国红十字基金会	公募基金会	全国
中国青少年发展基金会	公募基金会	全国
广东省妇女儿童基金会	公募基金会	东部
爱德基金会	公募基金会	东部
中国光华科技基金会	公募基金会	全国
中国华侨公益基金会	公募基金会	全国
广东省易方达教育基金会	非公募基金会	东部
南京大学教育发展基金会	非公募基金会	东部
山东省青少年发展基金会	公募基金会	东部
山东省教育基金会	公募基金会	东部
青岛市教育发展基金会	公募基金会	东部
中国发展研究基金会	公募基金会	全国

2. 治理信息透明指数

表51　监测样本治理信息透明情况（统一换算为百分制）

	基本信息	治理信息	业务信息	财务信息
透明指数平均值	67.6	50.6	50.3	18

“治理信息”方面，500家监测组织中，有5家获得满分18分，有23家未得分。很多组织缺少或没有公开内部管理制度。

表52 监测样本内治理信息满分的公益慈善组织

机构名称	类型	地域
中华思源工程扶贫基金会	公募基金会	全国
中国残疾人福利基金会	公募基金会	全国
中华少年儿童慈善救助基金会	公募基金会	全国
中国青少年发展基金会	公募基金会	全国
友成企业家扶贫基金会	非公募基金会	全国

3. 业务信息透明指数

表53 监测样本业务信息透明情况（统一换算为百分制）

	基本信息	治理信息	业务信息	财务信息
透明指数平均值	67.6	50.6	50.3	18

“业务信息”方面，包括募捐信息、日常捐赠信息和项目信息。在240家公开了募捐信息的组织中，仅7家公开了募捐项目的财务预算，也仅7家公开了募捐项目的财务决算。在459个提供了项目信息的组织中，仅123家公开了项目资金使用计划。

500家监测组织中，有9家获得满分15分，有19家得0分。

表54 监测样本内业务信息得分为满分的公益慈善组织

机构名称	类型	地域
南都公益基金会	非公募基金会	全国
纺织之光科技教育基金会	非公募基金会	全国
香江社会救助基金会	非公募基金会	全国
中远慈善基金会	非公募基金会	全国
腾讯公益慈善基金会	非公募基金会	全国
北京瓷娃娃罕见病关爱中心	民办非企业单位	东部
北京宏昆基金会	非公募基金会	东部

续表

机构名称	类型	地域
安利公益基金会	非公募基金会	全国
中国人寿慈善基金会	非公募基金会	全国

4. 财务信息透明指数

表55 监测样本财务信息透明度情况（统一换算为百分制）

	基本信息	治理信息	业务信息	财务信息
透明指数平均值	67.6	50.6	50.3	18

在500家监测组织中，有182家组织以不同形式公开了财务信息，有178家组织公布了其组织年度财务报告全文或摘要，有29家组织公布了会计报表附注，有27家组织公布了财务情况说明书。其中有19家组织在财务信息方面获得满分。

表56 监测样本财务信息透明指数满分的组织

机构名称	类型	地域
南都公益基金会	非公募基金会	全国
安利公益基金会	非公募基金会	全国
上海真爱梦想公益基金会	非公募基金会	东部
北京市仁爱慈善基金会	非公募基金会	东部
北京百年农工子弟职业学校	民办非企业单位	东部
广东省华南理工大学教育发展基金会	非公募基金会	东部
中华思源工程扶贫基金会	公募基金会	全国
北京市大兴区蒲公英中学	民办非企业单位	东部
北京交通大学教育基金会	非公募基金会	东部
江苏省儿童少年福利基金会	公募基金会	东部
黑龙江省青少年发展基金会	公募基金会	中部
北京京华公益事业基金会	公募基金会	东部
北京青少年发展基金会	公募基金会	东部
江苏省发展体育基金会	公募基金会	西部
北京市企业家环保基金会	非公募基金会	东部

续表

机构名称	类型	地域
宁夏青少年发展基金会	公募基金会	西部
广东省易方达教育基金会	非公募基金会	东部
福建新华都慈善基金会	非公募基金会	东部
上海乐群社工服务社	民办非企业单位	东部

（二）及时性透明指数

“及时性”维度包括3个指标，满分10分，对项目报告、日常捐赠和财务报告的发布时间进行了考察。

在监测的500家样本中，及时性维度得满分的组织有22家。

表57　监测样本内及时性透明指数满分的组织

机构名称	类型	地域
上海真爱梦想公益基金会	非公募基金会	东部
中国残疾人福利基金会	公募基金会	全国
友成企业家扶贫基金会	非公募基金会	全国
中华少年儿童慈善救助基金会	公募基金会	全国
爱德基金会	公募基金会	东部
湖南省青少年发展基金会	公募基金会	中部
中国儿童少年基金会	公募基金会	全国
中国光华科技基金会	公募基金会	全国
中国青少年发展基金会	公募基金会	全国
中华社会救助基金会	公募基金会	全国
青海格桑花教育救助会	其他社团	西部
广东省华南理工大学教育发展基金会	非公募基金会	东部
中国红十字会总会	红十字会	全国
北京桂馨慈善基金会	非公募基金会	东部
北京青少年发展基金会	公募基金会	东部
爱佑慈善基金会	非公募基金会	全国
北京市仁爱慈善基金会	非公募基金会	东部

续表

机构名称	类型	地域
北京瓷娃娃罕见病关爱中心	民办非企业单位	东部
北京慈弘慈善基金会	非公募基金会	全国
长江大学教育发展基金会	非公募基金会	中部
北京市残疾人福利基金会	公募基金会	东部
浙江省新华爱心教育基金会	非公募基金会	东部

（三）易得性透明指数

“易得性”维度考察组织是否提供了安排合理的官方网站以及是否利用了微博平台。

在500家监测组织中，有436家组织有机构主页（包括自建与第三方平台），有125家组织开通了微博。有机构主页的组织的透明程度明显高于没有建设机构主页的组织。

表58　监测样本机构主页与年度透明指数

	有机构主页的组织	无机构主页的组织
样本量	436	64
年度透明指数平均值	49.3	16.4

易得性虽然仅占10分，但对组织年度透明指数起到一定程度的指示作用，并能够反映组织的信息公开工作的综合实力。如图5所示，易得性分数较高的组织，年度透明指数也较高。[1]

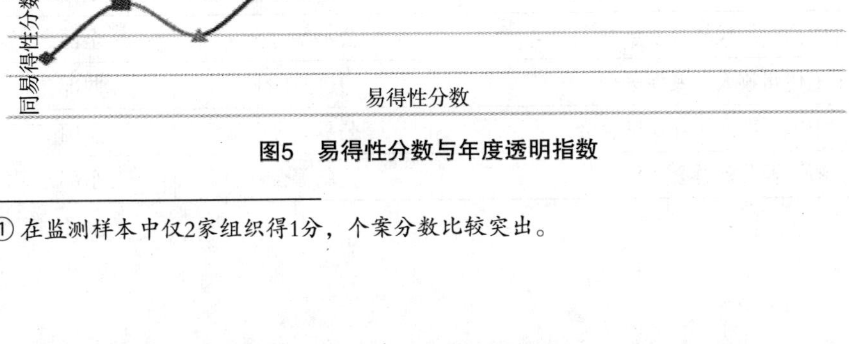

图5　易得性分数与年度透明指数

① 在监测样本中仅2家组织得1分，个案分数比较突出。

在500个监测样本中，有27家组织在易得性维度上获得满分。

表59　监测样本内易得性满分的公益慈善组织

机构名称	类型	地域
友成企业家扶贫基金会	非公募基金会	全国
爱佑慈善基金会	非公募基金会	全国
中国残疾人福利基金会	公募基金会	全国
中华少年儿童慈善救助基金会	公募基金会	全国
中国光华科技基金会	公募基金会	全国
中国儿童少年基金会	公募基金会	全国
中国红十字会总会	红十字会	全国
中国青少年发展基金会	公募基金会	全国
湖南省青少年发展基金会	公募基金会	中部
中华社会救助基金会	公募基金会	全国
中国红十字基金会	公募基金会	全国
安利公益基金会	非公募基金会	全国
北京百年农工子弟职业学校	民办非企业单位	东部
中国人口福利基金会	公募基金会	全国
中国扶贫基金会	公募基金会	全国
中国绿化基金会	公募基金会	全国
河南省慈善总会	慈善会	中部
南都公益基金会	非公募基金会	全国
北京交通大学教育基金会	非公募基金会	全国
中国宋庆龄基金会	公募基金会	全国
华益助弱服务中心	民办非企业单位	东部
中国初级卫生保健基金会	公募基金会	全国
中华健康快车基金会	公募基金会	全国
中国下一代教育基金会	公募基金会	全国
玉树州牧人发展促进会	其他社团	西部
中国西部人才开发基金会	公募基金会	全国
浙江省慈善总会	慈善会	东部

（四）规范性透明指数

“规范性”维度是考察组织信息公布制度的内容以及信息公布岗位设置。在500家监测样本中，有17家组织在规范性上是满分。有10家组织在信息公开时没有兼顾对信息相关权益人的保护，主要是缺少对捐赠人信息的保护。

表60　监测样本内规范性满分的公益慈善组织

机构名称	类型	地域
中国儿童少年基金会	公募基金会	全国
中国红十字基金会	公募基金会	全国
中国扶贫基金会	公募基金会	全国
河南省慈善总会	慈善会	中部
爱德基金会	公募基金会	东部
陕西省慈善协会	慈善会	西部
四川省慈善总会	慈善会	西部
郑州市红十字会	红十字会	中部
中华慈善总会	慈善会	全国
北京市慈善协会	慈善会	东部
成都市红十字会	红十字会	西部
天津市慈善协会	慈善会	东部
宁波市慈善总会	慈善会	东部
潍坊市慈善总会	慈善会	东部
昆明市慈善总会	慈善会	西部
长沙慈善会	慈善会	中部
河北省慈善总会	慈善会	东部

第四部分　公众满意度

公众满意度调查一直是我们年度“中国慈善透明报告”的重要组成部分。2012年的公众调查，仍然采取网络问卷的调查方式，反映了网民对中国当前公益慈善组织的关注度和满意度，是中国公益慈善行业透明度的另一角度呈现。

2012年年度报告对公众满意度的网络调查，主要通过中国公益慈善网、门户网站（新浪公益、网易公益、腾讯公益、搜狐公益），以及微博平台发放问卷。调查时间为8月30日至10月15日，参与调查的公众1600多人，其中有效调查问卷416份。

一、重视度或关注度的变化分析

网络问卷调查结果显示，74%的受访者自认对公益慈善组织的工作抱有关注，7%的受访者表示对公益慈善事业完全不关注。随着公益慈善在公众社会生活中的影响力的不断扩大，越来越多的人开始或主动或被动地关注公益慈善工作信息。

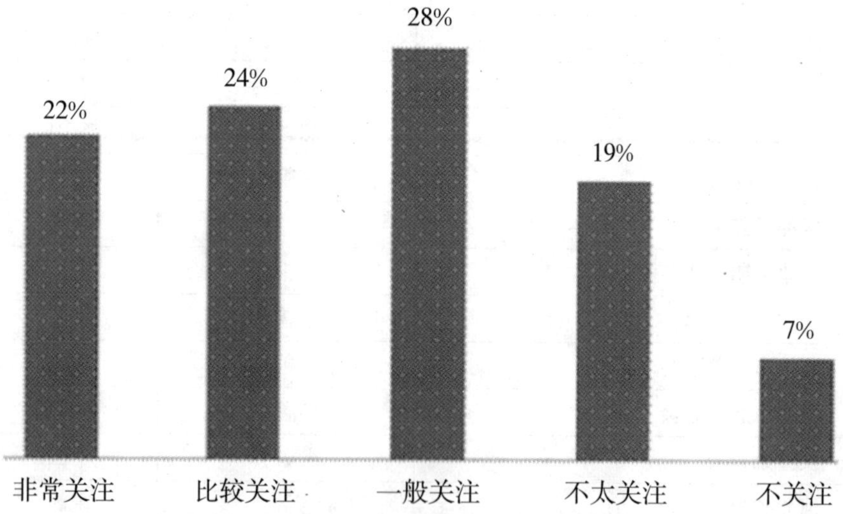

图6　社会公众对公益慈善组织信息公开的关注度

很关注公益慈善组织信息公开工作的受访者由2011年的64%下降到46%，这可能是因为2011年的“问责风暴”等事件吸引了大量公众注意，2012年虽然也有一些引人注目的涉及公益透明的事件，但影响力相对较小。2012年整体的公众关注度基本接近2010年的水平。

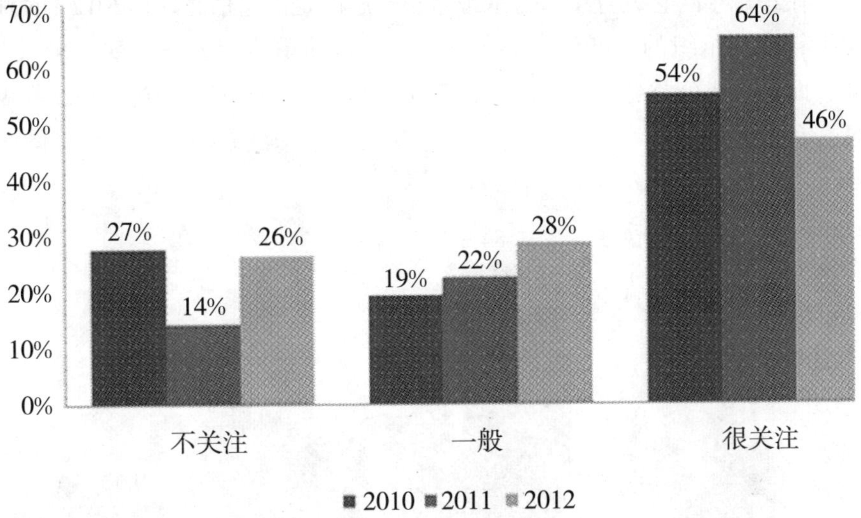

图7　2010–2012年公众对公益慈善组织信息公开的关注度变化

二、关注内容的变化分析

2012年的调查结果显示，社会公众对公益慈善组织的业务信息尤其关注。有76%受访者表示自己对公益慈善组织的业务信息比较关注，分别有45%和47%的受访者关注财务信息和基本信息，有35%受访者关注公益慈善组织的治理信息。

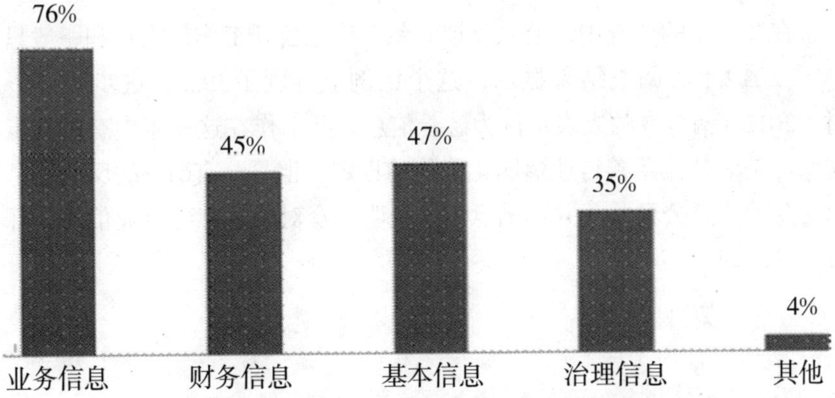

图8　社会公众对公益慈善组织信息所关注的问题

在2011年问卷调查中，公众最希望了解的是财务信息，而2012年关注焦点转向了组织的业务信息。公众已经不是简单质疑公益善款的来源去向，而是关注公益慈善组织的具体工作内容，希望了解公益慈善组织在做什么和怎么做。

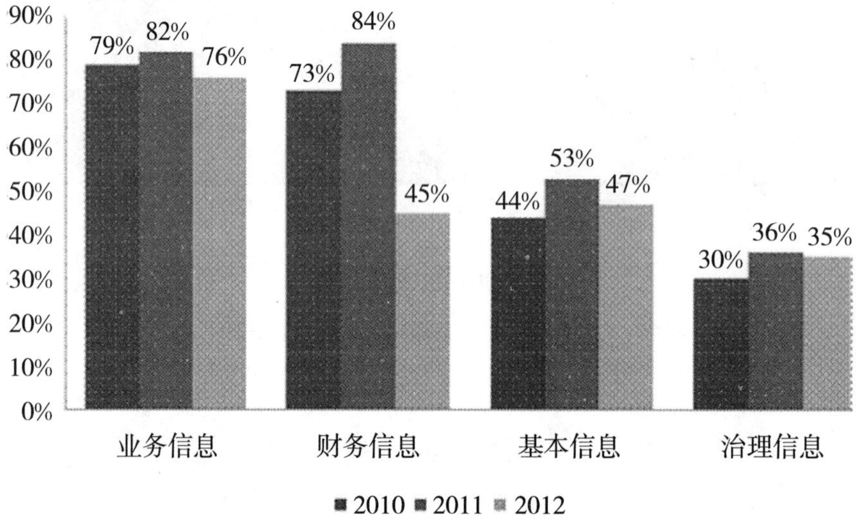

图9　公众对公益慈善组织所关注的问题的变化

三、满意度的分析说明

在2011年的调查中，公众反馈对慈善信息公开工作的满意和一般只占8%，2012年的调查结果显示，这个比例上升到了39%，进步巨大。同时，2012年有56%的人表示认为慈善信息公开工作在这一年中有所进步。这些都是对公益慈善行业透明化工作的肯定。但是，有61%的反馈信息表示对慈善信息公开状况并不满意，这说明公众对公益慈善行业信息公开有着很高的期待。

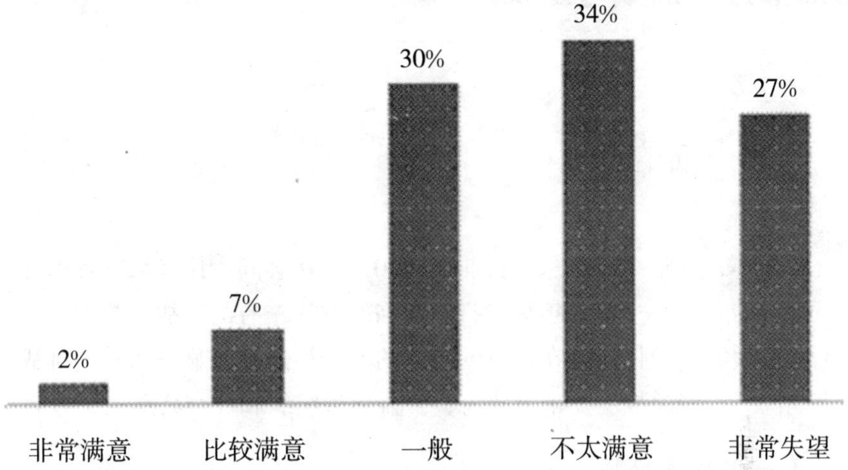

图10 公众对公益慈善组织信息公开的满意度

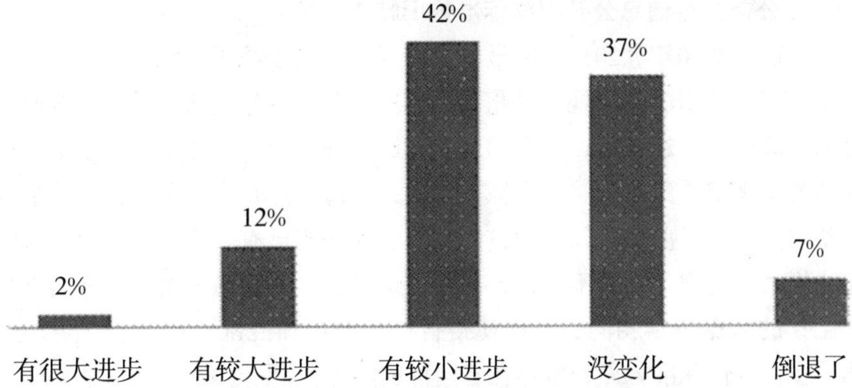

图11 社会公众对公益慈善组织信息公开的评价

对关注慈善的那74%的公众反馈展开进一步的研究，其中64.7%的人认为公益慈善组织信息公开状况在这一年有所进步，比例高于总体样本。对当前情况不满意的人占57.2%，比例低于总体样本。关注慈善事业的公众更能够看到公益慈善行业信息公开工作的进步。

第五部分 挑战与建议

一、面临的挑战

2012年，是整个公益慈善行业经历2011年社会问责风暴后苦练内功、积蓄力量的一年。过去几年整个行业面临的挑战，有的挑战尽管在一定程度上有所缓解，但依然存在，有的挑战的严峻性逐渐凸显，而新的挑战也渐露端倪。这些挑战主要来自政府、公益慈善组织和社会公众三个方面。

（一）政策环境

1. 公益慈善信息公开权威标准依旧缺乏

我们在2010年和2011年的报告中都提出，由于我国公益慈善组织涵盖类型众多，适用法律法规不尽相同，其信息公开工作缺乏一个得到普遍认可的权威标准。2012年，在全国层面，民政部发布了《关于规范基金会行为的若干规定（试行）》；在地方层面，上海、广州出台了各自的募捐管理条例。截至目前，全国到地方的相关法律法规已有一定数量，但这些法律法规之间的规定却并不一致，使得各地、各级公益慈善组织开展信息公开工作的依据不尽相同，反而使得行业标准更加混乱，社会公众更加迷惑。在行业性标准方面，也存在着同样的问题。

另一方面，面对繁冗复杂的信息公开标准，公众难以作出客观、全面的判断，简单、权威的行业透明度认证体制的重要性日益凸显，如何将专业性转化为可传播的品牌，成为了公益慈善组织信息公开工作下一阶段面临的挑战。

2. 信息公开工作奖惩机制缺失

我国相关法律法规中，对公益慈善组织的信息公开工作做了相关规定，但是往往缺乏相应的行政奖惩机制。这就使得在实际运作过程中，公益慈善组织进行透明化工作的动力不足。信息公开表现优秀的组织没有得到适当的表彰，信息公开不足的组织也没有得到足够的鞭策，导致一些信息公开不力的组织安于现状。

（二）公益慈善组织

1. 组织间透明化程度差距加大

经过2011年的慈善问责风暴洗礼，一批组织加强了自身的信息公开工作，但仍有一批组织不为所动。慈善会与红十字会虽然整体有所进步，但与其他组织的差距仍然在加大。捐赠收入上亿的基金会的透明指数远超过基金会的平均水平，而一些年度捐赠收入上千万的组织，普通公众却仍难以找到与其组织相关的各种信息。

本次调查所涉及的样本组织表现出强者更强的特点。在2011年的报告中，基金会是表现最好的组织，而2012年无论是公募基金会还是非公募基金会，都有明显的进步。2012年有20家组织的透明指数在80分以上，其中有19家是基金会。但从捐赠收入的角度看，虽然捐赠收入上亿的19家公募基金会的透明指数平均值为65.2，有7家组织透明指数超过80，但也有3家的透明指数在40分以下。公益慈善组织在信息公开方面的不同表现，反映出各组织对信息公开的重要性有着不同的理解，其根源在于对信息公开的目的理解和内在动力的不同。

我们发现，一些组织将信息公开作为组织管理的有机组成部分，这些组织积极参与行业自律活动，促进信息公开标准的建设，在评估中普遍表现优秀或者进步显著。但有一些组织，主要通过“吃大户”的筹资方式运作，忽视了社会公众的关注。

2. 信息化成本高昂，重复建设严重

一个组织的信息公开工作做得怎么样，首先是建立在这个组织的信息获取能力上，如果一个组织管理不规范或难以满足庞大的业务需求，可能这个组织自己都不知道捐赠接收、使用等详细信息。这一点，对于规模较大的组织来说显得尤为重要，而为了解决这一问题，组织自身的信息平台建设就显得更为重要。我们通过访谈发现，一个组织一旦年度捐赠收入达到千万级，平台的重要性就会显现出来，而当达到亿级时，则必须建立信息化平台，否则无法满足目前的公众需求。而信息平台从开发到运行的投入都相当可观，对于绝大部分公益慈善组织来说是难以承担的。

而与信息化工作高昂的成本相比，更大的挑战在于重复建设。在整个公益慈善行业里，各组织之间的运作模式有很大的共通性，工作流程也基

本可以分为几类。但我们发现，大部分组织在开发自身的信息平台时，都基本属于“闭门造车”，对行业里其他组织的工作不甚了解，而且缺乏交流，这导致的直接后果就是重复建设、开发。

（三）社会公众

1. 公众对公益慈善的关注更加专业

随着我国慈善事业的不断发展，慈善文化、知识的不断普及，公众对公益慈善行业的理解也越来越深入，关注点从传统的捐赠收支信息（财务信息）转向组织做了什么事、提供了什么服务（业务信息），观察层次不断加深，专业化水平不断提高。

2. 普遍通过新媒体进行问责

已发生的公众问责事件，从“红十字会”到“天使妈妈”，都是在微博上发起，并迅速形成风暴。公众的质疑对组织信息公开的及时性提出了很高的要求，这和我们组织当前运用新媒体的能力存在着较大差距。

3. 信息公开与信息接收之间的鸿沟

从我们的监测结果来看，2012年公益慈善组织的透明度是提高了的，但仍有一半公众不满意现在的信息公开工作，甚至有一小部分人认为信息公开工作是倒退了的，这说明在组织信息公开和公众信息接收之间并不是无缝对接的，而是存在着一条需要弥合的鸿沟。

二、对策与建议

（一）政府部门

1. 建立权威的信息公开标准及奖惩机制

在已有的法律法规的基础上，建议相关部委尽快出台更具法律约束力的全国性信息公开标准，细化信息公开的范围、方式和程序，实现慈善信息公开的可行性与可操作性，以便于开展和评估信息公开工作。 进一步完善信息公开的监督，明确奖惩措施，以外力推动组织参与到行业透明化进程中来。这一点对于一些习惯于“吃大户”的组织来说尤为重要，避免由于个别组织的不规范行为而影响到整个行业的形象。

2. 搭建行业性信息化平台

政府出资，根据行业组织工作流程，搭建具有行业共性的信息化平台，通过“云平台”的模式，免费提供给公益慈善组织使用，降低组织的开发、维护成本，以满足行业内组织的基本需求，并为大型组织进行二次开发提供基础，降低成本。

（二）公益慈善组织

1. 建立透明自律联盟

考虑到透明问责从来不会只停留在一家组织，公益慈善组织应更多地组成透明自律联盟，尤其是同系统的组织和做相同或相近项目的组织，需要加强交流，避免重复建设。而部分信息公开制度比较健全的组织应带动行业进行透明化能力建设，避免行业组织信息化工作“贫富差距”不断扩大的趋势。在整个产业链条中，组织也应当对自己项目的执行方提出信息公开要求，在项目经费中对信息公开给予支持，以保障自身公信力不受损害，并促进整个行业的透明化。在这一点上，深圳壹基金公益基金会建立USDO自律吧的做法值得借鉴。

2. 加强信息公开能力建设

（1）完善内部信息公开制度

《基金会信息公布办法》和《公益慈善捐助信息公开指引》都提出信息公开主体应当制定信息公开工作流程和规范，而我国公益慈善组织信息公开的规范性仍停留在起始阶段。健全信息公开制度有助于组织自身厘清业务关系，向社会公众展现组织的专业性。部分已经建立了信息公开制度的组织应将制度公之于众，可方便公众理解组织所提供信息的范围与渠道，提高组织信息的可及性。

（2）充分利用行业性信息平台

包括大型公募公益慈善组织在内的多数组织表示自有平台的建设需要较大投入，组织感到难以负担。充分利用公益慈善领域的行业性信息平台的各项功能，可以降低组织信息公开的成本。行业性信息平台虽然流量要小于大众媒体平台，但功能更符合公益慈善组织的需求，而且还能协助组织自主发布信息。

（3）公开业务活动成本

通过监测研究我们发现，在透明程度较高的完整性维度中，业务活动成本信息公开程度偏低，其中募捐成本的公开程度极低。业务成本信息是公益慈善组织业务信息中的重要组成部分，公开成本信息有利于评估公益慈善组织工作成效，有利于监督关联交易。同时，完整的业务信息有助于公众更全面地理解公益慈善工作，传递“公益需要成本”的信息。

（4）提高运用新媒体的能力

从2011年的媒体问责风暴到微公益，新媒体对公益慈善行业的影响越来越大。而在我们的监测样本中，开通至少一个微博的组织仅占25%。在访谈中，一些组织表示其工作人员都在使用微博，但不知道如何能够做好机构的官方微博。公益慈善组织应当加强这方面的经验交流，向其他行业学习。以能力建设为主要业务的公益机构也应当加快对新媒体的研究，为同仁提供指导。

2013年度中国慈善透明报告①

一、报告说明

（一）简介

中民慈善捐助信息中心作为独立第三方机构，依据相关法律法规和本机构的章程、宗旨，对整个中国公益慈善行业的发展状况进行信息监测，是其基本职能和主要业务所在。

2009年，受民政部委托，我们参照国际公益慈善行业的信息透明监测评估体系，并参考了中国政府和上市公司信息透明监测评估体系，开始着手研发一套与中国公益慈善行业发展现状相适应的“中国公益慈善组织透明度评估体系”，并于当年首次依据此体系对当年全国性公益慈善组织信息公开现状进行监测、分析、研究，编制发布了第一份《中国慈善透明报告（2009）》。从此，每年编制“中国慈善透明指数”，发布年度“中国慈善透明报告”，就成为中民慈善捐助信息中心的一项常态工作。

本报告则是中民慈善捐助信息中心持续发布的第五份年度“中国慈善透明报告”。透明报告的研究、撰写和付梓，是在福利彩票公益金的资助下完成的。在此，我们深表感谢。

（二）研究目的及意义

维护公众的知情权和监督权，促进公益慈善行业的信息披露。公益慈善资源的管理和使用，是连接着弱势群体的福祉，事关社会公平与正义，受到社会各界的高度关切。通过调查公布中国公益慈善行业的透明情况，

---

① 撰稿：孙叶竹 孙晓舒 靳世花，审稿：刘佑平。

引导社会公众对慈善组织进行合理监督，推动各级政府履行公益慈善事业的管理、监管责任，促进慈善组织了解自身信息披露的优势与不足，不断提升自身的透明程度。

本报告对2012年至2013年我国慈善信息公开状况进行了分析研究，通过不同组织类型、不同地域及不同组织间的定量对比，形成2013年度中国慈善透明指数及各分项指数，向读者直观呈现2012年至2013年我国慈善信息公开的现状、变化以及发展趋势。

（三）研究方法

本报告采取定量分析与定性分析相结合的方式，以“中国公益慈善组织透明度评估体系”为工具，对各个公益慈善组织信息公开情况进行监测和评分，最终计算得到本年度的各类慈善透明指数。同时，通过访谈对组织信息公开工作展开深入研究，与监测结果进行相互印证。对社会公众，则采用网络问卷调查的方式进行研究。

2013年我们根据业内专家和慈善组织同仁的意见和建议，对“中国公益慈善组织透明度评估体系（2013）”进行了全面的完善。力图在保证评估体系全面性的同时，尽可能针对公众需求，突出关键指标。

“中国公益慈善组织透明度评估体系（2013）”从三个维度四个方面对公益慈善组织信息披露情况进行评估。三个维度为：完整性、及时性、易得性。四个方面包括基本信息、治理信息、业务信息、财务信息。体系共有4个一级指标，11个二级指标，54个三级指标。4个一级指标都有各自的权重和权重系数。满分最终为100[①]。

透明指数的具体计算方法如下：

（1）指标打分：根据评估体系对每个组织的54个三级指标在完整性、易得性和及时性维度上分别打分，分别得到Ai 、Bi、Ci(i=1，2，……，54)，每个指标都有相对应的权重系数Ki (权重系数数值见指标说明)。

（2）计算公式：单个组织透明指数。

年度透明指数为全部1000家监测样本组织的透明指数的平均值。

① 根据指标打分与权重系数，用公式计算，满分为100.44，为便于理解，换算为100。本报告内所提到的总分均指按100分换算的分数。

1. 网络监测

监测内容时间范围为2012年9月至2013年9月[①]。监测方式与往年报告一样，考虑到本报告中信息公开的主要对象是社会公众，我们立足于普通公众，采取网络搜索的方式，采集公开渠道的数据（详见指标说明中评估方法部分）。

2. 组织访谈

在公益慈善组织访谈方面，我们选取5家不同类型的组织，对其相关工作人员进行了访谈，希望对公益组织信息公开工作有更深入的了解。

3. 众调查网络问卷

在社会公众调查方面，为了了解作为信息公开对象的社会公众对公益慈善组织信息公开情况的满意度和关注点，我们与专业网络调查公司合作，通过问卷星网站、中国公益慈善网，以及微博平台，对社会公众进行了在线问卷调查。

（四）研究对象

本报告的主要研究对象包括作为慈善信息公开主体的公益慈善组织，同时，为了反映整个信息公开工作链条，我们也对信息公开的对象进行了调查，即包括捐赠人、受益人在内的社会公众。

1. 信息公开主体

本报告中的慈善信息公开主体，即各类公益慈善组织，具体包括：①基金会，指在各级民政部门注册登记的公募基金会和非公募基金会；②社会团体，指各级民政部门注册登记的公益慈善类社会团体以及部分依法免于登记的社会团体，具体分为慈善会、红十字会和其他公益慈善类社会团体（下文简称“社会团体”）；③民办非企业单位，指在各级民政部门注册登记的公益慈善类民办非企业单位（简称“民办非企业”）。

在具体判定某一社会组织是否为公益慈善类社会组织时，我们主要通过其宗旨、业务范围和近两年公开的业务活动情况等方面来进行判断。

因目前我国的法律法规体系未对在工商注册或尚未注册的公益慈善组

① 监测数据收集截至时间为2013年9月10日，部分组织可能未在监测时间段内公布相关信息。

织，以及在中国大陆登记注册（备案）或未注册的境外公益慈善组织的信息公开工作进行规范，故本次报告暂不对此两类组织进行研究。

2. 信息公开对象

本报告所研究的信息公开对象是社会公众，考虑到本报告研究方法的特殊性，本报告所研究的社会公众主要指网络公众。

（五）抽样方式

1. 目标总体

本报告的调查对象，即目标总体，是作为慈善信息公开主体的社会组织。

据相关部门统计，各类公益慈善组织的总量分布情况如下：

（1）基金会

根据民政部《2012年社会服务发展统计公报》可知，截至2012年年底，基金会共有3029家，其中公募基金会1316家，非公募基金会1686家[①]。

（2）慈善会

据中华慈善总会和慈善杂志社2011年的统计数据可知，县级以上慈善总会1715家，地（市）级以上慈善总会为315家。

（3）红十字会

据中国红十字会统计数据可知，截至2011年年底，中国红十字会有31个省（自治区、直辖市）级红十字会、334个地（市）级红十字会、2848个县级红十字会和新疆生产建设兵团红十字会、铁路系统红十字会、香港特别行政区红十字会、澳门特别行政区红十字会。

（4）社会团体

据民政部《2012年社会服务发展统计公报》显示，截至2012年年底，全国共有社会团体27.1万个。

（5）民办非企业单位

据《民政部2012年社会服务发展统计公报》显示，截至2012年年底，全国共有民办非企业单位22.5万个。

① 另有涉外基金会8个，境外基金会代表机构19个。

表61 调查对象总体数量分布情况（单位：个）

类型	基金会		慈善会		红十字会			社会团体	民办非企业单位
	公募	非公募	地市	县级	省级	地市	县级		
数量	1316	1686	315	1715	35	334	2848	27.1万	22.5万

2. 抽样原则

在本次调查研究的抽样过程中，我们将主要遵循权利与义务对等原则，即组织规模越大、接收捐赠资金越多，则其在慈善信息的公开上应承担更多的责任和义务，在行业中更应起到表率的作用。因此，在抽样过程中，我们将主要参照各类组织接收捐赠的数额比例来确定每类组织应抽取的样本量大小，同时也尽可能保障样本抽取的科学性和代表性。

3. 抽样步骤

第一步，确定随机抽样的样本总量。在保证本报告研究工作的连续性和研究成果的可比性的基础上，将样本量扩大一倍，初步设定为1000家，并根据具体情况进行适当微调。

第二步，明确抽样的分类标志。根据各类组织在组织性质、资金规模、组织数量等方面的不同特点，将其划分为基金会（包括公募基金会、非公募基金会）、社会团体（包括慈善会、红十字会和其他社会团体），以及民办非企业单位等三大类六小类。

第三步，确定每类应抽取的样本量。按照基金会、慈善会、红十字会、其他社团和民办非企业组织在过去3年中平均接收捐赠总额（表2）的比例来确定每类组织应抽取的样本量，基本情况如表2所示。

表2 基金会、慈善会、红十字会各类组织过去三年接收款物捐赠总额情况一览表（亿元）

	2010年	2011年	2012年	平均接收捐赠金额
基金会	340.5[①]	337	305.7	327.7
慈善会	242.5	203.89	268.65	238.35
红十字会	67.29	41.98	21.9	43.7

① 表1-2数据来自《中国慈善捐助报告》（2010、2011、2012）。

另外，民办非企业单位及除慈善会和红十字会的其他社团接收社会捐赠的总额相对较少，我们根据组织的规模与影响力将其他社团与民办非企业组织的总数量定为50家。抽样过程中根据实际情况进行适当微调。

各类组织实际抽取的样本量情况见表3。

表3　各类公益慈善组织抽取的样本量（单位：个）

组织类型	样本量
公募基金会	312
非公募基金会	249
慈善会	341
红十字会	49
其他社团	18
民办非企业	31
总计	1000

表4　各类公益慈善组织地区分布情况（单位：个）

组织类型	东部	西部	中部	全国	总计
慈善会	210	71	59	1	341
非公募基金会	159	16	30	44	249
公募基金会	153	56	34	69	312
红十字会	11	29	8	1	49
民办非企业	12	12	5	2	31
其他社团	3	2	1	12	18
总计	548	186	137	129	1000

第四步，从每一层中随机抽取出足够的样本。按照表3中确定的样本数量在实际可得的每类组织的总体名单（即抽样框）中，按照每类组织的不同特点采取不同的抽样方法得到所需样本。

（1）公募基金会和非公募基金会的样本名单按照各自在2010年和2011年接收捐赠总额和净资产额的排名由高到低依次进行抽样，基金会共561家。

（2）慈善会样本抽取方式为：中华慈善总会，省（直辖市、自治区）级慈善会30家，省会和计划单列市30家，地市级慈善会和县级慈善会共281家。

（3）红十字会系统样本抽取中国红十字会总会和25家省（自治区、直辖市）级红十字总会，以及23家其他地市级城市红十字会。

（4）其他社会团体和民办非企业单位按照可获得的组织年接收捐赠额、影响力、规模等获得所需数额的样本。

第五步，按照以上抽样步骤得出抽样样本名单，最后，综合考虑组织的影响力、资金规模、地域分布等因素，将未纳入抽样样本的有较大影响力和资金规模的组织纳入到监测样本中，从而得到本次抽样调查的样本量为1000家。

（六）研究局限性

经过几年来的不断努力，本报告日趋完善，但由于客观条件的限制，在以下几个方面，依然存在着不足：

第一，在研究总体的确定过程中，由于信息掌握有限以及行业标准的缺失，难以覆盖全部的公益慈善组织，而在研究样本的选取过程中，同样由于掌握信息的局限性，需要通过估算，来确定各公益慈善组织资源的占有量。

第二，在监测的信息公开渠道方面，依然只能覆盖目前最为主流的互联网，对于其他信息公开渠道难以做到全覆盖。

第三，在单个组织的透明度评估过程中，对于业务信息，只能对一个主要项目的信息披露情况进行数据采集，这与组织业务信息披露的真实情况有一定差距。

第四，在对社会公众的调查中，由于受人力和时间限制，采用网络问卷调查方法，参与人数有限，其结果在严格意义上只能代表部分网络用户，与实际社会大众的意见有一定差距。

对于以上几个方面，我们将会在以后的研究中不断改进。

二、年度综述

2013年是中国公益慈善行业在透明化工作上的建设与探索之年，也是发生慈善信息透明化变革的一年。公益慈善透明问题仍是社会焦点，尤其是以2013年4月20日发生的雅安地震为契机，公益慈善组织近年来的透明化建设受到了公众的检查、验收。其间无论是公益慈善组织还是公众个人，其慈善行动都受到了不同程度的关注。在公众的关注与推动下，政府与慈善组织共同发力，积极探索公益慈善透明化的路径，力争提升公益慈善组织在社会中的生存能力，维护整个行业的公信力。

（一）政府监管更加严格

2013年3月，《国务院机构改革和职能转变方案》宣告以“政社分开”为主要内容的中国社会体制改革大幕正式拉开。报告明确提出要“加快形成政社分开、权责明确、依法自治的现代社会组织体制”，从而更好地发挥社会力量在管理社会事务中的作用。在该方案中，中央政府首先迈开改革的步伐，决定放开对社会组织的登记管理，得到地方政府的积极响应。该举动极大地鼓舞了社会组织的发展。可以预见的是，在管理制度改革以后，政府向社会组织转移职能的范围、步伐、力度都会加大、加快。但是，与此同时，政府也将进一步加强对社会组织的监督管理。对此，国务院提出的原则是“积极引导发展、严格依法管理”。2013年，中央政府关于加强监管的具体决策如下：

在2013年3月的十二届全国人大一次会议期间，民政部部长李立国表示，民政部门将从3个方面入手加强对社会组织的依法监管：“一是修订涉及社会组织的3个行政法规，把社会组织的资金、活动、行为都纳入到监管之中。二是促进社会组织活动的公开透明，增强行业自律，增强透明度和公信力。三是加强信息平台建设，把民政部门实行的登记、年度检查、执法、评估的情况和社会各方面对社会组织的反映、评价及时反映在信息平台上，以利于加强社会监督、舆论监督，共同促进社会组织健康有序发展，发挥积极作用。”可以看到，民政部加强社会组织监管的3个方面中，有2个与“透明”相关：一方面从行业角度出发，敦促行业在透明度方面加强自律；另一方面从政府视角出发，利用信息平台加强政府、舆论对社会组织的监督。

在法律法规方面，民政部于2013年8月公布的2013年立法工作计划中，共有26部法规条例被列入计划。在26部法规条例中，有10部与公益慈善行业密切相关，其中直接针对社会组织管理的法规条例多达6部，如修订《社会团体登记管理条例》《基金会管理条例》《民办非企业单位登记管理暂行条例》；制定（修订）社会组织管理配套规章等。[①]立法工作是政府实行监督职权的重要基础，有了相关法规条例的指导，政府对社会组织的监督工作才有章可循、有据可依。

在2013年一年中，政府部门对社会组织信息透明化的监管工作已经开始把法规条例落到实处。此项工作的具体表现便是对基金会的监管。在民政部民间组织管理局2013年2月提供的《基金会2012年度工作报告格式文本》中，就体现了2012年7月发布的《关于规范基金会行为的若干规定》中关于信息公开的相关内容，为组织的信息披露提供了明确的指导。与基金会2011年度工作报告格式相比，2012年的工作报告在“业务活动情况”部分增加了“委托理财”“投资收益”“关联方关系及其交易”“应收账款及客户”“预付账款及客户”“应付账款”和“工作总结”等内容，在“履行信息公开义务情况”部分增加了“公布关联方关系及其交易”等。在中央政府的示范、引导下，地方政府也希望通过年检来促进社会组织的信息公开工作。如，云南省2013年5月1日起实施的《云南省社会组织年度检查暂行办法》规定：基金会、公益慈善类社会团体未进行信息披露，视为年检不合格。

在政府利用信息平台监督社会组织工作方面，2013年的工作有了长足的进展：由民政部委托中民慈善捐助信息中心开发的“中国慈善信息平台”已基本具备了信息发布、报送与统计、信息查询与共享、舆情监测、数据库管理、宣传推广等功能。目前，该平台已陆续与江苏省、郑州市等地方政府合作，展开试点使用，目前约有1000家慈善组织入驻。同时，一些省市和机构也开发了功能不同、各具特色的慈善信息平台，这些实践探索为推进慈善信息化建设奠定了较好基础。

（二）行业不断探索慈善透明之路

虽然2011年公众对慈善行业的问责风暴已经趋于平静，但是风暴给行业带来的创伤却令每一个公益人心有余悸。反思问责风暴本身，公众的频频问责正说明了现如今公益慈善行业的发展速度已经赶不上社会的需求

① 民政部2013年立法工作计划http://zfs.mca.gov.cn/article/lfgz/201308/20130800503395.shtml.

了。如何摆脱被动状态？如何在公众的问责声中突破重围？如何能够在行业透明的道路上开拓一片新的天地？这恐怕是所有慈善组织都需要着重思考和实践的事情。回顾行业近年来在透明工作上的变化，我们发现，行业正在用更高的标准要求自己，慈善组织从未停下探索的脚步。

1. 行业为透明展开多元化合作

随着公益问责事件频发，透明工作一直是近年来公益慈善组织工作的重点。如果说，前两年各组织是将透明工作的重点放在各自的信息化硬件建设上，那么，2013年，慈善行业则对行业内部以及跨行业的联盟与合作有着更多的投入。

2013年4月19日，中国慈善联合会在北京成立，作为全国慈善领域的联合性组织，中国慈善联合会将积极推动慈善行业的自律和公开透明。

2013年4月20日雅安地震后，全国144家基金会在短短一个月时间内便募集善款13.79亿元人民币，数额超过汶川地震。面对巨额善款，基金会中心网与多家基金会共同发起并成立“中国基金会“4・20”救灾行动自律联盟”，承诺将全程公布接受、拨付和使用捐款的情况，接受捐款人和社会监督，接受政府监管，承担一切相关的法律责任，用透明度来“重拾公众对公益慈善组织的信心”。2013年8月，该联盟正式启动，自律联盟首任主席现场宣读《中国基金会“4・20”救灾行动自律联盟公约》。自律联盟的正式启动，意味着基金会将从孤军作战转变为团体合作，从被动披露信息转变为主动自律。

除了公益慈善组织之间的联合，社会组织亦开始主动与政府合作。旨在推动行业透明的两家民办非企业单位，中民慈善捐助信息中心和基金会中心网，都分别与地方政府协作，推动地方社会组织信息平台的建设。两者都是以自身已有的信息平台为基础，根据地方的实际情况定制的具体要求，进行合作开发。

在2013年，一些透明工作已经相对较好的组织，开始努力走入主流视野，向公众进行公益透明知识的传递与交流。例如，壹基金、USDO 自律吧、中国公益研究院和中国发展简报等机构联合网络问答社区“知乎”共发布了公益资讯类手机应用（APP）——“公益壹点通”，“知乎”用户可通过这款应用在阅读新闻资讯的同时，了解更多的公益知识。公益组织与主流的信息内容生产者合作，脱离公益平台受众狭窄的束缚，是公益组织透明化工作的新突破。

2. 行业采用更高的透明标准

我们认为，慈善组织的信息披露情况可以用“完整性”“及时性”和“易得性”三个维度来衡量。在2013年，行业在信息公开透明的这3个方面的做出了巨大的努力，与以往相比，慈善组织在用更高的透明标准要求自己。

在信息透明的完整性方面，公益慈善组织对捐赠信息披露可以分为3个层级，第一个层级是对捐赠基本信息的披露；第二个层级是公开机构接收捐赠的总数；第三个层级是披露捐赠用途，具体到实际要开展的项目。①从行业现状来看，已经有部分机构在第三方组织的推动下展开了3个层级的披露工作。例如，在2013年1月举行的“中国慈善年会”上，46家慈善组织首次公布了2013年的筹资、捐款情况及资金使用计划，其中共包括264个慈善项目，预计将花费62.49亿元。此外，第三方评估机构在信息平台的设计与评估规则的设定方面，已经不再满足于披露简单的基本信息。以中民慈善捐助信息中心开发的“中国公益慈善组织透明度评估体系”和基金会中新网开发的“中基透明指数”为例，这两个评估体系都希望能够在未来将项目信息与财务信息的权重提高，而将基本信息权重降低。第三方评估机构对于透明度权重的设置，是要将机构的信息披露得更加地完善和深入，这无疑是为整个行业的透明披露工作指明了努力的方向。

捐赠信息披露的及时性在灾害发生之后体现得十分明显，“4·20”雅安地震发生后，慈善组织披露信息的速度便紧紧跟随应急救灾的步伐。如中国青少年发展基金会、中国思源工程扶贫基金会、中国扶贫基金会等机构均在第一时间做出灾害应急反应，并向媒体公布机构的募款情况。另外，在地震发生后的第2天，作为行业枢纽组织的中国慈善联合会连续制作7期简报，统计已经公开了的捐赠信息。

在信息透明的易得性方面，在2013年，慈善组织披露信息的平台更为多元化，这些渠道主要有：机构的官方网站、政府网站、新闻发布会、微博、微信等。根据中国互联网络信息中心（CNNIC）发布的第30次《中国

① 邓国胜，《从汶川到雅安：基金会透明度的变化及其理论解释》，http://news.foundationcenter.org.cn/html/2013-09/72073.html.

互联网络发展状况统计报告》显示，截至2012年6月底，中国网民数量达到5.38亿，微博用户数2.74亿。基于互联网的现状，慈善组织主动利用公众熟识、常用，且传播效果良好的媒体平台披露机构信息。例如，多家慈善组织纷纷开通微博、微信账号，定时向关注者推送机构信息，并获得了公众的肯定。

（三）公众对行业透明度的大力推动

回顾慈善行业在2013年里取得的行业透明成就，公众的质疑无疑是背后最为强大的推动力。在2013年，公众对公益慈善行业的质疑虽然没有像在2011年年底追踪、曝光“郭××事件”时的汹涌，但是由公众发现并曝光公益丑闻的热情却未见衰退。同时，公益丑闻给行业带来的冲击依旧效力不减，如达摩克利斯之剑时时悬置于每一个公益组织的头上，督促慈善组织在透明工作上不断自省自新。与以往一样，在2013年，公众对慈善组织的质疑主要集中在3个方面：非营利组织的营利行为、慈善组织的内部管理问题、慈善组织与企业合作的规范性问题等。面对公众的质疑，慈善组织最有效、最有利的回应“武器”便是透明。在公众质疑的推动下，我们已经看到一年来慈善组织在透明工作上做出的种种成就。相应的，公众对慈善组织的努力也给予了重要的肯定。

根据我们的问卷调查显示，超过20%的公众对我国公益慈善组织在2013年里的信息披露工作感到比较满意，与2012年的9%相比，满意度有较大提高。其中，公众对“信息易得性”的满意度相对较高，对“信息及时性”的满意度却相对较低。在2013年的调查中，有超过70%的公众认为公益慈善组织的信息披露工作有一定程度的进步，高于2012年的56%。其中，有超过30%的公众认为进步比较大。

（四）组织透明度大幅提高

“2013年度中国慈善透明指数”的结果显示，1000家监测样本组织的透明指数平均值为43.11，比2012年[①]提高了33.1%。虽然增幅较2012年低，但整个行业的透明化仍有明显进步。在监测样本中，基金会整体的透

① 将2012年原始数据，依照2013年的评估体系进行评估与加权计算，所得2012年的透明指数平均值为32.4。

明度较高，公募基金会和非公募基金会的透明指数都较2012年有大幅度的增长，并且整体透明度都高于其他类型的组织，慈善会和社会团体与2012年相比也有较大增长，民办非企业与社会团体较去年基本持平。

2012年捐赠收入①在1亿元以上的公募基金会，整体的透明指数平均值要远高于捐赠收入在1亿元以下的公募基金会，也远高于基金会整体。净资产较高的非公募基金会，透明指数平均值较高。

全国性组织的透明指数平均值仍明显高于地方性组织，中部组织透明指数提升较大，在2013年与东部组织平均值接近。

值得注意的是，当前我国慈善组织透明程度差距极大，整个趋势呈阶梯状分布，且两极分化严重。部分组织的透明工作已经超出了政府的要求，但是部分组织却始终缺乏信息公开的意愿与能力。

三、年度透明指数详述

（一）中国慈善透明情况

表5　中国慈善透明发展情况

透明水平	指数区间	组织数量
卓越	[90，100]	70
优秀	[80，90)	64
进取	[60，80)	125

表6　中国慈善组织透明榜

名称	省份	地域	组织类型
卓越（拼音首字母排序，排名不分先后）			
爱德基金会	江苏	东部	公募基金会
爱佑慈善基金会	全国	全国	非公募基金会
安利公益基金会	全国	全国	非公募基金会

① 数据引自基金会中心网。

续表

名称	省份	地域	组织类型
北京恩玖非营利组织发展研究中心	北京	东部	民办非企业
北京桂馨慈善基金会	北京	东部	非公募基金会
北京交通大学教育基金会	全国	全国	非公募基金会
北京市残疾人福利基金会	北京	东部	公募基金会
北京万通公益基金会	北京	东部	非公募基金会
长沙慈善会	湖南	中部	慈善会
成都市慈善总会	四川	西部	慈善会
大连慈善基金会	辽宁	东部	公募基金会
大连市慈善总会	辽宁	东部	慈善会
大连市青少年发展基金会	辽宁	东部	公募基金会
福州市慈善总会	福建	东部	慈善会
灌南县慈善总会	江苏	东部	慈善会
广东省妇女儿童基金会	广东	东部	公募基金会
广东省华南理工大学教育发展基金会	广东	东部	非公募基金会
贵州文化薪火乡村发展基金会	贵州	西部	非公募基金会
河南省慈善总会	河南	中部	慈善会
湖南省青少年发展基金会	湖南	中部	公募基金会
湖州市慈善总会	浙江	东部	慈善会
江阴慈善总会	江苏	东部	慈善会
昆山市慈善基金会	江苏	东部	公募基金会
兰州慧灵智障人士服务中心	甘肃	西部	民办非企业
老牛基金会	内蒙古	西部	非公募基金会
连云港市慈善总会	江苏	东部	慈善会
南都公益基金会	全国	全国	非公募基金会
南京市慈善总会	江苏	东部	慈善会
南通市通州区慈善基金会	江苏	东部	公募基金会
如皋市慈善基金会	江苏	东部	公募基金会
陕西省慈善协会	山西	中部	慈善会
上海市慈善基金会	上海	东部	公募基金会

续表

名称	省份	地域	组织类型
上海市红十字会	上海	东部	红十字会
上海宋庆龄基金会	上海	东部	公募基金会
上海真爱梦想公益基金会	上海	东部	非公募基金会
神华公益基金会	北京	东部	非公募基金会
桃源居公益事业发展基金会	广东	东部	非公募基金会
腾讯公益慈善基金会	全国	全国	非公募基金会
万科公益基金会	广东	东部	非公募基金会
新沂市慈善基金会	江苏	东部	公募基金会
徐州市慈善总会	江苏	东部	慈善会
徐州市铜山县慈善会	江苏	东部	慈善会
扬州市慈善总会	江苏	东部	慈善会
银川市穆斯林孤儿院	宁夏	西部	民办非企业
荥阳慈善总会	河南	中部	慈善会
瀛公益基金会	全国	全国	非公募基金会
友成企业家扶贫基金会	全国	全国	非公募基金会
张家港市慈善基金会	江苏	东部	公募基金会
浙江大学教育基金会	全国	全国	非公募基金会
浙江省慈善总会	浙江	东部	慈善会
郑州慈善总会	河南	中部	慈善会
中国残疾人福利基金会	全国	全国	公募基金会
中国初级卫生保健基金会	全国	全国	公募基金会
中国儿童少年基金会	全国	全国	公募基金会
中国扶贫基金会	全国	全国	公募基金会
中国妇女发展基金会	全国	全国	公募基金会
中国光华科技基金会	全国	全国	公募基金会
中国航天基金会	全国	全国	公募基金会
中国红十字基金会	全国	全国	公募基金会
中国华侨公益基金会	全国	全国	公募基金会
中国盲人协会	全国	全国	社会团体

续表

名称	省份	地域	组织类型
中国青少年发展基金会	全国	全国	公募基金会
中国人口福利基金会	全国	全国	公募基金会
中国社会福利基金会	全国	全国	公募基金会
中国滋根乡村教育与发展促进会	全国	全国	社会团体
中华慈善总会	全国	全国	慈善会
中华少年儿童慈善救助基金会	全国	全国	公募基金会
中华社会救助基金会	全国	全国	公募基金会
中华思源工程扶贫基金会	全国	全国	公募基金会
中远慈善基金会	全国	全国	非公募基金会
优秀（拼音首字母排序，排名不分先后）			
阿里巴巴公益基金会	浙江	东部	非公募基金会
安徽省仁众教育基金会	安徽	中部	非公募基金会
宝钢教育基金会	上海	东部	非公募基金会
北京大学教育基金会	北京	东部	非公募基金会
北京青少年发展基金会	北京	东部	公募基金会
北京市慈善协会	北京	东部	慈善会
北京市企业家环保基金会	北京	东部	非公募基金会
陈香梅公益基金会	全国	全国	非公募基金会
慈济慈善事业基金会	全国	全国	非公募基金会
登封市慈善总会	河南	中部	慈善会
顶新公益基金会	全国	全国	非公募基金会
福建江夏慈善基金会	福建	东部	非公募基金会
广东省慈善总会	广东	东部	慈善会
广东省汉达康福协会	广东	东部	社会团体
广东省青少年发展基金会	广东	东部	公募基金会
贵州省励业帮扶基金会	贵州	西部	公募基金会
河北省慈善总会	河北	东部	慈善会
河北省红十字基金会	河北	东部	公募基金会
河南省残疾人福利基金会	河南	中部	公募基金会

续表

名称	省份	地域	组织类型
黑龙江省青少年发展基金会	黑龙江	中部	公募基金会
湖南省教育基金会	湖南	中部	公募基金会
湖南省龙阳助学基金会	湖南	中部	非公募基金会
淮安区慈善会	江苏	东部	慈善会
黄奕聪慈善基金会	全国	全国	非公募基金会
江苏省连云港市海州区慈善会	江苏	东部	慈善会
南通开发区慈善会	江苏	东部	慈善会
宁波大学教育发展基金会	江苏	东部	非公募基金会
宁波鄞州银行公益基金会	浙江	东部	非公募基金会
青海格桑花教育救助会	青海	西部	民办非企业
清华大学教育基金会	全国	全国	非公募基金会
山东大学教育基金会	山东	东部	非公募基金会
山东省教育基金会	山东	东部	公募基金会
上海交通大学教育发展基金会	上海	东部	非公募基金会
上海民建扶帮公益基金会	上海	东部	非公募基金会
上海市建国社会公益基金会	上海	东部	非公募基金会
上海市民帮困互助基金会	上海	东部	公募基金会
上海唐君远教育基金会	上海	东部	非公募基金会
绍兴市人民教育基金会	浙江	东部	公募基金会
深圳市残友社工服务社	广东	东部	民办非企业
深圳壹基金公益基金会	广东	东部	公募基金会
苏州市慈善基金会	江苏	东部	公募基金会
温州市鹿城区人民教育基金会	浙江	东部	公募基金会
武汉理工大学教育发展基金会	湖北	中部	非公募基金会
西北农林科技大学教育发展基金会	全国	全国	非公募基金会
心平公益基金会	全国	全国	非公募基金会
新疆妇女儿童发展基金会	新疆	西部	公募基金会
永恒慈善基金会	全国	全国	非公募基金会
詹天佑科学技术发展基金会	全国	全国	非公募基金会

续表

名称	省份	地域	组织类型
浙江省青少年发展基金会	浙江	东部	公募基金会
浙江省阳光教育基金会	浙江	东部	非公募基金会
中国国际民间组织合作促进会	全国	全国	社会团体
中国教育发展基金会	全国	全国	公募基金会
中国老龄事业发展基金会	全国	全国	公募基金会
中国农业大学教育基金会	浙江	东部	非公募基金会
中国青年志愿者协会	全国	全国	社会团体
中国社会工作协会	全国	全国	社会团体
中国宋庆龄基金会	全国	全国	公募基金会
中国西部人才开发基金会	全国	全国	公募基金会
中国移动慈善基金会	全国	全国	非公募基金会
中国预防性病艾滋病基金会	全国	全国	公募基金会
中华健康快车基金会	全国	全国	公募基金会
中华全国体育基金会	全国	全国	公募基金会
中华社会文化发展基金会	全国	全国	公募基金会
中科院研究生教育基金会	北京	东部	非公募基金会
进取（拼音首字母排序，排名不分先后）			
北京成龙慈善基金会	北京	东部	非公募基金会
北京妇女儿童发展基金会	北京	东部	公募基金会
北京航空航天大学教育基金会	全国	全国	非公募基金会
北京京华公益事业基金会	北京	东部	公募基金会
北京理工大学教育基金会	全国	全国	非公募基金会
北京市朝阳区金羽翼残障儿童艺术康复服务中心	北京	东部	民办非企业
北京市刘鸿儒金融教育基金会	北京	东部	非公募基金会
成都市大熊猫繁育研究基金会	四川	西部	公募基金会
成都市锦江区爱有戏社区文化发展中心	四川	西部	民办非企业
传媒大学教育基金会	全国	全国	非公募基金会
泛海公益基金会	北京	东部	非公募基金会
福建省慈善总会	福建	东部	慈善会

续表

名称	省份	地域	组织类型
福建新华都慈善基金会	福建	东部	非公募基金会
福州见义勇为基金会	福建	东部	公募基金会
复旦管理学奖励基金会	全国	全国	非公募基金会
广东省易方达教育基金会	广东	东部	非公募基金会
广东省肇庆学院教育发展基金会	广东	东部	非公募基金会
广州市残疾人福利基金会	广东	东部	公募基金会
贵州省青少年发展基金会	贵州	西部	公募基金会
国家电网公益基金会	全国	全国	非公募基金会
哈尔滨工业大学教育发展基金会	黑龙江	中部	非公募基金会
合肥市包河区快乐童年公益阅读坊	安徽	中部	民办非企业
河南省中原文化建设发展基金会	河南	中部	公募基金会
河仁慈善基金会	全国	全国	非公募基金会
亨通慈善基金会	江苏	东部	非公募基金会
湖北大学教育发展基金会	湖北	中部	非公募基金会
湖北省兴发之星教师奖励基金会	湖北	中部	非公募基金会
湖南青年创业就业基金会	湖南	中部	公募基金会
湖南省娄底市教育基金会	湖南	中部	公募基金会
华民慈善基金会	北京	东部	非公募基金会
华中农业大学教育发展基金会	湖北	中部	非公募基金会
济仁慈善基金会	全国	全国	非公募基金会
江苏昌明教育基金会	江苏	东部	非公募基金会
江苏省儿童少年福利基金会	江苏	东部	公募基金会
江西省青少年发展基金会	江西	中部	公募基金会
金钥匙视障教育研究中心	北京	东部	民办非企业
凯风公益基金会	北京	东部	非公募基金会
李四光地质科学奖基金会	全国	全国	非公募基金会
罗定市泷州教育基金会	广东	东部	非公募基金会
南航“十分”关爱基金会	广东	东部	非公募基金会
南京审计学院教育发展基金会	江苏	东部	非公募基金会

续表

名称	省份	地域	组织类型
南京信息大学教育发展基金会	江苏	东部	非公募基金会
南宁市慈善总会	广西	西部	慈善会
宁夏青少年发展基金会	宁夏	西部	公募基金会
彭州市中大绿根社会工作发展中心	四川	西部	民办非企业
人保慈善基金会	全国	全国	非公募基金会
三门县人民教育基金会	浙江	东部	公募基金会
上海复旦大学教育发展基金会	上海	东部	非公募基金会
上海工商界爱国建设特种基金会	上海	东部	非公募基金会
上海科普教育发展基金会	上海	东部	公募基金会
上海民生公益基金会	上海	东部	非公募基金会
上海浦东新区社会发展基金会	上海	东部	公募基金会
上海浦发公益基金会	上海	东部	非公募基金会
上海市残疾人福利基金会	上海	东部	公募基金会
上海市儿童健康基金会	上海	东部	公募基金会
上海市华东师范大学教育发展基金会	上海	东部	非公募基金会
上海市华侨事业发展基金会	上海	东部	公募基金会
上海市嘉定区教育奖励基金会	上海	东部	公募基金会
上海市教育发展基金会	上海	东部	公募基金会
上海市老年基金会	上海	东部	公募基金会
上海市体育发展基金会	上海	东部	公募基金会
上海特殊关爱基金会	上海	东部	非公募基金会
上海同济大学教育发展基金会	上海	东部	非公募基金会
上海文化发展基金会	上海	东部	公募基金会
上海吴孟超医学科技基金会	上海	东部	非公募基金会
上海兴华教育扶贫基金会	上海	东部	非公募基金会
绍兴县人民教育基金会	浙江	东部	公募基金会
深圳市警察基金会	广东	东部	公募基金会
四川大学教育基金会	四川	西部	非公募基金会
苏州大学教育发展基金会	江苏	东部	非公募基金会

续表

名称	省份	地域	组织类型
宿迁市慈善总会	江苏	东部	慈善会
孙冶方经济科学基金会	全国	全国	非公募基金会
台州市黄岩区教育发展基金会	浙江	东部	公募基金会
韬奋基金会	全国	全国	非公募基金会
天津大学北洋教育发展基金会	天津	东部	非公募基金会
天津市慈善协会	天津	东部	慈善会
天津市鹤童老年公益基金会	天津	东部	非公募基金会
威盛信望爱公益基金会	全国	全国	非公募基金会
吴作人国际美术基金会	全国	全国	非公募基金会
西安慧灵智障人士服务工作站	陕西	西部	民办非企业
西安市莲湖区千千爱特殊教育培训中心	陕西	西部	民办非企业
厦门大学教育发展基金会	福建	东部	非公募基金会
厦门市同安区同心慈善会	福建	东部	慈善会
香江社会救助基金会	全国	全国	非公募基金会
新奥公益慈善基金会	河北	东部	非公募基金会
亿利公益基金会	全国	全国	非公募基金会
援助西藏发展基金会	西藏	西部	公募基金会
云南省青少年发展基金会	云南	西部	公募基金会
增爱公益基金会	上海	东部	非公募基金会
浙江省残疾人福利基金会	浙江	东部	公募基金会
浙江省青年创业就业基金会	浙江	东部	公募基金会
浙江省网易慈善基金会	江苏	东部	非公募基金会
浙江正泰公益基金会	浙江	东部	非公募基金会
郑州市中原区龙腾社会工作服务中心	河南	中部	民办非企业
智善公益基金会	全国	全国	非公募基金会
中国癌症基金会	全国	全国	公募基金会
中国保护消费者基金会	全国	全国	公募基金会
中国发展研究基金会	全国	全国	公募基金会
中国法律援助基金会	全国	全国	公募基金会

续表

名称	省份	地域	组织类型
中国肝炎防治基金会	全国	全国	公募基金会
中国国际问题研究基金会	全国	全国	公募基金会
中国红十字会总会	全国	全国	红十字会
中国华文教育基金会	全国	全国	公募基金会
中国检察官教育基金会	全国	全国	公募基金会
中国交响乐发展基金会	全国	全国	公募基金会
中国金融教育发展基金会	全国	全国	公募基金会
中国孔子基金会	全国	全国	公募基金会
中国留学人才发展基金会	全国	全国	公募基金会
中国绿化基金会	全国	全国	公募基金会
中国绿色碳汇基金会	全国	全国	公募基金会
中国煤矿尘肺病防治基金会	全国	全国	公募基金会
中国青年创业就业基金会	全国	全国	公募基金会
中国人权发展基金会	全国	全国	公募基金会
中国少年儿童文化艺术基金会	全国	全国	公募基金会
中国社会福利协会	全国	全国	社会团体
中国石油大学教育基金会	北京	东部	非公募基金会
中国下一代教育基金会	全国	全国	公募基金会
中国友好和平发展基金会	全国	全国	公募基金会
中国职工发展基金会	全国	全国	公募基金会
中国治理荒漠化基金会	全国	全国	公募基金会
中华环境保护基金会	全国	全国	公募基金会
中社社会工作发展基金会	全国	全国	非公募基金会
中央财经大学教育基金会	北京	东部	非公募基金会
重庆市残疾人福利基金会	重庆	西部	公募基金会
重庆市慈善总会	重庆	西部	慈善会

在监测样本中，透明情况达到卓越水平的组织共有70家，他们的透明水平明显高于监测样本的平均水平。基金会在卓越水平的组织中所占比例较大，70家中有46家是基金会，分别是28家公募基金会和18家非公募基金

会。其次是慈善会，2013年，有18家慈善会的透明水平步入卓越行列。从地域上看，这70家组织中除27家全国性组织外，43个地方性组织来自于14个省市自治区，分布比较集中。其中来自北京、上海、江苏的组织分别为5家、4家和13家，约为这三地各自样本量的10%。

在监测样本中，透明水平为优秀的组织共有64家，其中基金会有51家，包括非公募基金会28家和公募基金会23家。从地域上看，全国性组织占三分之一，共21家；地方性组织共43家，分布于16个省市自治区，分布比较集中。其中浙江有7家，上海有6家，北京、广东和江苏各5家。

在监测样本中，透明水平为进取的组织共125家，其中基金会为109家，包括非公募基金会55家和公募基金会54家。从地域上看，全国性组织占三分之一，共42家；地方性组织共83家，分布于22个省市自治区，分布较为广泛。其中上海组织数量最多，共20家组织，其次是北京和江苏，分别为11家和8家。

（二）2013年度中国慈善透明指数——43.11

1. 度透明指数总体分布层次明显

在本报告所研究的1000家公益慈善组织中，透明指数最高为99.76，最低为1.39，平均值为43.11，中位值为40.29，标准差为26.12。

整体而言，1000家组织样本的差距较大，最高值与最低值之间相差为98.37，同时数据的离散程度较大。经检验，1000家组织样本的透明度指数值不符合正态分布，偏度约为0.423，呈正偏态。

表7　2013年度透明指数总体情况

	平均值	中位数	最小值	最大值	标准差	偏度	峰度	数量
数值	43.11	40.29	1.39	99.76	26.12	0.423	–0.730	1000

表8　2013年度透明指数分布情况

指数区间	组织数量	所占比例
[90 , 100]	70	7.0%
[80 , 90)	64	6.4%
[70 , 80)	53	5.3%

续表

指数区间	组织数量	所占比例
[60，70)	72	7.2%
[50，60)	73	7.3%
[40，50)	173	17.3%
[30，40)	151	15.1%
[20，30)	141	14.1%
[10，20)	86	8.6%
[0，10)	117	11.7%

在监测的1000家组织样本中，透明指数值在90以上的有70家，在80至90之间的有64家。透明指数值高于80的组织共134家，在全部监测样本中所占比例为13.4%。透明指数值在60以上的组织共258家，在监测样本中所占比例为25.8%。

根据监测数据结果，监测样本组织的透明度值并不符合正态分布，也没有集中在某一个分值附近，而是较为分散的呈现阶梯状。监测样本组织的透明度存在明显落差，透明指数超过50的透明指数达到50以上的组织数量急剧减少。这种阶梯形态的出现，是系统性的信息披露缺失的表现之一，其原因我们将在报告后面的章节中进行深入的探索。

2. 组织透明指数差距极大

从报告研究的1000家样本组织的透明指数来看，透明指数平均值为43.11，低于平均值的组织有552家，占总样本的55.2%，这部分组织的透明指数平均值为23.89；高于平均值的组织有448家，占总样本的44.8%，其透明度平均值为66.79。透明指数低于平均值的组织数量较多，平均值两侧的组织的透明指数平均值相差较大，

以透明度平均值为起点的正负一个标准差之内，在平均值之下，即区间[16.99，43.11)之内，共有组织370家，占全部样本的37%；在平均值之上，即区间[43.11，69.23]之内，有组织256家，占全部样本的25.6%。

在正负一个标准差之外两个标准差之内，低于平均值，即透明指数在区间[1.39，16.99)的组织有183家，占全部样本的18.3%；透明度高于平均值，处在区间（69.23，95.35]之内，有组织168家，占全部样本的16.8%。

在高于透明指数平均值的部分存在两个标准差之外的值，即区间

（95.35，100]，共有23家组织的透明指数在这个区间内，占全部样本的2.3%。这些组织的信息披露水平显著高于我国公益慈善组织信息披露的平均水准。

表9 2013年度透明指数离散情况

透明指数区间	组织数量	占比
（95.35，100]	23	2.3%
（69.23，95.35]	168	16.8%
[43.11，69.23]	256	25.6%
[16.99，43.11）	370	37%
[1.39，16.99）	183	18.3%

（三）不同类型慈善组织透明指数情况——非公募基金会透明度最高

在1000家监测样本组织中，基金会整体的透明度较高，非公募基金会的透明指数平均值高于公募基金会。慈善会和红十字会相对偏低。民办非企业和社会团体透明度虽然也较高，但根据我们的抽样原则，红十字会和民办非企业由于所占慈善资源较少，所以抽取的样本量都比较小，红十字会是以省级为主，民办非企业选择的是影响力较大的组织，故样本组织的透明度应高于这两类组织实际的整体水平。

表10 不同类型慈善组织透明指数情况

组织类型	透明指数	样本数量
公募基金会	50.47	312
非公募基金会	52.67	249
慈善会	28.56	341
红十字会	37.72	49
民办非企业	53.56	31
社会团体	55.77	18

1. 基金会透明度

在1000家监测样本组织中，基金会整体的透明度为51.45，公募基金会的透明指数平均值略低于非公募基金会，在完整性、易得性和及时性三个维度上的表现也相似。

表11 基金会透明度情况

组织类型	数量	总分①	完整性	易得性	及时性
公募基金会	312	50.47	19.80	20.09	10.80
非公募基金会	249	52.67	20.65	20.87	11.39
基金会	561	51.45	20.18	20.44	11.06

（1）公募基金会透明指数

本次报告监测的公募基金会共312家，占全部样本的31.2%，平均透明指数为50.47，其透明指数呈正偏态，中位数低于平均数，最高值与最低值差距巨大，样本透明指数值比较分散。

表12 公募基金会透明度

类型	平均值	中位数	最大值	最小值	极差	标准差	样本数量
公募基金会	50.47	45.41	99.58	5.22	94.36	23.73	312

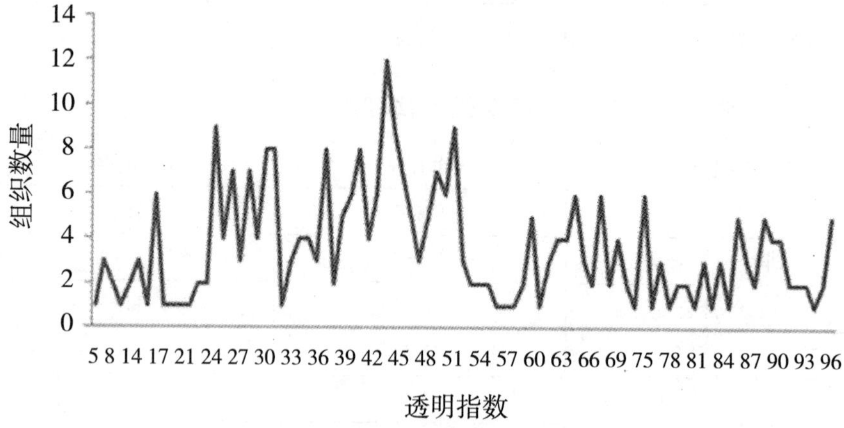

图1 公募基金会透明指数分布情况

① 总分为百分制换算分数

在监测样本中，透明指数达到卓越水平的公募基金会有28家，占公募基金会样本的8.9%；处在优秀水平的有23家，占比7.4%；处在进取水平的有54家，占比17.3%。

表13 公募基金会透明指数分布情况

透明水平	组织数量	占比
卓越	28	8.9%
优秀	23	7.4%
进取	54	17.3%

表14 监测样本中透明水平卓越的公募基金会

名称	省份
爱德基金会	江苏
北京市残疾人福利基金会	北京
大连慈善基金会	辽宁
大连市青少年发展基金会	辽宁
广东省妇女儿童基金会	广东
湖南省青少年发展基金会	湖南
昆山市慈善基金会	江苏
南通市通州区慈善基金会	江苏
如皋市慈善基金会	江苏
上海市慈善基金会	上海
上海宋庆龄基金会	上海
新沂市慈善基金会	江苏
张家港市慈善基金会	江苏
中国残疾人福利基金会	全国
中国初级卫生保健基金会	全国
中国儿童少年基金会	全国
中国扶贫基金会	全国
中国妇女发展基金会	全国
中国光华科技基金会	全国

续表

名称	省份
中国航天基金会	全国
中国红十字基金会	全国
中国华侨公益基金会	全国
中国青少年发展基金会	全国
中国人口福利基金会	全国
中国社会福利基金会	全国
中华少年儿童慈善救助基金会	全国
中华社会救助基金会	全国
中华思源工程扶贫基金会	全国

在28家透明水平卓越的公募基金会中，近半数为全国基金会，共有15家。在13家地方性公募基金会中，来自江苏的数量最多，有6家；其次是辽宁和上海，各有2家；来自北京、广东、湖南各1家。

（2）非公募基金会透明度

本次报告监测的非公募基金会共249家，占全部样本的24.9%，平均透明指数为52.67，中位数为50.23，样本透明指数分布呈正偏态，最高值与最低值相差96.07，标准差为24.93，样本透明指数值比较分散。

表15　非公募基金会透明度

类型	平均值	中位数	最大值	最小值	极差	标准差	组织数量
非公募基金会	52.67	50.23	99.76	3.69	96.07	24.93	249

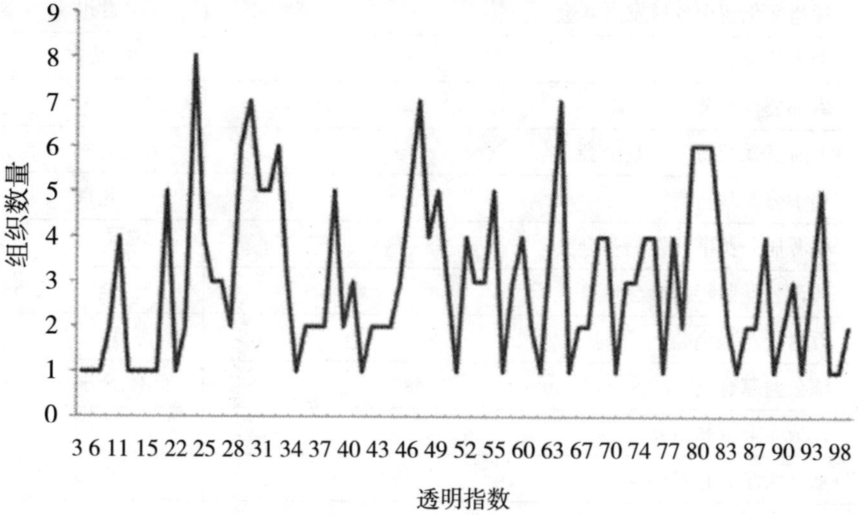

图2 非公募基金会透明指数情况

在监测样本中，透明指数达到卓越水平的非公募基金会有18家，占非公募基金会样本的7.2%；处在优秀水平的有28家，占比11.2%；处在进取水平的有55家，占比22.1%。

表16 非公募基金会透明指数分布情况

透明水平	组织数量	占比
卓越	18	7.2%
优秀	28	11.2%
进取	55	22.1%

表17 监测样本中透明水平卓越的非公募基金会

名称	省份
爱佑慈善基金会	全国
安利公益基金会	全国
北京桂馨慈善基金会	北京
北京交通大学教育基金会	全国
北京万通公益基金会	北京
广东省华南理工大学教育发展基金会	广东

续表

贵州文化薪火乡村发展基金会	贵州
老牛基金会	内蒙古
南都公益基金会	全国
上海真爱梦想公益基金会	上海
神华公益基金会	北京
桃源居公益事业发展基金会	广东
腾讯公益慈善基金会	全国
万科公益基金会	广东
瀛公益基金会	全国
友成企业家扶贫基金会	全国
浙江大学教育基金会	全国
中远慈善基金会	全国

在18家透明指数达到卓越水平非公募基金会中，近半数为全国性组织。地方性非公募基金会有9家达到卓越水平，其中来自北京和广东各3家，来自贵州、内蒙古和上海各1家。

2. 慈善会透明度

本次报告监测的慈善会共341家，占全部样本的34.1%，平均透明指数为28.56，中位数为22.28，其透明指数呈正偏态，中位数明显低于平均数，最高值与最低值的极差为98.24，标准差为23.83，样本透明指数值比较分散。

表18　慈善会透明度

类型	平均值	中位数	最大值	最小值	极差	标准差	组织样本数量
慈善会	28.56	22.28	99.63	1.39	98.24	23.83	341

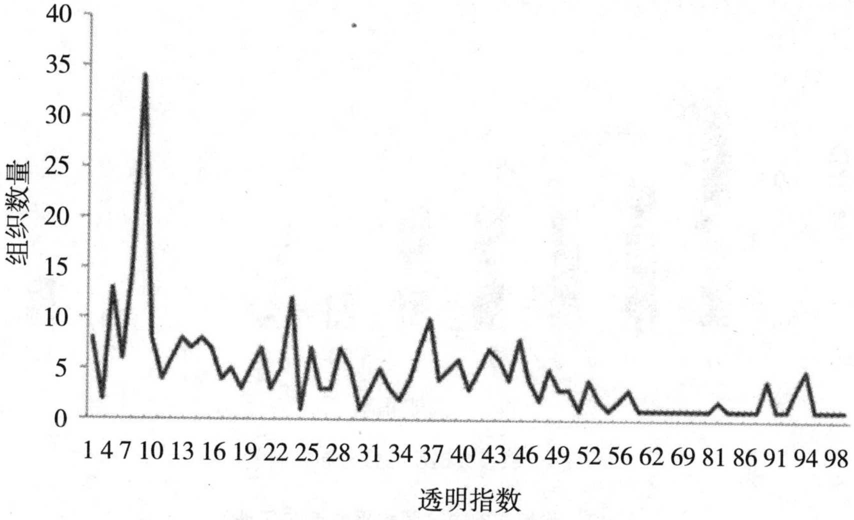

图3 慈善会透明指数分布情况

在监测样本中，透明指数达到卓越水平的慈善会有18家，约占慈善会样本的5.3%；处于优秀水平的有7家，占比2.1%；处于进取水平的有6家，占比1.8%。监测样本中的慈善会组织透明指数分布呈明显的阶梯状，透明水平差距较大。

表19 慈善会透明指数分布情况

透明水平	组织数量	占比
卓越	18	5.3%
优秀	7	2.1%
进取	6	1.8%

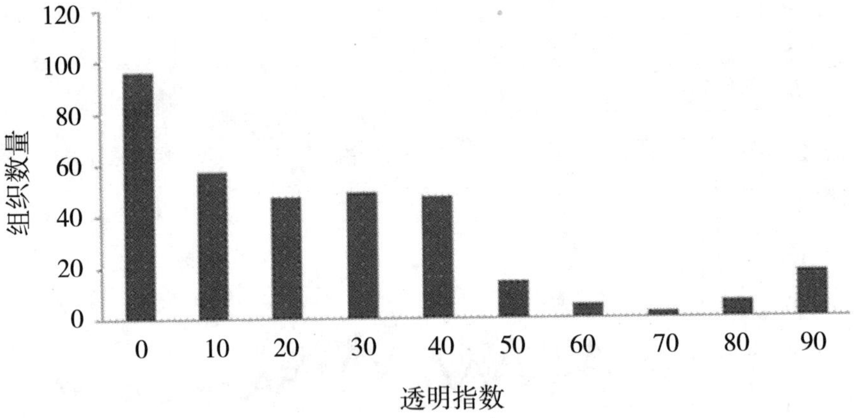

图4　慈善会透明指数分布情况

表20　监测样本中透明水平卓越的慈善会

名称	省份
长沙慈善会	湖南
成都市慈善总会	四川
大连市慈善总会	辽宁
福州市慈善总会	福建
灌南县慈善总会	江苏
河南省慈善总会	河南
湖州市慈善总会	浙江
江阴慈善总会	江苏
连云港市慈善总会	江苏
南京市慈善总会	江苏
陕西省慈善协会	山西
徐州市慈善总会	江苏
徐州市铜山县慈善会	江苏
扬州市慈善总会	江苏
荥阳慈善总会	河南
浙江省慈善总会	浙江

续表

名称	省份
郑州慈善总会	河南
中华慈善总会	全国

在18家透明指数达到卓越水平的慈善会中，来自江苏的慈善会样本数量最多，共有7家；其次是河南，有3家样本组织。

3. 十字会透明度

本次报告监测的红十字会共49家，占全部样本的4.9%，平均透明指数为37.71，中位数为37.88，中位数与平均数基本相等，标准差为12.56。

表21　红十字会透明度

类型	平均值	中位数	最大值	最小值	极差	标准差	组织数量
红十字会	37.71	37.88	90.53	3.54	86.99	12.56	49

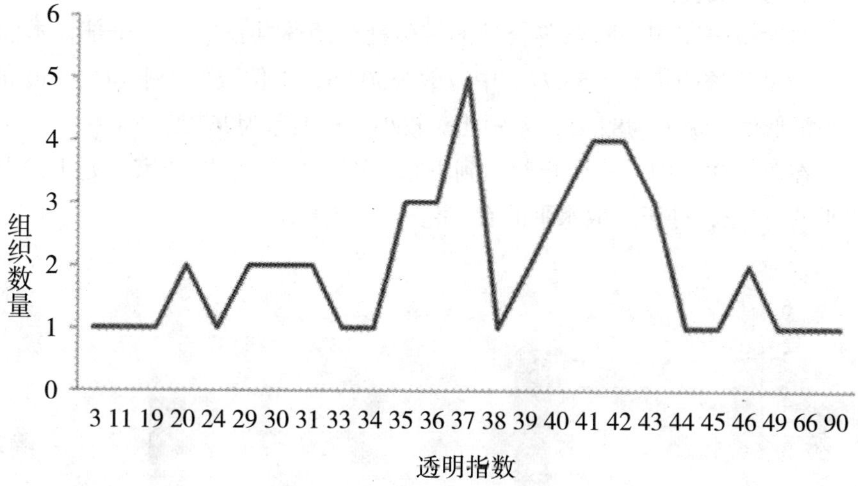

图5　红十字会透明指数情况

在监测样本中，红十字会一共49家，其中透明指数达到卓越水平的有上海市红十字会，达到进取水平的有中国红十字会总会。

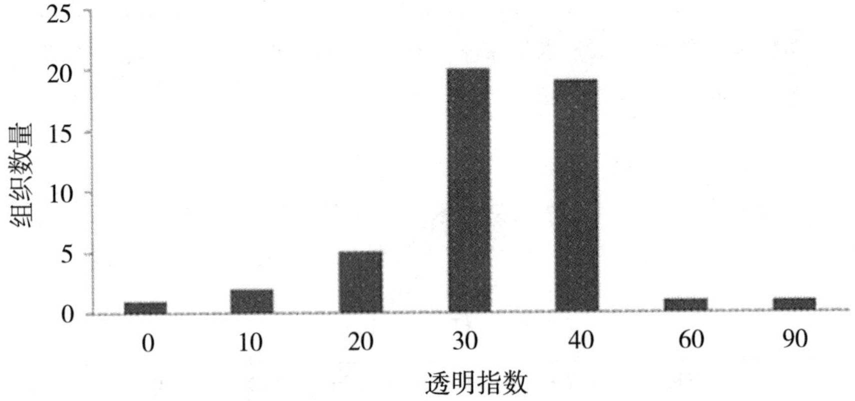

图6　红十字会透明指数分布情况

4. 社会团体透明度

本次报告监测的除慈善会外的其他社会团体共18家，占全部样本的1.8%，平均透明指数为55.77，中位数为50.96，中位数低于平均数，最高值与最低值的极差为82.45，差距相对较小，标准差为26.72。

在监测样本中，透明指数达到卓越水平的社会团体有2家，处于优秀水平的有5家，处于进取水平的有1家。

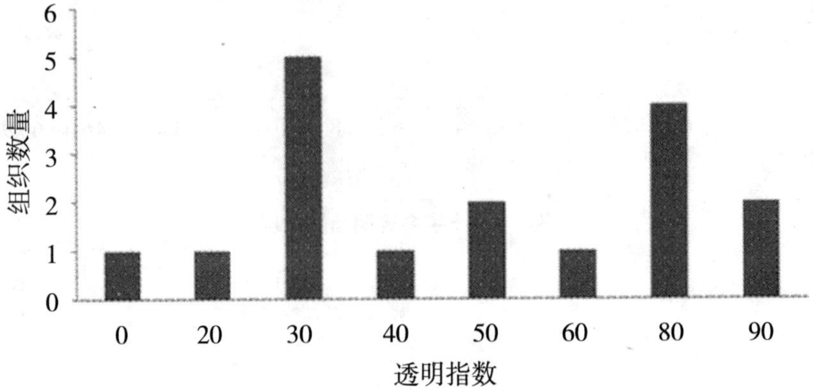

图7　社会团体透明指数分布

表22 监测样本中社会团体透明卓越组织与优秀组织

名称	透明水平
中国盲人协会	卓越
广东省汉达康福协会	优秀
中国滋根乡村教育与发展促进会	卓越
中国国际民间组织合作促进会	优秀
中国青年志愿者协会	优秀
中国社会工作协会	优秀
青海格桑花教育救助会	优秀

5. 民办非企业单位透明度

本次报告监测的民办非企业共31家，占全部样本的3.1%，平均透明指数为53.56，中位数为50.88，中位数低于平均数，最高值与最低值差距较大，样本透明指数值较分散。

表23 民办非企业单位透明度

类型	平均值	中位数	最大值	最小值	极差	标准差	组织数量
民办非企业	53.56	50.88	96.26	6.37	89.89	25.83	31

在监测样本中，透明指数达到卓越水平的有3家，处于优秀水平的有1家，处于进取水平的有8家。

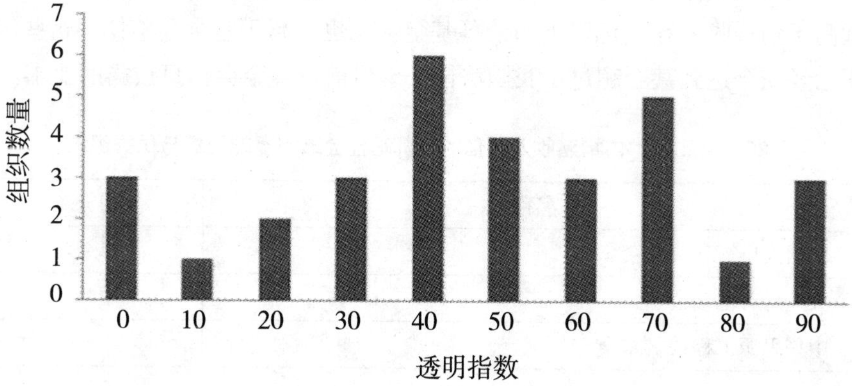

图8 民办非企业透明指数情况

表24　监测样本中民办非企业透明卓越组织与优秀组织

名称	省份
兰州慧灵智障人士服务中心	卓越
北京恩玖非营利组织发展研究中心	卓越
银川市穆斯林孤儿院	卓越
深圳市残友社工服务社	优秀

（四）不同规模慈善组织透明指数情况——大型组织更透明

1. 不同捐赠收入规模的公募基金会透明度

在2012年的报告中，我们发现不同资金规模的公益慈善组织在透明度上存在一定差异。年度捐赠收入量较大的组织，透明指数平均值相对较高。

表25　不同年度捐赠收入规模的公募基金会透明度情况

年捐赠收入	平均值	样本数量	透明指数60以上的组织数量	60以上组织占比
1亿以上	78.49	20	16	80%
5千万—1亿	58.95	18	9	50%
2千万—5千万	61.32	47	26	55.3%
2千万以下	44.81	227	51	22.5%

2012年捐赠收入[①]在一亿以上的公募基金会，整体的透明指数平均值远高于捐赠收入在一亿以下的公募基金会，也远高于基金会整体。这些组织已经完全达到甚至超过了我国法律法规目前对基金会信息披露的要求。

表26　监测样本内捐赠收入过亿的公募基金会透明卓越组织与优秀组织

名称	得分
中国人口福利基金会	卓越
大连慈善基金会	卓越
中华思源工程扶贫基金会	卓越

① 2012年捐赠收入，数据引自基金会中心网。

续表

名称	得分
中国妇女发展基金会	卓越
中国光华科技基金会	卓越
张家港市慈善基金会	卓越
中国教育发展基金会	优秀
中国青少年发展基金会	卓越
中国残疾人福利基金会	卓越
中国初级卫生保健基金会	卓越
中国红十字基金会	卓越
中国社会福利基金会	卓越
上海市慈善基金会	卓越

2. 不同净资产的非公募基金会透明度

考虑到非公募基金会在募捐和公益支出比例方面与公募基金会有较大差异，我们选择以非公募基金会的年度净资产作为衡量其资金规模的主要指标。

表27　不同净资产规模的非公募基金会透明指数情况

净资产①	平均分	样本数量	透明指数超过60的组织数量	60以上组织占比
2亿以上	66.53	16	10	62.5%
1亿—2亿	65.09	31	20	64.5%
5千万—1亿	53.72	29	18	62.1%
低于5千万	49.26	173	59	34.1%

整体而言，监测样本中净资产较高的非公募基金会，透明指数平均值较高。但与捐赠收入规模不同的公募基金会相比，不同净资产规模的非公募基金会，透明指数平均值的差距相对较小。

① 2012年净资产，数据来自基金会中心网。

表28　监测样本内净资产过亿的非公募基金会透明卓越组织与优秀组织

名称	透明水平
安利公益基金会	卓越
北京交通大学教育基金会	卓越
广东省华南理工大学教育发展基金会	卓越
南都公益基金会	卓越
宁波大学教育发展基金会	优秀
宁波鄞州银行公益基金会	优秀
上海交通大学教育发展基金会	优秀
上海唐君远教育基金会	优秀
神华公益基金会	卓越
桃源居公益事业发展基金会	卓越
腾讯公益慈善基金会	卓越
万科公益基金会	卓越
瀛公益基金会	卓越
友成企业家扶贫基金会	卓越
浙江大学教育基金会	卓越
中国移动慈善基金会	优秀
中科院研究生教育基金会	优秀
中远慈善基金会	卓越

（五）不同地域慈善组织透明指数情况——全国性组织继续大幅领先

1. 全国性组织透明情况

表29　不同地域组织透明情况

地域	总分①	完整性	易得性	及时性	样本数量
全国	68.53	26.62	27.02	15.18	129

① 总分为百分制换算分数。

续表

地域	总分	完整性	易得性	及时性	样本数量
东部	40.93	16.15	16.36	8.60	548
西部	34.98	14.01	14.20	6.94	186
中部	38.94	15.50	15.60	8.02	137

全国性组织的透明指数平均值为68.53，仍明显高于地方性组织，东部和中部组织透明指数平均值接近。在各个维度上，全国性组织的整体表现都优于地方性组织。

在监测的129家全国性组织中，透明指数达到卓越水平的有27家组织，占样本中此类组织的20.8%；透明指数处于优秀水平的有21家，占比16.2%；透明指数处于进取水平的有42家，占比32.3%。

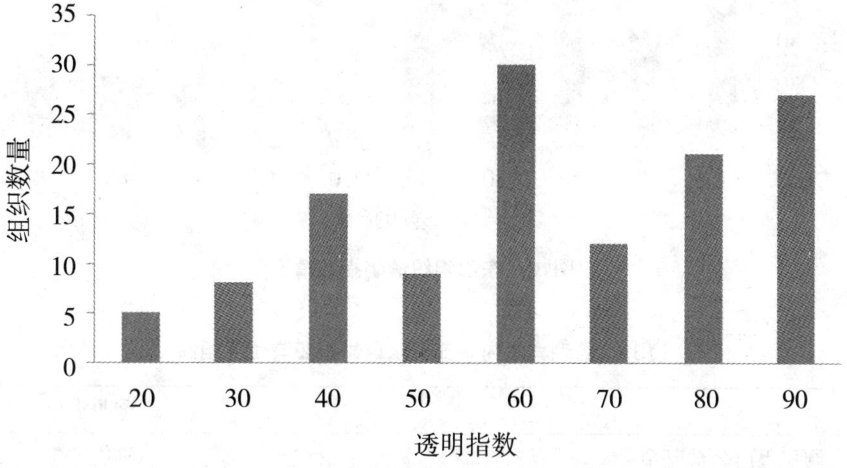

图9 全国性组织透明指数情况

2. 地方性组织透明情况

地方性组织整体透明指数平均值为39.34，在871个地方性监测样本中，透明指数达到卓越水平的共43家组织，处于优秀水平的共43家组织，处于进取水平的共83家组织。

在2012年的报告中，地方性组织透明指数超过80的只有5家。地方性组织的信息披露工作有明显改观，但组织之间的差距进一步扩大，组织透明度水平分层明显。

表30　地方性组织透明情况

地域	总分平均值	完整性	易得性	及时性	组织数量
全国性组织	68.53	26.62	27.02	15.18	129
地方性组织	39.34	15.59	15.78	8.15	871

（1）东部组织透明情况

在监测的548家东部组织中，透明指数达到卓越水平的有32家组织，处于优秀水平的有33家组织，两者占东部样本比例约为11.9%；透明指数处于进取水平的组织有60家，占东部样本比例约为11%。

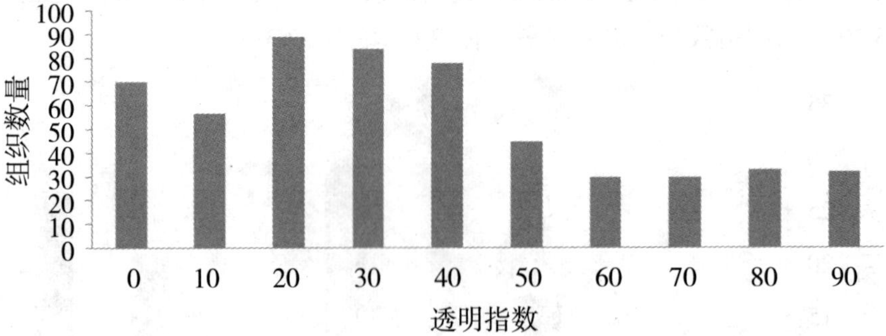

图10　东部组织透明指数情况

表31　监测样本内东部透明卓越组织与优秀组织

名称	透明水平
阿里巴巴公益基金会	优秀
爱德基金会	卓越
宝钢教育基金会	优秀
北京大学教育基金会	优秀
北京恩玖非营利组织发展研究中心	卓越
北京桂馨慈善基金会	卓越
北京青少年发展基金会	优秀
北京市残疾人福利基金会	卓越
北京市慈善协会	优秀
北京市企业家环保基金会	优秀

名称	透明水平
北京万通公益基金会	卓越
大连慈善基金会	卓越
大连市慈善总会	卓越
大连市青少年发展基金会	卓越
福建江夏慈善基金会	优秀
福州市慈善总会	卓越
灌南县慈善总会	卓越
广东省慈善总会	优秀
广东省妇女儿童基金会	卓越
广东省汉达康福协会	优秀
广东省华南理工大学教育发展基金会	卓越
广东省青少年发展基金会	优秀
河北省慈善总会	优秀
河北省红十字基金会	优秀
湖州市慈善总会	卓越
淮安区慈善会	优秀
江苏省连云港市海州区慈善会	优秀
江阴慈善总会	卓越
昆山市慈善基金会	卓越
连云港市慈善总会	卓越
南京市慈善总会	卓越
南通开发区慈善会	优秀
南通市通州区慈善基金会	卓越
宁波大学教育发展基金会	优秀
宁波鄞州银行公益基金会	优秀
如皋市慈善基金会	卓越
山东大学教育基金会	优秀
山东省教育基金会	优秀
上海交通大学教育发展基金会	优秀

续表

名称	透明水平
上海民建扶帮公益基金会	优秀
上海市慈善基金会	卓越
上海市红十字会	卓越
上海市建国社会公益基金会	优秀
上海市民帮困互助基金会	优秀
上海宋庆龄基金会	卓越
上海唐君远教育基金会	优秀
上海真爱梦想公益基金会	卓越
绍兴市人民教育基金会	优秀
深圳市残友社工服务社	优秀
深圳壹基金公益基金会	优秀
神华公益基金会	卓越
苏州市慈善基金会	优秀
桃源居公益事业发展基金会	卓越
万科公益基金会	卓越
温州市鹿城区人民教育基金会	优秀
新沂市慈善基金会	卓越
徐州市慈善总会	卓越
徐州市铜山县慈善会	卓越
扬州市慈善总会	卓越
张家港市慈善基金会	卓越
浙江省慈善总会	卓越
浙江省青少年发展基金会	优秀
浙江省阳光教育基金会	优秀
中国农业大学教育基金会	优秀
中科院研究生教育基金会	优秀

（2）中部组织透明情况

在监测的137 家中部组织中，透明指数达到卓越水平的有6家，处于优秀水平的有7家，两者约占中部样本的9.5%；处于进取水平的有10家，约占7.3%。

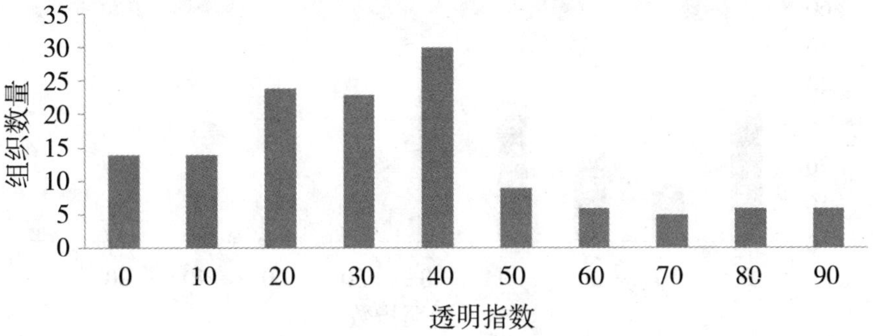

图11　中部组织透明指数情况

表32　监测样本内中部透明卓越组织与优秀组织

名称	透明水平
长沙慈善会	卓越
安徽省仁众教育基金会	优秀
河南省残疾人福利基金会	优秀
登封市慈善总会	优秀
河南省慈善总会	卓越
黑龙江省青少年发展基金会	优秀
湖南省教育基金会	优秀
湖南省龙阳助学基金会	优秀
湖南省青少年发展基金会	卓越
陕西省慈善协会	卓越
武汉理工大学教育发展基金会	优秀
荥阳慈善总会	卓越
郑州慈善总会	卓越

（3）西部组织透明情况

在监测的186家西部组织中，透明指数达到卓越水平的有5家组织，处于优秀水平的有3家组织，两者约占西部样本的4.3%；处于进取水平的有13家组织；约占7%。

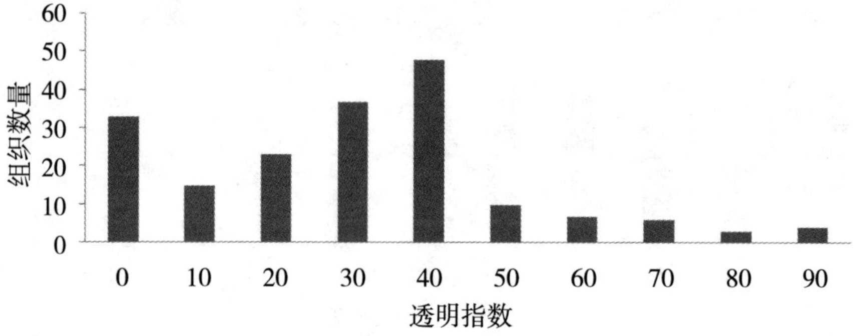

图12 西部组织透明指数情况

表格94 监测样本内西部透明卓越组织与优秀组织

名称	透明水平
贵州文化薪火乡村发展基金会	卓越
兰州慧灵智障人士服务中心	卓越
成都市慈善总会	卓越
贵州省励业帮扶基金会	优秀
老牛基金会	卓越
青海格桑花教育救助会	优秀
新疆妇女儿童发展基金会	优秀
银川市穆斯林孤儿院	卓越

3. 不同省份慈善组织透明度情况

对地方性组织而言，注册在不同省市的公益慈善组织，整体的透明水平也存在一定差异。

表34 监测样本中各省市公益慈善组织透明情况

注册地	平均值	样本数量
安徽	45.22	13
北京	52.75	56
福建	34.22	47
甘肃	26.29	8

续表

注册地	平均值	样本数量
广东	38.64	76
广西	34.56	13
贵州	40.67	11
海南	23.57	6
河北	38.89	14
河南	38.06	33
黑龙江	40.80	11
湖北	40.51	21
湖南	41.18	28
吉林	33.57	12
江苏	39.02	141
江西	31.77	10
辽宁	40.28	25
内蒙古	30.83	16
宁夏	38.27	12
青海	42.05	8
山东	27.71	41
山西	35.30	9
陕西	38.49	22
上海	72.04	35
四川	35.06	54
天津	55.43	5
西藏	23.50	4
新疆	42.07	6
云南	28.06	21
浙江	37.28	102
重庆	39.70	11
全国	68.53	129

上海、北京和天津的公益慈善组织透明指数整体均值相对较高，尤其是只有上海一地的透明指数平均值高于全国性组织平均值。这得益于上海市较完善的社会组织信息平台建设。

由于报告在抽样时的原则是以所占有的慈善资源为主要参考因素，故各省市的样本数量差距较大，个别省只有少量组织进入监测样本。这几个组织的透明指数可以在一定程度上反应该省份慈善资源的透明情况，但对其公益慈善组织透明情况的代表性较弱。

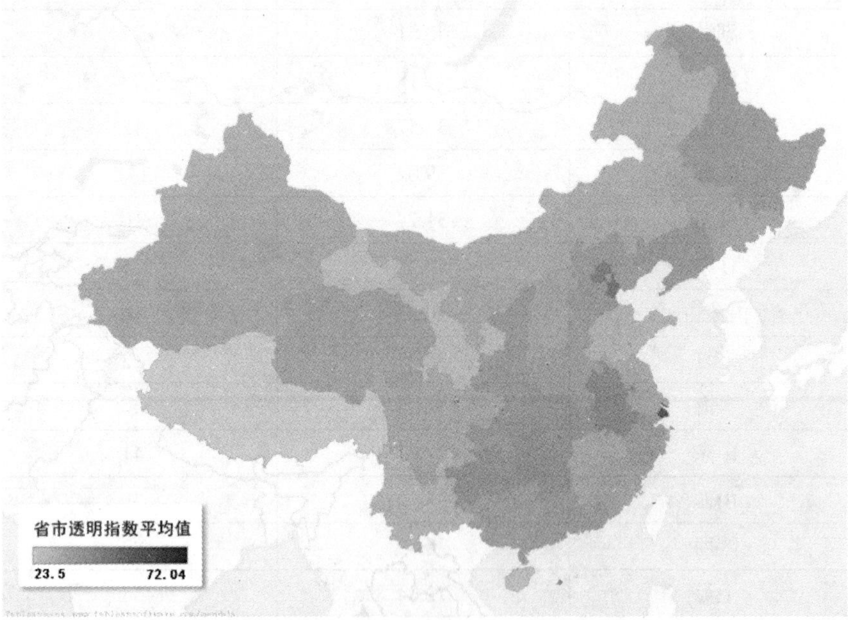

图13　各省市监测组织样本透明情况示意图

4. 不同省份社会组织信息网建设情况[①]

各省市社会组织信息平台建设水平对当地社会组织的透明情况有一定影响，各地信息平台的内容及其更新频率有较大差异。

① 本节内容数据收集截止日期为2013年9月6日。

表35 地方社会组织信息平台情况

省市	有无地方社会组织网[2]	有无年检公布栏	有无公布2012年检结果	有无年报公布栏[3]	有无公布2012年年报
安徽	有	有	无	有	有
北京	有	有	有	无	无
福建	有	无	无	有	有
甘肃	有	有	无	无	无
广东	有	无	无	无	无
广西	有	无	无	无	无
贵州	无	无	有	无	有
海南	无	无	无	无	无
河北	有	无	无	无	无
河南	有	有	无	有	有
黑龙江	有	无	无	无	有
湖北	有	无	无	无	有
湖南	有	无	有	无	有
吉林	有	有	无	无	无
江苏	有	无	无	无	有
江西	有	有	无	有	无
辽宁	有	有	有	无	无
内蒙古	无	无	无	无	无
宁夏	无	无	无	无	无
青海	有	有	无	无	无
山东	有	有	有	无	有
山西	无	无	无	无	无

① 指由地方民间组织（社会组织）管理部门主办的网站，旨在通过宣传有关法规政策、公开办事程序、提供便民措施等手段，提高社会组织登记管理工作的透明度和工作效率，服务社会公众和各类社会组织。

② 部分省市指定由中国基金会网或中国社会组织网自动披露年报。

续表

省市	有无地方社会组织网	有无年检公布栏	有无公布2012年检结果	有无年报公布栏	有无公布2012年年报
陕西	有	有	无	无	无
上海	有	有	有	有	有
四川	无	无	无	无	无
天津	有	有	有	无	无
西藏	无	无	无	无	无
新疆	有	有	有	无	无
云南	无	无	无	无	有
浙江	有	无	为	无	有
重庆	有	无	有	无	无

（六）各维度透明指数情况——及时性较弱

完整性指标54个，满分37.87；易得性指标54个，满分37.87；及时性指标33个，满分27.4。

为进行比较，对这三个维度的透明指数平均值进行得分率计算，结果显示，完整性和易得性两个维度上的表现好于及时性维度。在2011年和2012年的报告中，及时性也是各维度中最弱的一环。

表36　各维度透明指数情况

	完整性	易得性	及时性
透明指数	17.01	17.23	9.06
得分率	44.9%	45.5%	33.1%

1. 完整性透明指数

在完整性维度上，基本信息共16个指标，满分12.32；治理信息18个指标，满分9.52；业务信息16个指标，满分7.68；财务信息5个指标，满分8.35。

为进行比较，对基本信息、治理信息、业务信息、财务信息的完整性透明指数平均值进行得分率计算。

表37　完整性维度透明指数情况

	基本信息	治理信息	业务信息	财务信息
原始值	8.88	3.72	2.54	1.83
得分率	72.1%	39.1%	33.1%	21.9%

监测结果显示，基本信息的披露情况明显好于另外3个方面，财务信息的披露工作仍较落后。组织公开财务信息的意愿和能力都较低。透明指数低于50的组织，基本没有公开财务会计报表。

在完整性维度上，基本信息方面获得满分的样本组织有139个，占全部监测样本的13.9%。治理信息方面获得满分的样本组织有28个，占全部监测样本的2.8%。业务信息方面获得满分的样本组织有6个，占全部监测样本的0.6%。财务信息方面获得满分的组织有108个，占全部监测样本的10.8%。

表38　完整性关键指标披露情况

指标	信息公开制度	年报全文	年报摘要	审计意见	会计报表			财务会计报表附注
					资产负债表	业务活动表	现金流量表	
披露组织数量	157	275	21	241	257	253	236	127

由监测结果可知，在监测样本中，有157家组织公开了组织的信息披露制度，有296家组织发布了2012年的年度工作报告全文或摘要，发布完整年度会计报表的组织有228家。

信息公开制度是对组织信息披露工作内容和流程等方面的规范。年度工作报告和年度会计报表是对组织当年情况的系统描述。这几项关键指标的缺失，是我国慈善组织当前亟待改善的问题。

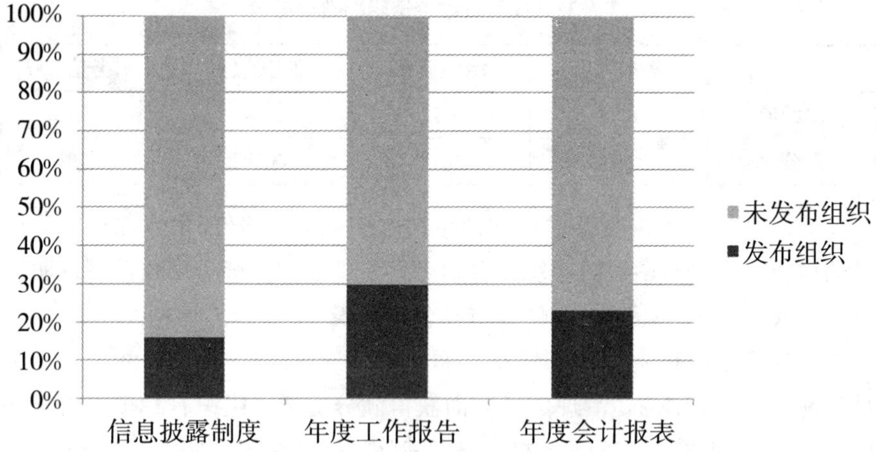

图14　关键指标披露情况

表39　不同类型组织完整性透明情况

	慈善会	非公募基金会	公募基金会	红十字会	民办非企业	社会团体
基本信息①	6.60	10.33	10.15	7.82	10.59	9.77
治理信息	2.23	4.75	4.42	3.62	5.06	3.32
业务信息	1.89	2.86	2.74	3.33	3.24	3.65
财务信息	0.72	2.71	2.49	0.34	2.80	1.76
完整性	11.44	20.65	19.80	15.10	20.81	22.47

监测结果显示，不同类型的组织样本在这四个方面的趋势是相近的，基本信息方面的披露工作远好于其他方面，财务信息方面最弱。基金会、民办非企业和社会团体的整体表现好于慈善会与红十字会。而在业务信息方面，各个类型的组织表现最接近，透明度都相对较差。红十字会在业务信息方面表现较好。2013年各地红十字会的业务项目以赈灾为主，受到社会各界广泛关注，这对红十字会组织的信息公开起到了一定促进作用。

在业务信息中，项目资金使用计划、项目决算、项目进展与项目效果这4个指标的得分尤其低，而且各个组织类型都呈现这个趋势。说明公益慈善组织在披露项目成本、项目阶段报告和项目绩效方面做得比较不足。这部分内容涉及到善款的去向与使用效率，既是信息披露工作的难点，也是社会公众最迫切想要了解的公益慈善信息。

① 本表内基本信息、治理信息、业务信息、财务信息分值均为在完整性维度上的值。

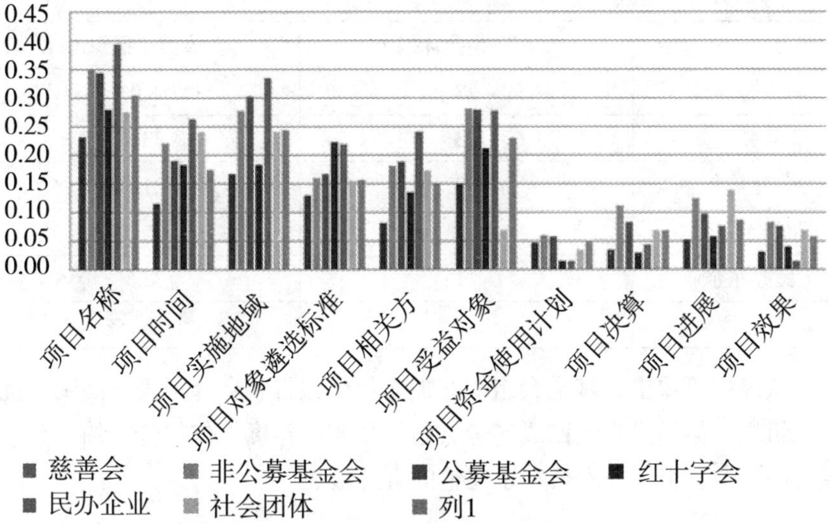

图15　各类型组织项目信息披露情况

年报和年度会计报表这两项关键指标的披露情况，也可以在一定程度上反应不同类型组织的透明情况。在监测样本中，基金会和民办非企业发布年报和会计报表的组织比例较高，相应的透明指数平均值也较高。

表40　不同类型组织年报发布情况

	发布年报全文（或摘要）	在该类型组织占比
慈善会	61	17.9%
非公募基金会	105	42.2%
公募基金会	105	33.7%
红十字会	4	9.2%
民办非企业	13	41.9%
社会团体	8	44.4%

表41 不同类型组织会计报表发布情况

	发布完整会计报表	在该类型组织占比
慈善会	27	8.0%
非公募基金会	83	33.3%
公募基金会	99	31.7%
红十字会	2	4.1%
民办非企业	11	35.5%
社会团体	6	33.3%

从表中可看出，基金会组织在披露年度报告和会计报表方面明显优于其他组织，但仍只有近四成基金会组织公布了年度工作报告，约三分之一左右的基金会组织样本公布了完整的会计报表。

2. 易得性透明指数

本次研究，将易得性分为3个层次，可通过官方主页、指定网站[①]和政府网站获取信息是第一层次，通过其他网站渠道获取是第二层次，无法经由网络搜索获得是第三层次。

从监测结果可以看出，披露出的信息主要是存在第一层次的网络媒介。在296家公布年报的组织中，有281家的年度工作报告是通过官网或指定网站获得。在可获取项目信息的704家组织中，有604家组织的项目信息是通过官网或指定网站获得，有100家是通过其他网络渠道获得。

公益慈善组织可自主控制信息披露的渠道主要是官方主页，包括官方网站和在信息平台上组织自己管理的主页。另外，以微博为主的社交媒体也是重要的信息披露平台。有着自主信息披露渠道的组织，整体的透明情况要远好于没有官方主页或社交媒体的组织，其中有社交媒体的组织的透明情况要更好一些。

① 包括各社会组织网、中国慈善信息平台、基金会中心网、中国基金会网、公益时报、USDO自律吧、支付宝公益频道、腾讯公益。

表42　组织信息发布渠道情况

	官方主页		社交媒体	
	有	无	有	无
组织数量	691	309	266	734
透明指数平均值	53.62	19.63	62.04	36.25

在这两种信息披露渠道中，官方主页侧重于信息的发布，而社交媒体提供了更多的互动。在监测样本中，已经有接近七成的公益慈善组织拥有官方主页，但只有不到三成的组织有社交媒体。与社会公众互动，是建立在一定程度的信息披露的基础之上才能开展的工作。我国目前公益慈善组织与社会公众的互动水平较低，和当前信息公开现状是相符的。

3. 及时性透明指数

及时性维度共有33个指标，满分24.7，1000家监测样本组织的平均值为8.33。在基本信息方面，满分5.39，平均分3.06；在治理信息方面，满分6.16，平均分2.80；在业务信息方面，满分4.8，平均分1.46；在财务信息方面，满分8.35，平均分1.74。

表43　及时性维度透明情况

	基本信息	治理信息	业务信息	财务信息
原始分	3.06	2.80	1.46	1.74
得分率	56.8%	45.5%	30.4%	20.8%

从监测结果可知，及时性与完整性的趋势相近却略有不同。基本信息相比较高，财务信息最低。治理信息和业务信息的完整性表现相近，但业务信息的及时性分数明显低于治理信息，这与不同指标在及时性上的要求不同有关。治理信息对及时性的要求主要是以年度为单位，而业务信息的更多指标是以季度为单位。

仅约25%的监测样本组织能够做到每年提供项目进展情况，其中约有10%的监测样本组织能够做到每季度都提供项目进展情况信息。

表格44　及时性关键指标透明情况

	项目季度汇报	项目年度汇报	年度项目绩效报告
发布组织数量	120	127	168

不同类型的组织在及时性维度上的表现趋势与完整性接近。在基本信息、治理信息和财务信息3个方面，非公募基金会和公募基金会的表现好于其他组织，慈善会和红十字会表现较弱。而在业务信息及时性上，各类型组织表现相近，都比较弱。

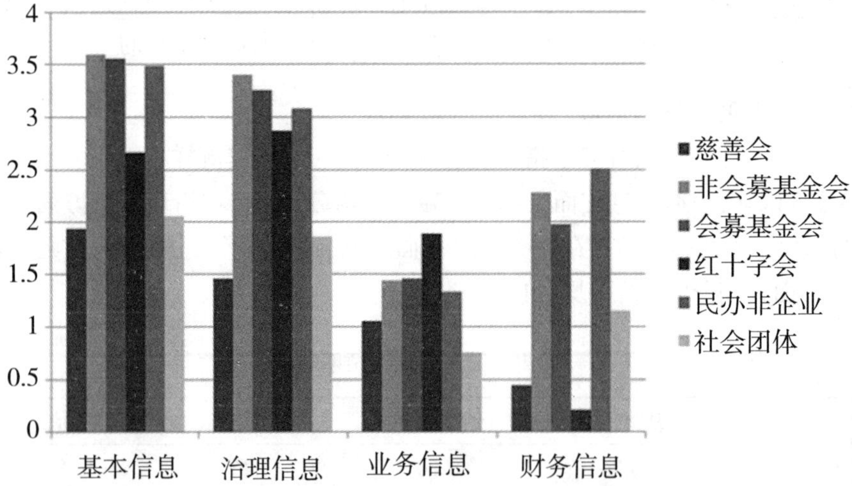

图16　各类型组织在及时性维度的透明情况

（七）透明情况整体大幅提升

1. 年度透明指数提升33.1%

由于2013年我们对报告使用的评估体系框架进行了较大的改动，使得2013年的监测数据结果无法直接与2012年的结果进行比较。为了解这段时间我国公益慈善组织透明度的变化情况，我们对2012年的监测结果按照新的评估体系的评分与权重进行了相应处理，获得可比较的数值。

整体而言，2013年的监测样本透明指数平均值为43.11，经过换算，2012年的透明指数平均值为32.4，2013年比2012年提高了33.1%。在监测样本中，透明指数达到80以上的公益慈善组织数量，2012年为20家，2013年为134家，在样本中的占比由4%上升至13.4%；60以上的组织2012年为102家，2013年为259家，在样本中的占比小幅上升，由20.4%上升至25.9%。

在年度工作报告与年度财务报告这两项关键指标上，2013年公布年度工作报告全文的组织为275家，占全部监测样本的27.5%，与2012年相比有大幅增长。2013年公布会计报表全文的组织为228家，占全部监测样本的22.8%，与2012年相比，也有所增长。

表45 关键指标透明度变化

	披露年度工作报告全文		披露年度报告摘要		披露会计报表全文	
	数量	占比	数量	占比	数量	占比
2011年	4	0.4%	121	12.1%	80	8%
2012年	73	14.6%	81	16.2%	87	17.4%
2013年	275	27.5%	21	2.1%	228	22.8%

2. 基金会透明指数提升幅度最大

在监测样本中，公募基金会和非公募基金会的透明指数都较2012年有大幅度的增长，慈善会与2012年相比也略有增长，民办非企业与红十字会较2012年基本持平。

表46 不同类型组织透明度变化情况

组织类型	2012年	2013年	增长率
慈善会	22.64	28.56	26.1%
非公募基金会	36.28	52.67	45.2%
公募基金会	35.98	50.47	40.3%
红十字会	34.46	37.72	6.6%
民办非企业	47.36	52.55	11.0%
社团	39.04	57.37	47.0%

3. 规模过亿的组织与其他组织之间透明度差距加大

2012年和2013年我们在报告中都调查了不同规模捐赠收入的公募基金

会的透明度情况。从监测结果来看，这两年的样本中捐赠收入过亿的公募基金会，其透明指数平均值和透明指数高于60的组织比例，明显高于样本中其他公募基金会，而且差距在逐年增加。另外，2012年捐赠收入在2千万至5千万之间的公募基金会约有47家，与2012年相比，这个规模的公募基金会的透明指数平均值有较大提升。

表47　不同规模公募基金会透明指数变化情况

	平均值		透明指数60以上		60以上占比	
	2012年	2013年	2012年	2013年	2012年	2013年
1亿以上	65.2	78.49	12	16	63.2%	80%
5千万—1亿	56.5	58.95	12	6	48%	50%
2千万—5千万	50.6	61.32	9	26	22%	55.3%
2千万以下	46.3	44.81	1	51	4%	22.5%

由监测结果可知，2012年和2013年，净资产过亿的非公募基金会，其透明度指数平均值较高，样本中净资产过亿的非公募基金会，其透明指数平均值比2012年有较大提升，透明指数在60以上的组织占比也有较大提升。而监测样本中，净资产在5千万至1亿之间的组织的透明指数平均值虽只有小幅上升，但高于60的组织的数量和占比都有明显提升。净资产低于5千万的非公募基金会，透明指数平均值比2012年下降，但超过60的组织数量和占比有巨幅上升，说明这个规模的组织有能力在一年间大幅改进信息披露工作，同时说明组织之间透明度差距较大。

表48　不同规模非公募基金会透明指数变化情况

	平均值		60以上的组织数量		60以上占比	
	2012年	2013年	2012年	2013年	2012年	2013年
2亿以上	54	66.53	5	10	55.6%	62.5%
1亿—2亿	59.6	65.09	10	20	50%	64.5%
5千万—1亿	50.2	53.72	4	18	25%	62.1%
低于5千万	51.8	49.26	1	59	4%	34.1%

4. 中部组织透明指数升幅最大

与2012年相比，全国性组织的透明指数平均值高于地方性组织的平均值的趋势没有变化，2013年，全国性组织的透明指数平均值仍然较高，并且和地方性组织整体差距较大。2012年，在地方性组织中，东部地区的组织透明情况较好，中部和西部较弱。而2013年，中部地区的公益慈善组织的透明指数增长幅度达到44%，中部地区和东部地区的组织的透明情况接近，均好于西部地区。

表49 不同地域公益慈善组织透明度变化情况

地域	2012年	2013年	增长率
全国	51.56	68.53	33.0%
东部	31.42	40.93	30.3%
西部	27.03	34.98	29.4%
中部	26.35	38.94	44.0%

5. 及时性改进最显著

根据监测结果，从2012年至2013年，样本组织在完整性、易得性和及时性的3个维度上都有所提升，其中及时性维度的表现提升幅度较大。在2012年的报告中，及时性也是改进最显著的维度。

表50 不同维度透明情况变化

	完整性	易得性	及时性
2012年	37.8[19]	38	16
2013年	44.9	45.5	33.1
增长率	18.9%	19.7%	106.9%

四、公众满意度

公众调查的调查时间是2013年7月19日至8月19日，回收的有效问卷为

① 本表格使用的是百分制数据。

1066份。调查的形式是网络在线调查问卷，受访人群中有85.05%的受访对象在2013年曾经捐赠过款物或提供过志愿服务，答卷人群整体对公益慈善的关注度较高。

（一）门户网站与微博是主要信息渠道，善款来源信息最多

1. 门户网站和微博成为公众获取公益慈善信息的主要渠道

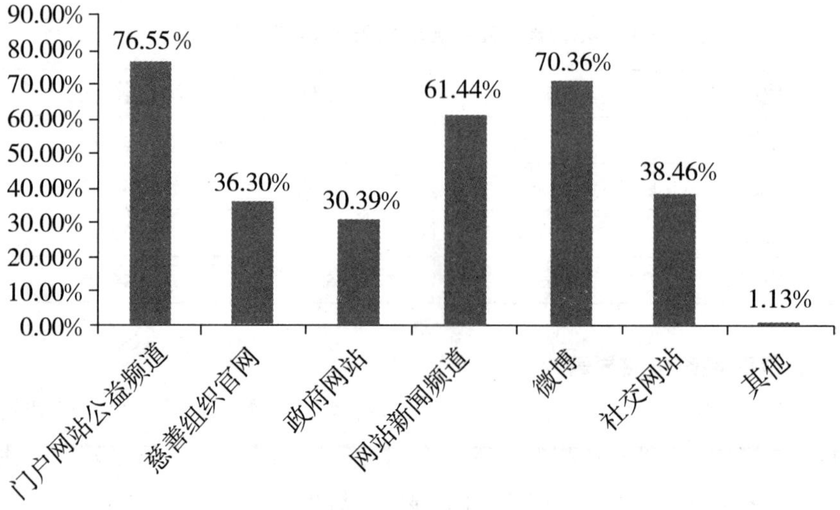

图17　公众获取公益慈善信息的渠道

网络调查显示，分别有76.55%和61.44%的网民是通过门户网站公益频道和网站新闻频道获取公益慈善信息。微博和社交网站虽然都属于社交媒体，但超过七成网民是通过微博获得公益慈善信息，而通过社交网站的只有38.46%。去慈善组织官网和政府网站了解公益慈善信息的网民分别为36.3%和30.39%。门户网站和微博上的慈善信息所接触到的人群远大于慈善组织自己的官网。而且不排除去官网的人中有相当一部分是在门户网站或微博上看到新闻后才去官网寻找更多信息的人。

2. 捐赠方相关信息量最大

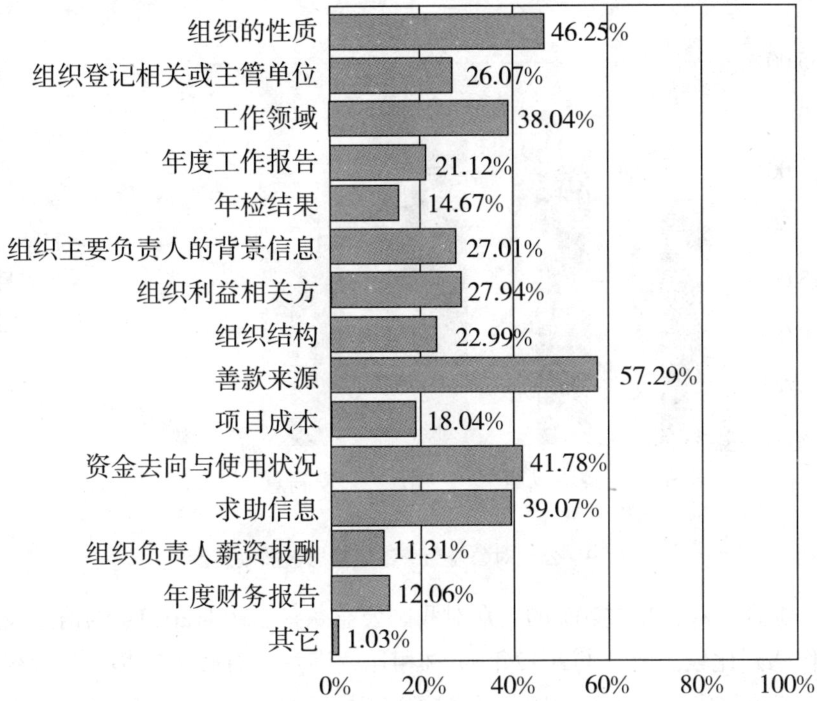

图18　公众所获得公益慈善信息内容

2013年，公众了解的公益慈善信息主要是关于善款来源的，即捐赠方的相关信息。关于组织的性质和资金去向，公众所获得的信息也相对较多。而公众了解最少的3个方面依次是：组织负责人薪酬、组织年度财务报告和年检结果。这与上文的信息渠道选择是相符的。新闻是公众最大的公益慈善信息来源，善款的去向与使用状况也相对更有新闻价值。捐赠方能获得更多的媒体资源，公开的意愿也较强。而年检结果、年度财务报告和组织负责人薪酬，较难以新闻形式报道，组织公开相关信息的意愿也较弱。

（二）公众对公益慈善组织信息披露的满意度大幅提升

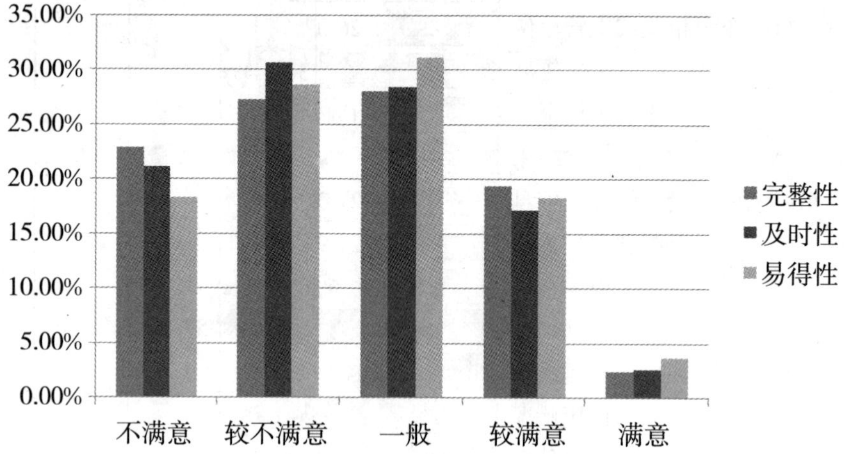

图19　公众对公益慈善组织信息披露满意度

综合来看，超过20%的公众对我国公益慈善组织对2013年的信息披露工作感到比较满意，与2012年的9%相比，满意度有较大升幅。约50%的公众对公益慈善组织信息公开工作较不满意，而2012年这个比例为61%。中，公众对信息易得性的满意度相对较高，对信息及时性的满意度相对较低。

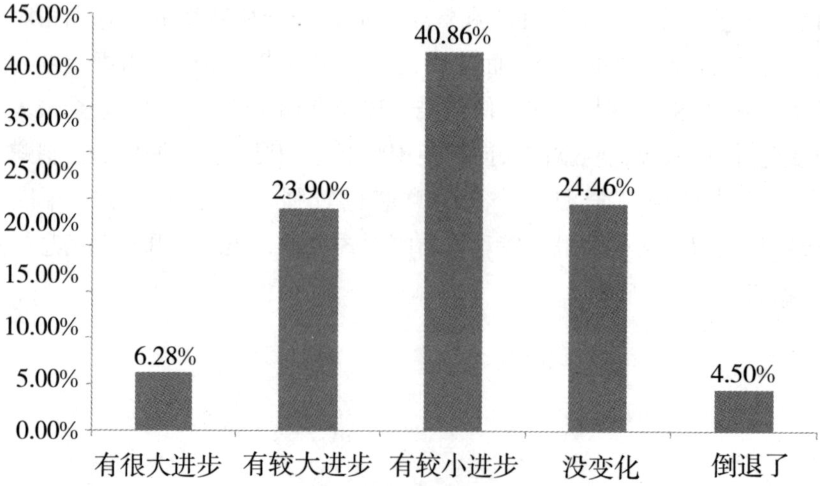

图20　公众对公益慈善组织信息工作评价

2012年，有56%的人表示认为公益慈善信息公开工作在当年有所进步。而在2013年的调查中，有超过70%的公众认为公益慈善组织的信息披露工作有一定程度的进步，其中有超过30%的公众认为进步比较大。与2012年相比，有更大比例的人认为信息披露工作有进步。这些均显示出近两年公益慈善行业在透明化工作上的投入已产生了明显的积极影响。

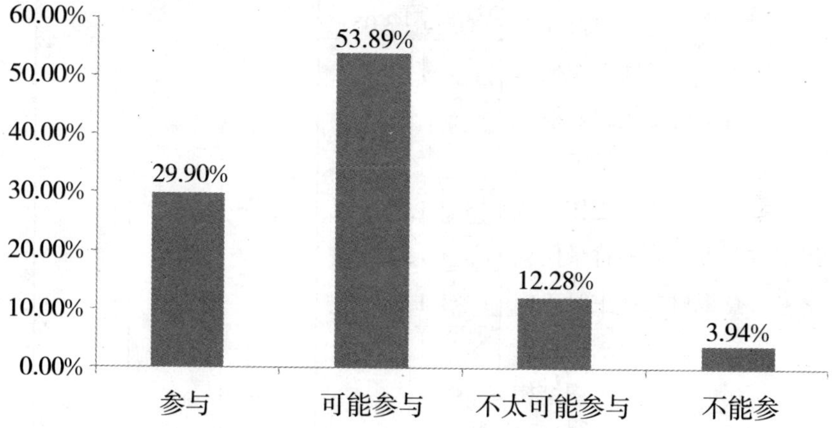

图21　公众参与公益活动意愿

在调查中，29.9%的受访者表示在未来一年中有捐赠款物或做志愿者的意向，53.89%的受访者表示有这个可能。这从一个侧面反映出公众对公益慈善组织的工作比较认可。

（三）善款的资金去向与使用状况最受关注

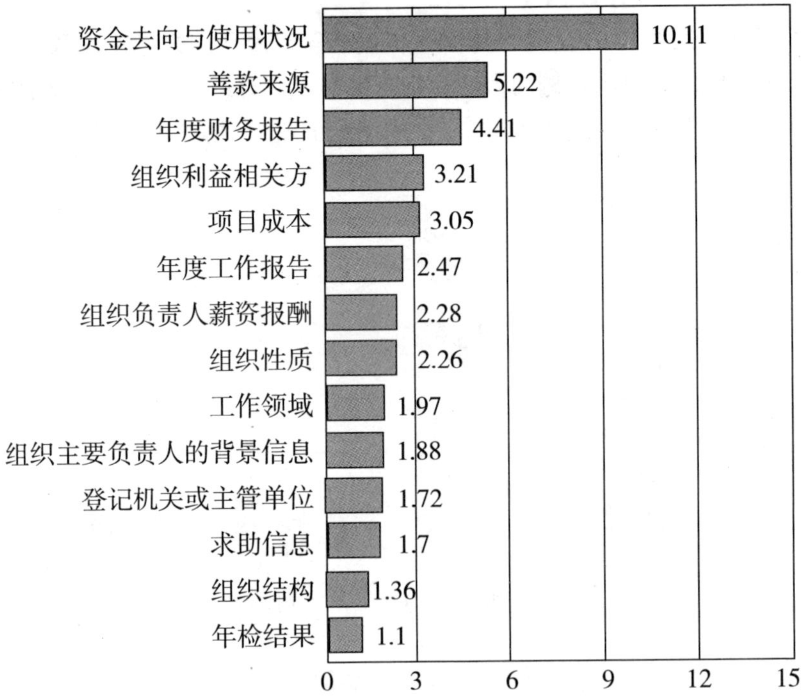

图22　公众对公益组织信息披露内容的期待

在2012年的调查中，公众反馈最希望了解公益慈善组织的业务信息。2013年的调查再次说明，公众最希望了解的是资金去向与使用状况①，其次是善款来源与组织年度财务报告。而这些恰恰是我们公益慈善组织在信息披露时做得较差的部分。将前5项综合考量，可看出公众希望全面了解公益慈善组织使用慈善资源的整个过程，包括钱从哪里来、到哪里去，分配是否合理，都有哪些人或机构参与了这个过程，以及最终成果。

① 排序题使用平均综合得分反映了选项的综合排名情况，得分越高表示综合排序越靠前。计算方法为：选项平均综合得分=（Σ频数×权值）/本题填写人次权值由选项被排列的位置决定。例如有3个选项参与排序，那排在第一个位置的权值为3，第二个位置权值为2，第三个位置权值为1。

五、慈善透明与信息化建设

（一）慈善信息化建设是慈善透明的重要保障

慈善信息化建设，是慈善事业的重要内容，是慈善事业健康发展的重要手段，更是慈善信息透明的重要保障。

首先，透明和慈善信息化建设是全球慈善事业发展的必然趋势。慈善信息化是在慈善事业透明度、公信力建设发展到一定阶段，科学技术达到一定水平，社会需求达到一定程度的必然要求。慈善信息化建设已经从概念研究迈向技术实践，正在成为转变慈善信息披露方式、推进公益慈善组织管理创新的新手段和新途径。

信息化正在引领慈善创新和变革，这种变革不仅体现在慈善组织的工作速度和效率上，同时也以最人性化的方式拉近了捐赠者、慈善组织和受益人的距离，以信息化手段实现了慈善各方的良性互动，并最终为实现更即时互助的信息交流，更便捷的公开透明，更广泛的参与互动，更高效的传播和更低的运作成本提供了技术条件。

信息化技术正在深刻的影响着中国慈善事业。主要表现在以下三个方面：一是网络捐赠大幅提高。有数据显示，2012年网络捐赠同比2011年增长70%，网民单笔网络捐赠额超过53.7元，网络捐赠已经成为社会公众参与慈善事业的重要途径。二是草根组织迅速崛起。由于微博、微信等新技术具有传播速度快、传播面广、成本低廉等特点，许多民间慈善组织已经将“微公益”作为募款和信息披露的首要手段，不仅催生了一些有影响力的慈善项目，同时也带动了大众的参与热情。三是捐赠者权益意识全面提高。信息化在带动社会公众参与慈善的同时，也使得社会公众的权利意识得到提高，大众更加关心自己的善款是否得到合理的使用，更开始关心慈善组织的信誉和透明度，这促进了慈善事业整体公信力的形成。

其次，慈善信息化建设是提升我国慈善事业公信力的重要手段。比较我国电子政务、电子商务等领域的信息化进程，社会领域，特别是公益慈善领域的信息化进程明显滞后，这在一定程度上导致了我国慈善行业整体透明度不高。多年来，我国公益慈善领域一直缺少统一、有效的信息搜集、统计和披露平台，既无法帮助各地政府了解和掌握本地区慈善事业发展情况，也不利于慈善行业内信息共享和资源对接，更不利于公众了解慈善事业的整体运作情况。以透明和及时回馈为核心的慈善事业反而成为了“信息孤岛”，严重影响行业公信力和影响力，阻碍慈善事业健康快速发展。

（二）慈善透明化工作以信息平台为基础

近年来，频频发生的慈善问责事件，促使信息披露的阵地向互联网转变。网络信息平台逐渐成为慈善透明的基础设施。网络信息平台主要是政府主导的社会组织网、慈善组织官方网站和公益行业的公共信息平台。信息平台的建设，既包括硬件上的设备技术的使用与研发，也包括软件上的信息化的配套标准、规范与流程的制定。从2009年起，公益慈善行业不断加大对信息平台的投入，使各类信息平台的建设都有巨大的进展。

目前，我国有约三分之二省份建立了省级的社会组织网，部分城市建设了市级的社会组织网。这类政府主导的社会组织网，既有信息平台的功能，也是民政部门对社会组织进行管理的工具。由于平台信息的采集和发布主要是管理部门负责，各地方社会组织网站所发挥的作用存在不同程度的差异，这可能源于各地方对社会组织信息平台的管理理念不同。

由于资金实力限制，慈善组织拥有官方网站的约有五成左右，比例还较低。已有的网站功能也比较单一，以发布基本信息和新闻为主，信息更新频率也较低。但从2011年起，大型社会组织，尤其是大型公募组织，都纷纷对官网进行升级改版，力图使社会公众能通过网站随时查询善款来源和去向。中国红十字会总会也在2011年7月上线了捐赠信息发布平台。调查显示，组织年度捐赠收入上亿时，必须建立信息化平台，否则无法满足目前的公众需求。我国2012年捐赠收入上亿的23家基金会都已经建设了信息化平台，但平台功能差距较大。其中有12家基金会的信息平台提供数据查询功能，有的甚至提供捐赠数据实时显示功能。中国残疾人福利基金会的网站提供无障碍辅助功能。

公共信息平台可分为两类，一类是以组织为单位，一类是以项目为单位。前者以提供组织相关信息为主，如中国慈善信息平台、基金会中心网、中国基金会网等；后者是围绕具体项目提供善款捐赠和使用报告等细节信息，如新浪微公益、腾讯公益和支付宝公益。

近两年的透明报告结果显示，公共信息平台的建设，显著提升了我国公益慈善行业的透明度。

（三）发展公共信息平台 助力慈善透明化

虽然慈善信息化建设近年来有巨大进展，但与我国电子政务、电子商务等领域的信息化进程相比，我们公益慈善领域的信息化进程仍明显滞后，主要表现在以下三个方面：

一是政府层面在慈善信息化建设方面的投入不够。各级民政部门对慈善信息化建设缺乏足够的认识，既缺少对慈善组织利用信息技术的鼓励和引导，也没有建设开放、完善的公共慈善信息平台。

二是行业整体信息化建设水平相对滞后，面临着硬件投入不足、软件开发能力落后、专业人才缺乏等问题。

三是慈善组织在慈善信息化建设方面的能力不强。一些大中型慈善组织内部没有信息管理系统，影响管理效率；许多慈善组织没有充分利用新媒体推介组织和项目，影响传播效果。大量的草根组织囿于资金、人才等因素，没有能力建立自己的网站或网上信息系统；而一些有实力的慈善组织也缺乏动力。据统计，在全国登记注册的基金会中，建立公开网站的约四分之一，在网上公开信息的则更少，能够每周更新网站信息的只占基金会总数的5%。

为加速慈善行业透明化，从目前的实际情况出发，大力投入面向全行业服务的公共慈善信息平台，能够较迅速的提升慈善行业透明水平。

2010年，35家基金会共同发起了“基金会中心网”，建设基金会信息披露的服务平台；2011年，中民慈善捐助信息中心全面启动中国公益慈善信息平台，建立覆盖全国各类组织的信息平台；2012年7月，中国社会组织促进会基金会分会负责维护的“中国基金会网”正式上线；2012年8月，深圳壹基金公益基金会带头建立了“USDO自律吧”，促进组织财务信息的披露。除此之外，新浪微公益、腾讯公益和支付宝公益也是近两三年来陆续上线，依托大量用户和自身网络技术，疏通捐赠通道，及时反馈公益信息。

这些由公益慈善组织和大型商业网站提供的信息平台，能够利用自身的硬件设备和技术，为组织提供信息公开的空间，有效地降低公益慈善组织信息公开成本，促进捐助人与受助机构之间的信息交流。

公共信息平台除了为慈善组织提供信息发布的硬件基础，也促进了慈善信息化配套的流程、规范等软件的进步。“中国慈善信息平台”“基金会中心网”和“自律吧”都是以各自的信息披露体系为基础开发的组织信息披露模式。微公益等项目平台也对各个组织项目信息的披露有一定要求。慈善组织使用平台的过程，也是一个信息管理能力建设的过程。

通过公共信息平台发布信息，组织能够以较低的成本进行专业化规范化的信息披露，从而不断改善工作方式，提升组织效能，体现慈善行业透明化的意义。我国慈善行业的透明度近两年来都有较大幅度的增长，公共信息平台在其中发挥了重要作用和影响。随着慈善透明化工作的进一步推进，政府、行业平台和慈善组织应当共同发力，加强公共信息平台的建设和使用，实现行业自律。

六、挑战与建议

（一）影响因素与挑战

1. 关于慈善组织信息披露影响因素的分析

根据报告第三部分对监测结果的分析，可以看出，不同类型、地域、规模的公益慈善组织，整体的透明水平是有差距的。

（1）组织性质

表51　不同地域各类组织透明情况

组织类型	全国	东部	西部	中部
慈善会	63.63	26.22	20.11	31.00
非公募基金会	67.58	47.49	50.17	45.26
公募基金会	63.84	45.36	42.37	44.03
红十字会	66.21	43.83	33.78	39.87
民办非企业	39.88	47.11	57.59	44.08
社会团体	36.14	44.11	48.27	34.44

从类型来看，非公募基金会与公募基金会的整体信息披露水平明显高于其他类型的组织。基金会样本的透明指数平均值要高于其他类型组织，同时，在60以上和80以上的透明指数区间内，基金会样本组织数量

比例更大。

相比于其他组织，基金会的信息披露水平较高，主要是因为其所处的法律环境与其他组织不同。在信息披露方面，目前只有针对基金会的《基金会信息公布办法》，虽然强制约束力不强，但仍是以部门规章的形式对基金会的信息披露工作提出了系统性的规范。基金会的年度工作报告和财务会计报告的披露规范性要更高。而针对其他公益慈善组织的信息披露相关规范，目前已出台的是《公益慈善捐助信息公开指引》以及《关于规范基金会行为的若干规定（试行）》[①]，约束力相对更弱一些。

慈善会、红十字会、民办非企业单位和社会团体，并没有专门的法规条例对其信息公开相关工作进行规范。这几类组织缺乏规范的年度工作报告和财务会计报告的披露，造成信息披露的系统性缺失。

而在缺乏明确法规和行业标准的业务信息方面，无论是基金会还是其他组织，透明程度都比较弱。

法律法规对公益慈善组织的透明程度有重要影响。

（2）规模实力

从规模来看，监测样本中，年捐赠收入过亿的公募基金会和净资产值过亿的非公募基金会，整体的信息披露水平相对更高。表现为，透明指数平均值更高，在60以上和80以上的透明指数区间内，组织数量所占比例更大。组织的规模实力直接影响组织对信息披露工作的投入程度。

组织信息披露是有成本的，既有信息化的硬件成本，也有信息化过程中的各种人力成本。规模实力强的组织更有能力负担信息披露的成本，使其有更好的透明能力。透明能力包括组织完成信息披露工作的硬实力和软实力。硬实力主要是透明工作所需要的硬件建设，软实力主要包括组织内部管理能力和对外传播能力。前者决定了组织的信息获取，后者决定了组织的信息披露。

在2012年的调查中，我们通过访谈发现，一个组织年度捐赠收入达到千万级时，平台的重要性就会显现出来，而达到亿级时，必须有自主的信息化平台，否则无法满足公众需求。同时，从历次对社会公众的调查也显示出，组织信息披露与公众信息接受之间存在较大差距。组织需要通过专

① 本规定适用于在民政部门登记注册的基金会和其他具有公益性捐赠税前扣除资格的社会团体。

业的传播来改变与公众沟通不畅的现状。

（3）管理力度

从地域来看，全国性组织整体高于地方性组织，但东部地区、中部地区和西部地区的组织彼此之间并没有明显的差异。民办非企业单位和社会团体的全国性组织透明指数平均值较低，但这两类组织抽选的样本较少，代表性较差。

具体到不同省市，本次监测样本的数据反应出不同省市在社会组织信息披露工作管理力度上面存在一定差异。管理部门是否对社会组织信息披露的内容、时间和渠道做出规定，是否为社会组织提供运作良好的信息报送与发布平台，是否将信息披露纳入年检，这些都会影响到社会组织的透明情况。

（4）工作方式

不同的信息公开策略对组织的透明情况有一定影响。有自主信息发布平台的组织，整体而言，透明水平更高。另外，有社交媒体的组织的透明水平也明显更高。

表52　公益慈善组织信息发布渠道情况

	官方主页		社交媒体	
	有	无	有	无
组织数量	677	323	254	746
透明指数平均值	50.3	19.2	59.2	33.8

（5）社会问责压力

在多次访谈中，受访组织都表示社会公信力是组织的生命线。不过从我国整体捐赠情况来看，无论是公募组织还是非公募组织，企业都是主要的捐赠来源，公众小额捐赠所占比例较低。对很多公募组织来说，面向普通公众的募捐活动并不能够产生足够动力进行信息公开工作。从监测结果也可看出，非公募基金会样本的透明指数平均值略高于公募基金会，进行公开募捐的组织在透明方面并没有更好。

2. 不同影响为信息披露带来的挑战

（1）法律法规缺失导致透明化动力不足标准不明

公益慈善组织信息公开方面的针对性法律法规的缺失，对公益慈善行业透明有两方面的负面影响。

首先，没有明确的奖惩机制，使得公益组织信息披露的意愿较低，动力不足。虽然当前公益慈善行业饱受质疑，很多组织的信息披露意愿很强，但仍有相当一部分组织不为形势所动，造成社会组织之间透明程度差距不断扩大的趋势。

其次，没有明细的信息公开标准。在信息披露内容、时间和方式等方面，既没有法律法规标准，也没有达成清晰的行业共识。公益慈善组织根据不同的依据和原则开展各自的信息披露工作，使得社会公众无法确定如何对公益慈善组织提出合理的信息公开要求。

（2）透明能力不足阻碍信息流动

随着近两年来社会组织信息化建设加速，信息化的硬件成本已经逐渐降低。而监测样本的数据结果显示，捐赠收入过亿和净资产过亿的基金会，整体透明水平明显高于其他组织。样本中千万级以上的基金会的透明水平也明显高于千万级以下的基金会。对于千万级以下的组织，成本仍然制约了组织信息披露的能力，资金实力限制了组织对信息平台建设和信息披露专业化过程的投入。同时，适合各类社会组织使用的自主信息发布平台，仍没有得到足够的推广。

而对千万级和亿级组织而言，组织信息披露的软实力对组织透明程度的影响逐渐提高。而另一方面，从监测结果可知，对同为千万级的组织而言，资金实力对组织信息披露水平的影响并不明显。组织的资金实力对硬件实力的改善较为明显，却无法顺利地转化为相关的人力资源。

（3）监管力度不够影响组织披露意愿与能力

全国性组织与地方性组织的整体差异，以及不同省市组织之间的整体差异，在一定程度上反应了组织所面临的监管环境差异。在目前情况下，管理部门的监督行为对组织的压力要远大于社会公众的问责压力。不同的监管力度与要求，不同的促进方式，都影响着组织的信息披露意愿和能力。在一些对信息披露不够重视或缺乏信息化设施的地区，组织较难从管理部门方面获得透明工作所需的资源。

（4）渠道不畅造成信息发布与接收的鸿沟

通过几年来的公益慈善信息化建设，组织的官方主页和行业信息平台都已经有一定程度的应用。但同样是信息化平台，其信息披露亦有主动与被动之分。而依赖于非自主信息发布渠道的组织，其透明水平受所使用的信息发布平台业务能力的约束较大。不同省市的社会组织信息化建设水平，影响该地区社会组织的透明程度。

同时，无论是组织官方网站还是行业信息平台，都与社会公众存在较大距离。对于透明程度较高的组织，尤其是有官方背景的大型公募组织，无法充分利用社交媒体和门户网站与公众互动，是造成组织信息与公众始终相差一步之遥的主要原因。

（二）对策与建议

1. 面向政府的政策建议

（1）加强规范监管

出台更具法律约束力的全国性公益慈善组织信息公开标准，这已经在业内呼吁多年。尽早出台权威标准，有利于为透明树立明晰的边界，促进行业达成共识，加速透明化工作进程。

而在此类标准尚未产生的情况下，应根据已有的法规条例，对信息披露工作较落后的组织，进行有力的管理，以避免一部分不作为的组织影响全行业的形象。

（2）提高透明意识

政府部门在促进社会组织信息披露的同时，也应提高自身的透明意识，在管理过程中，纳入透明的理念。既公开公益慈善组织信息，也公开政府在公益慈善方面的相关工作，营造透明开放的环境。

（3）加强信息平台服务

加强信息平台建设可以通过两条路径实现。一是建立与完善各省市地方已有的社会组织网，将管理部门所掌握的信息，进行及时全面的信息公布，来提升组织整体透明水平。二是和社会组织提供的行业信息平台合作，通过政府购买服务的形式，向社会组织提供免费的自主信息发布平台，减低组织透明成本。

2. 面向公益慈善组织的行动建议

（1）进入主流视野

公众调查结果显示，目前的社会组织网站和行业信息平台，都处于主流人群的日常视野之外。公益慈善组织一方面需要提高公益信息的可及性，将组织的信息发布渠道与主流门户网站和社交媒体连接起来，形成顺畅的信息通路；另一方面应当增加主流平台的曝光率，在进行公共议题设置时更多的纳入现代公益理念，扩大公益教育的传播范围。

（2）管理公众预期

面对当前权威信息披露标准缺失的现状，组织应当确立自己的信息披露原则，并在此基础上制定并宣传组织的信息披露制度。组织的信息披露制度应当包括对组织信息披露的内容、时间和渠道等信息公开工作的流程和规范，是组织内部管理到达一定水平的体现。公开组织的信息披露制度，既方便公众了解获取组织信息的范围与渠道，更有利于提高组织信息可及性，建立社会公众对组织的信息披露的合理预期。

（3）建立纵向联合

透明是全行业面临的挑战，仅仅专注自身建设，期待行业“优胜劣汰”是不够的。一个组织的问题，会对整个行业造成伤害。从2011年的“透明慈善联合行动”，到2013年的“中国基金会“4.20”救灾行动自律联盟”，中国社会组织已经广泛地开始建立横向联盟。在未来，公益慈善组织应当围绕自身项目，建立行业纵向联合，将组织的支持方、合作方和供应方纳入组织的信息发布机制，形成完整的信息链条。

（4）由静态披露转向动态交流

我国慈善组织目前的透明水平仍处于起步阶段。相当数量的组织停留在信息“被披露”的状态，透明程度较好的组织，也是以静态的信息披露为主，极少有组织能够与外界对组织信息进行解释与交流。

对社会公众而言，仅仅被动接收信息是不够的。公众与组织之间的活跃的质询与解释的积极互动体验，更能够促进信任的产生。而且，除了公益慈善组织之外，人们日常会接触到大量的信息源。不透明不仅可能是信息的缺失，也可能是真实信息混杂在海量无法核查的信息之中。核实信息准确性的互动性渠道，是组织透明工作中不可或缺的部分。

3. 面向媒体的行动建议

近两年来，媒体一向是公益问责的主体，是公益慈善行业的监督者。在未来，媒体可以在公益慈善行业透明方面扮演更重要的角色，成为组织进入主流视野的桥梁，协助组织在主流平台拥有更多话语权，弥合组织信息披露与公众信息接受之间的鸿沟。

附录一　中国慈善组织透明度评估体系（2013）

一、评估对象

本评估体系主要用于评估公益慈善组织透明度情况。

这里所指的慈善组织需要满足以下条件：

（一）在民政部门登记注册的基金会、社会团体、民办非企业单位。

（二）业务范围及宗旨符合《中华人民共和国公益事业捐赠法》中关于公益事业的规定：

1. 救助灾害、救济贫困、扶助残疾人等困难的社会群体和个人的活动。

2. 教育、科学、文化、卫生、体育事业。

3. 环境保护、社会公共设施建设。

4. 促进社会发展和进步的其他社会公共和福利事业。

（三）以慈善或公益的名义开展社会活动。

透明度是公益慈善组织的信息披露，即公益慈善组织在日常运作以及进行募集善款、开展公益项目等活动的过程中，依照相关法规政策，针对公众需求，以一定方式向社会公众公开有关信息的过程。

慈善组织信息披露包括定期信息披露和日常信息披露。定期信息披露包括年度工作报告、年度财务报告、项目周期报告等，日常信息披露包括机构日常动态与项目日常信息。

二、 指标依据

本评估体系的评估指标，主要以大陆现行具有法律效应的规范性文件为依据，同时参考行业规范、国际相关法律法规。主要包括：

全国性法律法规（含部门规章与规范性文件）

《社会团体登记管理条例》

《民办非企业单位登记管理暂行条例》

《中华人民共和国公益事业捐赠法》

《基金会管理条例》

《民间非营利组织会计制度》

《基金会信息公布办法》

《关于规范基金会行为的若干规定（试行）》

地方性法规条例

《江苏省慈善事业促进条例》

《湖南省募捐条例》

《宁夏回族自治区慈善事业促进条例》

《宁波市慈善事业促进条例》

《广州市募捐条例》

《上海市募捐条例》

《长沙市慈善事业促进条例》

行业性规范

《公益慈善捐助信息公开指引》

《中国非公募基金会信息披露指南》

《中国公益性非营利组织自律准则》

三、 指标体系结构

透明度评估指标体系从三个维度四个方面对公益慈善组织信息披露情况进行评估。三个维度为：完整性、及时性、易得性。四个方面包括基本信息、治理信息、业务信息、财务信息。体系共有4个一级指标，11个二级指标，54个三级指标。4个一级指标有各自的权重和权重系数。一级指标的权重是从中国慈善组织当前的实际情况出发，结合社会公众的需求，由业内专家运用职业判断来确定，并按照权重将原始分数转为百分制获得权重系数。

	基本信息	治理信息	业务信息	财务信息
权重	25%	25%	30%	20%
权重系数①	0.67	0.56	0.69	1.33

评估体系简表

一级指标（4个）	指标权重系数	二级指标（11个）	三级指标（54个）
1. 基本信息	系数0.67	1. 注册信息	1. 组织名称
			2. 组织机构代码
			3. 登记管理机关
			4. 业务主管单位
			5. 法定代表人
			6. 宗旨
			7. 成立时间
			8. 注册资金
			9. 网址
			10. 章程
		2. 年度信息	1. 机构年度工作报告
			2. 机构年检结果
		3. 联系方式	1. 联系人
			2. 联系电话
			3. 电子邮箱
			4. 联系地址

① 权重系数=权重×100/指标总分。

续表

一级指标（4个）	指标权重系数	二级指标（11个）	三级指标（54个）
2 治理信息	系数0.56	1. 组织结构	1. 主要负责人
			2. 理事名单
			3. 监事名单
			4. 机构部门设置
			5. 专职工作人员数
			6. 志愿者数
			7. 信息发布负责人
		2. 利益相关方	1. 主要发起人
			2. 主要捐赠人
			3. 主要受益人
			4. 主要合作方
		3. 重大事件	1. 主要工作会议
			2. 其他重大事件
		4. 内部制度建设	1. 财务制度
			2. 人事制度
			3. 项目制度
			4. 信息公开制度

续表

一级指标（4个）	指标权重系数	二级指标（11个）	三级指标（54个）
3. 业务信息	系数0.69	1. 筹款信息	1. 筹款数额
			2. 筹款来源
			3. 捐赠人权利义务
			4. 所筹款物使用方式
		2. 项目信息	1. 项目名称
			2. 项目时间
			3. 项目实施地域
			4. 项目受助对象遴选标准
			5. 项目相关方
			6. 项目受益对象
			7. 项目资金使用计划
			8. 项目决算
			9. 项目进展
			10. 项目效果
		3. 机构动态	1. 机构动态
			2. 社交媒体
4. 财务信息	系数1.33	1. 财务会计报告	1. 审计报告
			2. 业务活动表
			3. 资产负债表
			4. 现金流量表
			5. 会计报表附注

四、体系特点

①立足法律法规，兼顾理念倡导。本体系的绝大多数评估指标[①]均以现有的法律法规为评估依据。但由于全国性针对慈善事业尤其是信息披露的法律尚未出台，考虑到组织与社会公众的需求，一部分指标是根据国内

① 具体评估依据参见后文指标说明。

外行业准则和规范制定的。

②覆盖多个组织类型。体系的评估对象是在民政部登记注册的从事公益慈善活动的社会组织。这些组织是我国慈善事业的主要力量，也是社会公众的关注对象。体系所依据的法律法规适用于这些组织。

③以公众视角进行指标判定。信息披露的目的是将慈善组织信息传递给享有知情权的人群。在易得性维度上，指标体系基于公众使用该渠道的频率与渠道的可靠性对信息披露渠道进行了区分。旨在鼓励组织选择更具主流性和权威性的信息披露渠道。

④指标全面，加权注重实际。指标体系包括基本信息、治理信息、业务信息、财务信息四个方面，具有完整性、及时性和易得性三个维度，系统地体现了组织透明度水平。虽然媒体公众对慈善组织信息主要关注点在业务信息和财务信息，但从历年调查结果来看，组织之间的基本信息披露水平仍存在较大差距。因此在2013版的体系中，基本信息权重仍较高。随着公益慈善行业透明度的提升，未来的体系将赋予治理信息、业务信息和财务信息更多权重。

附录二　相关媒体报道

新华社：报告建议，尽快研究出台慈善信息披露办法

记者：赵超、卫敏丽　时间：2009年08月13日

民政部主管的中民慈善捐助信息中心13日在京发布了《全国性慈善组织信息披露监测报告》。通过对82家全国性慈善组织的调查，报告建议，相关部门应尽快研究出台慈善信息披露办法。

这项调查主要通过对慈善组织官方网站的搜索获取各项信息。在被调查的82家慈善组织中，有74家机构公开了机构章程，63家机构披露了理事会成员名单等信息。在年报披露方面，共有29家机构对其进行了公开发布。在财务报告公开方面，有23家机构进行了财务报告公示。

调查显示，有20家机构在常规信息的披露方面比较完备，而有6家全国性慈善组织还没有建立官方网站或网站无法正常打开，因此不能通过自己的网络平台公开相关信息，公众也无法了解其运作情况，不能对其进行监督。

报告同时建议，相关部门应尽快研究出台慈善信息披露办法，加快慈善信息化建设工作，并探索建立慈善捐助信息公开机制。同时，全国性慈善组织应加强行业自律，尽快完善行业的信息披露工作，做到接收捐赠与善款使用的透明化，从而提高慈善组织的公信力，促进慈善事业加快发展。

新华社："信息透明"问题掣肘中国慈善业发展

记者：卫敏丽　时间：2010年12月02日

中民慈善捐助信息中心2日发布《2010年度中国慈善透明报告》。这份报告在对中国慈善信息披露状况进行梳理和分析时指出，目前在中国，对于捐赠人和社会公众非常关注的慈善款物用途、项目实施效果的信息，慈善组织的披露情况非常不乐观。调查同时显示，九成社会公众对慈善信息公开满意度偏低。

中民慈善捐助信息中心副主任刘佑平表示，造成这种状况的原因是多方面的，慈善组织信息披露面临着缺乏人力物力投入等诸多困境。

刘佑平分析说，信息披露、公开透明需要成本，所谓"零成本"运作是不可能实现的。信息披露的前提条件是慈善组织自身需要有一定的信息处理能力。以财务信息为例，慈善组织每年需要编写财务报告，并经审计机构审计后形成审计报告，而聘请外部审计机构同样需要产生成本。另一方面，无论慈善组织是通过建立机构官方网站、自己建立传播渠道，还是使用已有的传播渠道，信息的传播同样需要成本。

"但目前中国的慈善组织，大多没有对信息披露提供必要的资源保障，相关制度也只强调信息披露的重要性，未能从资源上提供制度保障。"刘佑平说。

此外，缺乏统一标准、缺乏信息披露的动力和评估机制也是慈善组织难以做到使公众满意的重要原因。

刘佑平说："如果披露与不披露的结果没什么两样，谁还会主动做这件事？缺乏必要的评估和硬性要求，也使得一些慈善组织缺乏动力，而且担心由于信息披露不当将带来不必要的麻烦。"

令人感到安慰的是，信息不够透明阻碍中国慈善业前进步伐这一点已经被业内所充分认识。《2010年度中国慈善透明报告》指出，从总体上看，当下中国慈善组织对信息披露和信息透明的重要性已经有足够的认识。有关调查数据显示，慈善组织中认为信息披露非常重要的占到65%，比较重要的占到31%。

许多慈善组织不仅在努力增强自身慈善信息披露，还通过改进服务来提升慈善组织的公信力和透明度。

今年4月，北京市民明宏伟在海淀区的一家邮政网点寄出了一份价值100元的学生型文具包，一个月后，明先生收到了一封来自安徽省金寨县白塔畈乡大岗中心小学一名一年级女生的回信，告知“爱心包裹”已经收到，感谢好心人的帮助。

明先生参与的这个“爱心包裹”活动是由中国扶贫基金会于2009年发起的一项慈善捐赠主题活动，在他寄出的“爱心包裹”里，有一张回音卡。正是这张小小的卡片，架起了明先生和受捐赠人之间的桥梁。“这样的捐赠让人感觉很透明、很放心。”明先生说。

刘佑平表示，上述例子表明，目前增强慈善活动信息公开透明，让慈善活动在阳光下运行，已经被整个行业充分认识，并已基本达成共识。

与此同时，在一些地方的立法实践中，对募捐行为前后的信息公示也作出了规定。如2010年5月1日实施的《江苏省慈善事业促进条例》首次以立法的形式明确规定了慈善组织的信息披露义务和信息披露范围。这些举措都得到了社会各界的广泛好评。

为此，《2010年度中国慈善透明报告》进一步建议，慈善事业发展亟待需要加快推动全国性慈善信息披露立法进程。

鉴于慈善组织信息披露具有专业性强等特点，《2010年度中国慈善透明报告》还建议，加强对慈善组织信息披露能力的培训，建立慈善信息披露评估与奖励机制，完善相关监管体系，以期进一步提升中国慈善组织的透明度和公信力。

中新社：中国慈善透明报告发布 平均慈善指数略有提升

记者：张希敏　时间：2011年12月29日

国家民政部主管的中民慈善捐助信息中心29日在北京发布的《中国慈善透明报告(2011)》（以下简称《报告》）显示，与2010年度同基数相比，本年度中国公益慈善组织的信息透明度有较大幅度的提升，平均慈善指数从去年的39.0分提升为40.6分，透明度增长了4.1%。

据中民慈善捐助信息中心副主任刘佑平介绍，2011年是中国公益慈善透明问责年，既是中国社会对慈善事业，特别是公益慈善组织信息透明关注度最高的一年，也是中国公益慈善组织在信息透明方面推动力度最大的一年，还是政府在公益慈善事业，特别是信息透明监督力度最大的一年。

他说，“《中国慈善透明报告(2011)》选取全国一千家公益慈善组织进行网络监测、机构深度访谈和社会公众问卷调查等方式，从完整性、及时性、准确性、易得性四个维度，对2011年中国慈善信息公开状况进行了全面深入的分析研究。”

调查结果显示，本年度中国公益慈善组织信息公开透明状况虽然有了较大改善，但与公众的要求相比，公益慈善行业的整体表现仍有较大差距。对网络公众开展的问卷调查结果显示，8%的受调查公众对公益慈善组织的信息公开状况表示满意，这一比例与2010年的9%相比，略有下降。其原因，一方面与今年持续的慈善问责风暴，和网民对整个社会诚信的质疑情绪蔓延有关；另一方面也说明包括捐赠人和受益人在内的社会公众权利意识、问责意识提高较快，微博等新媒体技术使信息获取方式改善较大，而慈善组织的透明建设速度赶不上这几个方面的速度。

《报告》发布了依照“中国慈善透明指数”星级评价体系，慈善透明指数达到三星及以上的公益慈善组织达355家。同时，《报告》还分别发布了公募基金会、非公募基金会、慈善会、红十字会、民办非企业单位、草根组织、境外组织七类组织中排名前十的机构名单。

《报告》指出，当前中国公益慈善组织慈善信息公开面临的挑战是由社会各界对慈善事业提供社会服务、参与社会建设的期望与慈善事业发展滞后、服务能力有限之间的矛盾造成的。

对此，《报告》认为，包括政府必须加强对慈善事业的指导，实现角色转换；公益慈善组织必须发挥主体作用，做好信息公开；社会力量必须积极参与慈善事业，助推慈善透明。

自2009年以来，中民慈善捐助信息中心将慈善信息监测作为一项常态工作进行开展，每年发布年度中国慈善透明报告，对本年度慈善信息公开现状进行分析研究。

《中国青年报》：慈善组织透明度现状堪忧 缺少问责阻碍走向透明

记者：王亦君　时间：2011年12月30日

《中国慈善透明报告（2011）》称慈善组织透明度平均33分

8%受访公众满意慈善透明度

“接受了多少捐赠款物？”“这些情况能在接受捐赠后多长时间公布？”“捐的钱用到哪里了？”“慈善组织的工作成本和行政开支是多少？”2011年，“郭美美事件”引发了慈善信用危机，善款去向成为公众较为关心的问题，这也对公益慈善组织的透明度提出了新的要求。

一项针对1063名网友开展的问卷调查显示，有8%的受调查公众对公益慈善组织的信息公开状况表示满意，76%的被调查公众表示未收到任何慈善组织的信息，而对于社会公众最为关注的财务信息，仅有3%的受调查公众表示获得过。这是中民慈善捐助信息中心12月29日发布的《中国慈善透明报告（2011）》（以下简称《报告》）中的主要内容。

据了解，受民政部委托，从2009年开始，中民慈善捐助信息中心开始研发“中国慈善透明指数”体系，每年发布年度慈善透明报告，今年选取了东部、中部、西部不同地区、国家级和地方的1000家公益慈善组织，涵盖了我国公益慈善组织的三种主要形态：拥有官方背景的红十字会系统、慈善会系统以及基金会，此外，还选取了部分开展慈善活动的民办非企业单位、草根组织进行监测。

慈善组织透明度现状堪忧

中民慈善捐助信息中心负责人介绍说，按照慈善信息披露的完整性、及时性、准确性、公众获取便利性四个方面，监测设置了多项指标，每项指标满分为100分，接受调查的1000家慈善组织的平均分为33分，如果以33分为及格分，达到33分的有483家；以60分为及格分，达到及格线的只有82家。

记者注意到，中国红十字会、中华慈善总会、中国红十字基金会、中国青少年发展基金会这些大型公益慈善组织的透明指数排名都很靠前，中国红十字基金会、中国青少年发展基金会分别在公募基金会中排名第二和第三，中国红十字会总会和中华慈善总会分别在红十字会系统和慈善会系统中排名第一，而这些组织因为信息不透明，都曾经在今年遭受过空前的质疑。

“这说明了我国慈善行业透明之路才刚刚开始，矮子里面拔将军，33分的平均分就是我国慈善组织透明度现状。”中民慈善捐助信息中心负责人表示。

在接受网络调查的公众中，选择“很关注慈善组织信息”的人占64%，与2010年相比，这一比例提高了10%；表示不关注的人占14%，与2010年相比，这一比例降低了13%。可见，2011年公众对慈善信息公开的关注度有了进一步提高。

今年公众希望获得信息的热情尽管比去年有了较大提升，但还是只有24%的公众表示曾经获得过公益慈善组织的信息。

仅有8%的受调查公众对公益慈善组织的信息公开状况表示满意，这一比例与2010年的9%相比，略有下降。造成这种结果的原因，一是与今年持续的慈善“问责风暴”和网民对整个社会诚信的质疑情绪蔓延有关，另外也说明包括捐赠人和受益人在内的社会公众的权利意识、问责意识提高较快，微博等新媒体技术使信息获取方式改善较大，而慈善组织的透明度建设速度缓慢。

缺少问责阻碍慈善走向透明

事实上，我国一些法律法规和部门规章对公益慈善组织的信息披露作出了规定，但由于条文粗疏、覆盖面窄而成为“花瓶规定”。1999年出台的公益事业捐赠法在信息披露方面的规定只有一句话：“受赠人应当公开接受捐赠的情况和受赠财产的使用、管理情况，接受社会监督。”《基金会管理条例》《基金会信息公布办法》只能约束基金会，现实中也鲜有基金会因为信息披露不及时、不完整而受到处罚。

2004年6月1日开始施行的《基金会管理条例》，只是提出“公募基金会组织募捐，应当向社会公布募得资金后拟开展的公益活动和资金的详细使用计划等”，条文大而化之，进而导致了约束力的孱弱。《基金会信息公布办法》虽然规定了除年度工作报告外，基金会公布信息时，可以选择报刊、广播、电视或者互联网作为公布信息的媒体，但是2010年成立的基金会中心网收录的1900多家基金会中没有网站的占2/3，而那些有网站的基金会中也有170家已经不再更新页面。

有学者总结了公益慈善组织不愿披露相关信息的四个原因：第一，没有信息披露的压力，既然政府主管部门没有强制规定，不披露不会受到处罚，能不披露就不披露；第二，没有信息披露的动力，披露了信息不会得到好处；第三，没有信息披露的能力，信息的收集、整理、发布，需要有相关的人员和技术支持，很多中小型公益慈善组织难以做到，因此只披露最基本的信息，甚至不披露；第四，没有信息披露的财力，无论采用什么形式，发布信息都需要成本，对那些经费紧张的草根公益慈善组织而言，做这些无能为力。

《慈善捐助信息公开管理办法》有望明年出台

民政部社会福利和慈善事业促进司副司长徐建中表示，民政部将在《公益慈善捐助信息公开指引》的基础上，研究制定《慈善捐助信息公开管理办法》，以民政部部颁规章的形式，对慈善捐助信息公开进行刚性规范，明年有望出台。

前不久公布的《公益慈善捐助信息公开指引》是我国公益慈善领域首个有关信息公开的指导性文件，明确了公益慈善机构公布捐助信息的时限、内容，日常性捐助应在7个工作日内披露信息，重大事件应在收到捐赠后24小时内披露信息。

业内人士表示，目前公众对于慈善信息透明的要求渐趋高涨，慈善立法短期内难有实质突破，只有先立出一个规矩，尽管不完美，并且没有强制执行力，但总比没有强，至少给今后的公益慈善活动指明了实现信息公开的路径。

徐建中还表示，民政部已在11月启动了“中国公益慈善信息报送平台”的建设，希望通过建立覆盖全国的慈善捐助信息报送制度和报送网络，推动公益慈善信息在慈善组织和社会公众之间有效传播，此外，还将推动建立慈善行业信息公开的可操作性标准，细化信息公开范围，把信息公开的方式和程序具体化。

人民日报：公益慈善组织透明度明显提高 财务信息公开仍然较差

记者.：潘跃　时间：2013年01月06日

记者今天从中民慈善捐助信息中心发布的《2012年度中国慈善透明报告》获悉：2012年度，我国公益慈善行业“年度透明指数”为45.1分（总分为100分），与上一年度的33分相比，透明度明显提高。与此同时，公众对公益慈善组织信息公开状况的满意度有显著提高。问卷调查结果显示，2012年，对公益慈善组织的信息公开工作表示不满的公众比例，从2011年的92%下降到了61%。

500家监测样本透明指数分析结果显示，2012年度，我国公益慈善组织在信息透明的四个维度中，易得性和完整性表现较好，说明与上年相比，公众可以更方便地获取更多公益慈善组织信息；及时性和规范性维度表现较差，说明公益慈善组织信息更新得不够及时，且缺乏规范的信息公开制度。与2011年相比，2012年度我国公益慈善组织信息披露的及时性提升最为显著，但由于基础较差，所以表现依旧不尽如人意。报告同时指出，2012年度，我国公益慈善组织的基本信息公开情况最好，治理信息和业务信息的透明度提升最快，但仍有较大提升空间；财务信息公开情况仍然相对较差，各组织应加强这方面工作，及时公开年度报告和年度会计报表。

报告建议，政府资助建立统一的慈善信息公开标准及奖惩机制，搭建公益慈善行业公共的信息平台；行业建立透明自律联盟，形成政府、行业、媒体与社会公众多维的中国慈善透明监管体系，为中国的公益慈善行业和国内外社会各界的爱心立起一道立体防火墙。

新华社：2012年公众对慈善组织信息公开状况满意度提升

记者：崔静　时间：2013年01月05日

民政部主管的中民慈善捐助信息中心5日发布的2012年度中国慈善透明报告显示，2012年公众对慈善组织信息公开状况的满意度有所提升，表示满意和一般满意的比例为39%。

根据一项以网络问卷形式进行的公众调查，2012年对慈善信息公开状况表示不满意的公众比例为61%，而2011年，这一比例是92%。

中民慈善捐助信息中心副主任刘佑平表示，61%的反馈信息表示对慈善信息公开状况不满意，说明公众对慈善行业信息公开有着很高的期待。

刘佑平说，在2011年的调查中，公众最希望了解的是财务信息，而今年关注焦点转向了慈善组织的业务信息，这表明公众已经不是简单质疑公益善款的来源去向，而是关注公益慈善组织的具体工作内容，希望了解它们在做什么和怎么做。

这份由中民慈善捐助信息中心发布的第四份年度慈善透明报告指出，当前，公益慈善行业主要面临三大挑战，一是公益慈善信息公开的权威标准依旧缺乏、信息公开奖惩机制执行不力；二是慈善组织间透明化程度差距加大、信息化成本高昂、重复建设严重；三是公众对公益慈善的关注更专业，慈善组织信息公开与公众信息接收之间存在鸿沟。

报告建议政府建立统一的慈善信息公开标准及奖惩机制，搭建公益慈善行业信息公开平台，同时，在慈善行业建立透明自律联盟，形成政府、行业、媒体与社会公众的多层次慈善透明监管体，为公益慈善行业建起一道立体防火墙。

南方日报：《2013年度中国慈善透明报告》今年慈善透明度比去年提高33.1%

记者：杜啸天　时间：2013年9月23日

通过对全国1000家公益慈善组织进行第三方的网络监测评估，2013年度我国慈善透明指数为43.11（总分为100），与去年相比提高33.1%，增幅较大。昨日上午，受民政部委托，中民慈善捐助信息中心在深圳第二届慈展会上发布《2013年度中国慈善透明报告》（以下简称《报告》）。这是该中心连续第五年发布年度中国慈善透明报告。

约二成公众对信息披露较满意，去年仅9%

中民慈善捐助信息中心副主任刘佑平介绍，《报告》选取全国1000家公益慈善组织进行第三方的网络监测，从三个维度四个方面全面评估2013年度我国公益慈善信息的披露情况。三个维度是指完整性、及时性、易得性，四个方面指基本信息、治理信息、业务信息和财务信息。评估对象包括基金会、民办非企业、慈善会、红十字会等各种开展公益慈善活动的社会组织。

《报告》显示，在一千多份问卷的调查中，超过20%的公众对我国公益慈善组织在2013年度的信息披露工作感到比较满意，而去年只有9%。另外，有超过70%的公众认为我国公益慈善组织的信息披露工作有一定程度的进步，超过30%的公众认为进步比较大。

《报告》将公益慈善组织的透明指数分为不同区间，其中，透明指数在60到80之间的为进取组织，在80到90之间的为优秀组织，达到90以上的是卓越组织。

1000家监测样本透明指数分析结果显示，2013年度，我国慈善透明指数达到60以上的公益慈善组织比例从20.4%上升至29.6%，进步明显。透明指数达到90以上的公益慈善组织，从去年仅2家增长为今年的70家，涨幅较大。其中，有46家是基金会，包括28家公募基金会和18家非公募基金会。此外，2013年度，有18家慈善会的透明情况步入卓越行列。

中部地区透明度增幅达44%，已接近东部地区

从不同类型组织之间的比较来看，2013年度基金会整体透明度最高，与上一年度相比，其透明指数的增长幅度也是最大的，尤其是非公募基金会，增幅达到45.2%。此外，慈善会的透明指数较之上一年增长了26.1%。

从地域上来看，全国性公益慈善组织透明度仍明显高于地方性组织，东部组织的透明度略高于中部和西部的组织，这与过去两年情况相似。不过，值得注意的是，2013年度中部地区透明指数已接近东部组织，增长幅度达到44%。

《报告》分析指出，2013年度我国慈善透明度明显提升，主要原因有三点：第一，公众的质疑成为透明度提高的有力推手。面对公众的诘问，慈善组织最有效、最有利的回应方式便是透明。第二，政府敦促慈善行业在透明度方面加强自律，利用信息平台来加强社会各界对社会组织的监督。第三，行业组织采取成立自律联盟、加强政社合作、走近公众视野等方法推动透明。如面向公众设立“透明开放日”等。

《报告》建议，政府应该尽快出台具有约束力的慈善组织信息披露标准，同时加强信息平台的建设与服务；慈善组织应将捐助人、受助人、服务供应商等各利益相关方纳入信息披露机制，形成完整的信息链，完善项目的监督机制，同时加强与公众的互动；媒体应不仅作为监督者，更要成为协助者，搭建慈善组织与公众之间的桥梁，进一步推动我国慈善信息透明化。

北京晚报：2013年中国慈善透明报告发布 仍有近半受访者不满

记者：兰洁　时间：2013年09月22日

今天上午，民政部中民慈善捐助信息中心发布《2013年度中国慈善透明报告》（以下简称《报告》），通过对1000余份调查问卷的统计显示，公众对我国公益慈善组织在2013年度信息披露工作感到满意和比较满意的比例达到20%，较去年的9%增长约一成，但仍有近半数受访者表示对慈善组织的信息“透明”不太满意。

据中民慈善捐助信息中心副主任刘佑平介绍，《报告》选取了全国1000家公益慈善组织进行第三方网络检测，从基本信息、治理信息、业务信息、财务信息四个方面来全面评估2013年度我国公益慈善信息的披露情况，评估对象包括基金会、民办非企业、慈善会、红十字会等各种开展公益慈善活动的社会组织。

《报告》显示，2013年度我国慈善透明指数为43.11（总分为100），与去年相比，透明度提高了33.1%。其中，透明指数达到60以上的公益慈善组织比例从20.4%上升至29.6%；而透明指数达到90以上的公益慈善组织，从去年仅2家增长为今年的70家，涨幅较大。从不同类型的组织之间的比较来看，2013年度基金会整体透明度最高，与去年相比其透明指数的增长幅度最大。

同时，公众对公益慈善组织信息公开状况的满意度也有所提高。调查结果显示，20%的公众对我国公益慈善组织在2013年度的信息披露工作感到比较满意，而去年只有9%。

《报告》分析指出，2013年度我国慈善透明度明显提升，主要原因包括：公众的质疑成为透明度提高的有力推手；政府敦促慈善行业在透明度方面加强自律，利用信息平台加强社会各界对社会组织的监督；行业组织采取成立自律联盟、加强政社合作、走进公众视野等方法推动透明。

“但今年的调查再次说明，公众希望全面了解公益慈善组织使用慈善资源的整个过程，包括钱从哪里来、到哪里去，分配是否合理，而这些恰恰是我们公益慈善组织在信息披露时做得较差的部分”，刘佑平表示。

《报告》建议，政府应尽快出台具有约束力的慈善组织信息披露标准；慈善组织应将捐助人、受助人、服务供应商等各利益相关方纳入信息披露机制，形成完整的信息链，完善项目的监督机制，同时加强与公众的互动。

后 记

飞跃发展的中国公益慈善事业，近年来面临着来自社会公众日益高涨的问责与挑战。在这个过程中，信息披露相关法规政策逐步改进，组织透明评估体系逐渐成熟，信息化基础建设加速，中国慈善透明化工作取得了较大进步，公众对慈善组织透明情况的满意度也有所提升。

中国慈善透明报告项目不仅见证了我国慈善透明工作的发展，还不断总结经验，向政府和组织提出意见和建议。在项目中诞生的“中国慈善组织透明度评估体系”，是中心根据我国慈善事业发展现状研发的慈善组织透明情况分析工具。通过该体系产生的慈善透明指数，能够系统、直观地呈现当前我国慈善信息公开现状、变化以及发展趋势。从历年指数来看，慈善透明化是一条漫漫修远的路途，我们也只是刚刚启程。

本报告对“中国慈善组织透明度评估体系”进行了介绍，包括体系的适用对象、评估依据、框架结构和详细指标内容。该体系制定的主要参与人为刘佑平、何斌、孙叶竹。

中国慈善透明报告项目的框架由彭建梅、刘佑平确立，报告内容由刘佑平负责审定。

2014年度报告的监测数据由刘壮统筹，叶慕亚、秦彩凤、徐超、刘可、朱飞、刘安、王赛、吴玉洁、于哲、高静华、刘凯茜监测收集；报告撰稿由孙叶竹、刘凯茜、高静华执笔。历年来参与过数据监测的人员还有李琳、唐立君、金征、张静、李宝莉、杨飞、杨艳秋、朱文涛等，参与过报告撰稿的人员还有靳世花、何斌、唐立君、孙志香、冯晶等。具体人员可参见报告脚注。

在报告编写过程中，民政部社会福利和慈善事业促进司、民间组织管理局均给予了大力支持，对历年报告提出了改进意见和建议。同时，社会福利和慈善事业促进司利用彩票公益金对2010至2013年的报告提供了项目经费资助。此外，在历年的报告数据采集中，得到了相关组织的配合和支持；以及各大媒体的宣传报道。在此一并致谢！

由于本书所呈现的评估体系为自主创立，又限于监测人力，难免有不妥与错漏之处，欢迎广大读者不吝赐教，联系邮箱：npo@charity.gov.cn。

编委会

2014年8月